소득의 미래

앞으로 10년, 일과 소득의 질서는 어떻게 바뀔 것인가

소득의
미래

이원재 지음

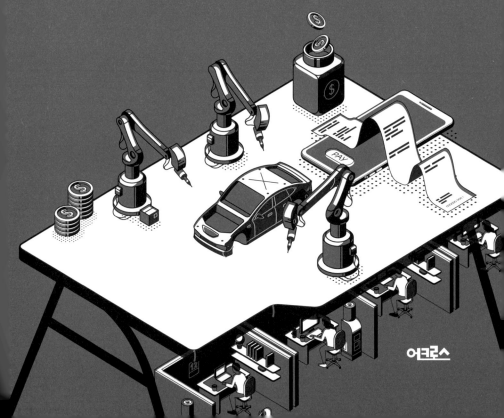

어크로스

차례

머리말 소득의 미래는 어떻게 바뀌고 있나   6

1 소득의 지각변동

1장 흑자 인생과 적자 인생을 오가며 벌어지는 일들   18

2장 세계는 더 평평해졌지만 삶은 더 울퉁불퉁해졌다   42

3장 국민소득은 늘었는데 내 소득은 왜 늘지 않을까   66

2 월급으로 먹고사는 시대가 끝나고 있다

4장 노동자가 필요 없는 기업들   94

5장 정규직, 7.6퍼센트에 진입하기 위한 전쟁   112

6장 제조업 고용 위기, 보통 사람들의 위기   130

7장 로봇은 정말 일자리를 없애고 있을까   150

8장 자동화는 죄가 없다   166

9장 월급 없이 살 수 있을까   190

3 전환의 시대, 국가의 역할

10장 왜 어떤 노동은 다른 노동보다 더, 혹은 덜 보호받는가   210

11장 아이폰은 애플이 만들지 않았다   228

12장 "모두에게 1년에 천만 원씩 나눠드릴 수 있습니다"   242

13장 소득을 어떻게 분배해야 하는가   260

14장 '거의 완벽한 복지국가' 핀란드의 새로운 실험   278

4 미래의 기회는 어디에 있는가

15장 '자유노동'이라는 기회   298

16장 새로운 부의 원천, 데이터의 부상   322

17장 '기본소득'이라는 킹핀   342

18장 일하며 놀며 배우며   374

감사의 말   395

주   399

소득의
미래는
어떻게
바뀌고 있나

"밤사이 특별한 것 있었나요?"

"시시한 폭력 사건 몇 개 빼면 별 건 없었고……. 아, IMF형 자살이 하나 있었지. 회사 잘리고 생계가 막막했다나 봐. 쯧쯧……."

새벽녘 경찰서 형사계는 밤사이 들어온 취객과 잡범들로 시끌시끌했다. 앳된 수습기자를 맞는 당직 형사는 건성으로 사건 대장을 들추며 몇 가지 사건을 읊었다. 한 가정을 무너뜨렸을 그 자살 사건도 그에게는 매일 벌어지는 심드렁한 일상이었다.

1997년 12월, 한국 정부가 IMF로부터 구제금융을 받기로 결정했던 순간 나는 갓 신문사에 입사한 사회부 수습기자였다. 그 뒤 반년여 동안, 새벽마다 경찰서를 뒤지며 새로운 사건을 챙겼다. 사망 사건이 접수될 때마다 귀를 쫑긋 세우고 누가 왜 어떻게 비극의 주인공이 되었는지를 파헤쳤다. 밤낮으로 우리 사회 밑바닥에서 일어나는 사건들을 취재했다.

사람들의 삶에는 극적인 변화가 일어났다. 하루가 멀다 하고

'IMF형 자살'이라는 사건이 접수됐다. 평생직장이라 여겼던 곳에서 해고된 가장은 어린아이를 남겨두고 목을 매고, 두 자식이 동시에 실직하는 모습을 목격한 노인은 부담이 되기 싫다며 고층아파트에서 몸을 던졌다. 부도 난 기업의 임원이, 취업길이 막막해진 청년이, 임금 체불로 고통받던 노동자가, 손님이 사라진 자영업자가 극단적 선택을 했다. 증권사 객장에는 전 재산이 반토막 난 소액투자자들이 들이닥쳐 몸싸움이 벌어졌다. 사람들은 빚을 져서 고통받고 빚을 받지 못해 고통받았다.

그런데 내가 보기에 우리 사회는 그 고통의 원인을 엉뚱한 데서 찾고 있었다. 사람들은 늘 '일자리'라는 단어를 앞세웠다. 정부부터 그랬다. 일자리가 줄어 고통이 생겼으니 일자리를 새로 만들어야 한다고 이야기했다. 수십 만 개 공공일자리 창출 계획 같은 거대한 정책이, 사람들의 고통에 일단 무슨 약이라도 발라주고 보자는 응급실 인턴 수준의 고민에서 나오는 일이 다반사였다. 하지만 일자리가 있어도 소득이 낮고 불안정하면 고통은 여전하다. 부양가족이 있다면 그 고통은 가중될 것이다. 반면 일자리가 혹시 없더라도 충분한 소득만 보장된다면 생사를 오가는 결심을 할 정도의 고통은 겪지 않아도 될 것이다. '일자리 만능론'에 사로잡힌 사람들은 이런 점들을 아예 고려조차 하지 않는 것처럼 보였다.

일자리 뒤를 이어 꼭 나오는 이야기는 기업 살리기다. 기업이 무너져서 고통이 왔으니 기업을 지원해 살리자는 이야기다. 기업이 잘 되면 일하는 사람들의 고통이 사라질 수 있을까? 거꾸로 사람들의 고통을 전제로 기업이 성장하는 사례도 얼마든지 찾을 수 있다. 기업은 고용을 늘리지 않고 성장할수록 투자자들로부터 더 능력 있다고 인정받는다. 현재 한국 최대 기업인 삼성전자는 IMF 구제금융 당시 직원 가운데 3분의 1을 내보냈다. 회사 쪽에서는 '뼈를 깎는 구조조정'이라고 했지만 실제로 뼈를 깎인 쪽은 회사가 아니라 쫓겨난 사람들이었다. 그들의 고통을 기반으로 삼성전자는 새로운 기업으로 일어섰다. 이 회사 부가가치는 그해 1조 2천억 원대였는데, 2017년 59조 원대가 됐다. 직원 다수의 경제적 고통을 지렛대 삼아 20여 년 만에 50배 성장했다.

일자리든 기업이든, 개인의 경제적 삶과의 관련성은 간접적이다. 일자리를 아무리 많이 만들고 기업이 세계적인 수준으로 성장해도, 고통받는 개인들이 소득을 얻을 수 없다면 소용없는 일이다.

우리의 경제적 삶에서 모든 도덕과 수사를 제거하고 마지막으로 남는 경제적 진실을 하나 꼽는다면, 무엇보다 소득이다. 아무리 어렵더라도 먹고살기에 무리 없는 소득을 얻을 수 있다는 전망이 있다면 그때부터 삶은 시작될 가능성이 있다. 이런 전망이 불확실하거나 절망적이라면 삶이 이어질 가능성이 꼭 그만큼 낮아진다. IMF 구제금융 당시 사람들이 겪던 수많은 고통의 공통분모도 갑작스러운 소득의 중단, 그리고 새로운 소득 전망의 실종에 있었다. 해고와 부도로 매달 들어오던 소득이 사라지자 그들의 현재가 흔들렸고, 앞으로 새로운 소득을 얻을 전망이 사라지자 그들의 미래가 사라졌다. 그런 이들 중 상당수가 극단적인 선택을 했다. 일자리 없이도 소득을 얻을 수 있거나 기업 없이도 소득을 얻을 수 있었다면 그런 선택은 줄었을 것이다.

그래서 우리가 지금 던져야 할 것은 일자리나 기업과 같은 소득에 영향을 미치는 다양한 간접적 경제 요인들에 대한 질문이 아니다. 소득 자체에 대해 직접적으로 질문을 던져야 미래의 경제적 삶에 대한 답을 얻을 수 있다.

이 책에서는 거칠더라도 소득의 미래에 대한 질문을 직접적으로 던져보고, 그 답을 찾아보려고 한다. 소득은 지금 우리 삶에서 어떤 역할을 하고 있는가? 지금 우리의 소득은 어떻게 구성되어 있는가? 앞으로 이 구성은 어떻게 바뀔까? 어떻게 바꾸어야 우리의 삶이 더 풍요로워질까? 그렇게 바뀐 소득 구성은 우리의 일과 삶에 어떤 영향을 끼치게 될까? 그래서 결국 소득이란 무엇이고, 무엇이 되어야 하는가?

석학들이 깨뜨린 통념

소득이란 '기여한 데 따른 보상'이라고 우리는 배웠다. 또 그렇게 번 소득을 차곡차곡 쌓아 자산을 형성하는 것이라고 배웠다. 그런데 최근 노벨경제학상 수상자 등 세계적인 경제학자들이 잇따라 이런 정의를 혼란스럽게 만들고 있다.

2019년 노벨경제학상 공동수상자인 아브지히트 바네르지와 에스테르 뒤플로는 개발도상국에서 작은 액수의 '초기본소득Universal Ultra Basic Income'을 도입하자는 주장을 펼친다. 그들은 《어려운 시기를 위한 좋은 경제Good Economics for Hard Times》에서 인도와 같은 개발도상국에서는 아주 작은 액수라도 조건 없는 기본소득을 모두에게 분배해야 빈곤도 줄이고 경제 역동성도 키울 수 있다고 썼다.

바네르지와 뒤플로는 빈곤문제를 연구하는 경제학자들이다. 다양한 실험을 통해 어떤 정책이 빈곤층에게 실제로 도움이 되는지를 밝혀내는 연구를 한다. 그들은 여러 가지 정책실험 결과를 검토한 결과, 통념과는 달리 취업조건 등이 걸려 있는 복잡한 복지제도보다는 단순하고 조건 없이 나누어주는 기본소득이 더 효과가 크다는 결론을 내렸다. '개발도상국에서는 저소득층에 집중하고 일을 더 많이 하도록 유도하는 선별복지가 더 낫다. 기본소득 같은 보편적 현금 지급은 그들을 게으르게 만든다'는 통념을 뒤집는 입장이다.

또한 2015년 노벨경제학상 수상자인 앵거스 디턴은 2018년 한국에서 열린 '경향포럼'에서 기본소득을 옹호하는 발언을 했다. 그는 "대부분의 복지제도가 저소득층의 임금을 낮추는 방향으로 작용하는 반면, 기본소득은 임금을 높이는 역할을 할 것"이라고 말했다.

특히 디턴은 영국 철학자 버트런드 러셀의《게으름에 대한 찬양》을 인용하면서 "사실은 사람들에게 일하지 않을 권리를 주는 것이야말로 진정한 자유를 주는 것"이라는 언급을 하기도 했다(1950년 노벨문학상 수상자이자 20세기 초반부의 세계적 사상가였던 러셀은 하루 4시간 노동과 기본소득 지급을 주장하면서 '게으름'의 가치를 역설했었다). 노벨경제학상을 받은 경제학자가 벌인, 게으름을 적으로 삼는 자본주의 사회에 대한 도발이었다.

《21세기 자본》에서 전 세계 자본주의가 세습자본주의화하고 있다는 점을 숫자로 실증해 세계적인 인기를 끌었던 프랑스 경제학자 토마 피케티도 가세한다. 그는 신간《자본과 이데올로기Capital et ideologie》에서 모든 사람에게 25세에 기초자본 12만 유로(약 1억 6천만 원)를 지급하자는 주장을 펼쳤다. 이를 위해 재산세를 최고 90%까지 거두자고 말한다.

이들은 변화하는 소득의 개념을 먼저 포착한 사람들이다. 세계 전체를 놓고 보면 문제없이 굴러가는 것처럼 보이지만, 개인의 삶의 전망은 뿌리째 흔들리는 현실을 먼저 목격한 사람들이다. 생산은 늘어나지만 늘어난 생산이 개개인의 소득으로 연결되는 과정이 깨지고, 그렇게 불확실해진 전망 때문에 생산조차 늘어나지 않고 사회가 건강하게 유지되기 어려워진다는 통찰을 미리 얻은 사람들이다. 결론적으로는 이들 모두 공통적으로 '기여한 만큼 받는 보상'이라는 소득의 정의에 반기를 든 것이다.

소득의 원래 정의는 무너지고 있다. 로봇 등으로 인한 자동화는 사람 없는 공장을 가능하게 만들었다. 소득은 점점 더 노동보다 자본에 쏠리는데, 자본은 점점 더 소수의 사람들에게 집중되고 있다. 돈을 많이 버는 영역에서는 일자리를 늘리지 않고, 열악한 부분에서는 값싼 사람의 손이 필요하다며 불안정한 일자리를 자꾸 만든다. 좋은 일자리는 희소한 자원이 되어가고 있다.

한편에서는 하루 8시간 사무실에 매여 있기 싫다는 사람이 늘어나고 있다. 여러 가지 일을 동시에 하는 사람도 늘어난다. 낮에 사무실에서 하는 일보다 밤에 하는 유튜버 활동을 더 열정적으로 하는 사람도 생긴다. 월급은 회사에서 받지만, 시간은 돈 안 되는 일에 더 많이 쏟는 사람들도 늘어난다.

어릴 때 공부 열심히 해서 좋은 대학 나오면 취직해서 안정된 월급을 받을 수 있고, 그 월급을 모아 집을 사고 빚을 갚은 뒤 은퇴해서 살면 된다는 산업사회의 경제적 삶은 더 이상 유지되지 않을 것이다. 따라서 소득이란 모름지기 안정적 일자리를 얻어 열심히 일한 대가로 얻는 보상이라는 통념은 위기를 맞았다. 소득은 이제 다른 어떤 것이 되어가고 있다.

가장 중요하면서도 무시된 질문

일자리의 미래를 전망하는 말과 글은 셀 수 없이 많다. 그 대안을 이야기하는 말과 글도 그만큼 많다. 기업의 미래와 그 대응 방안에 대한 것도 마찬가지다. 그러나 사람들의 실제 경제적 삶의 핵심인 소득의 미래에 대한 전망과 그 대안에 대한 이야기는 그렇지 않다. 특히 유럽이나 미국이 아니라, 우리나라의 현실에 맞는 전망과 대안은 거의 찾기 어렵다. 너무 솔직한 이야기라서 그럴 수도 있다. 너무 단순해 보여서 그럴 수도 있다. 하지만 그런 솔직하고 단순한 질문에 대해 전망과 대안을 찾지 못한다면, 우리의 경제적 삶은 위험 속에서 방황할 수밖에 없다.

이 책은 '소득의 미래는 어떻게 바뀔까'라는 질문에 답하기 위해 쓰였다. 우리의 소득에는 그야말로 지각변동이 일어나고 있다. 1부에서는 그런 지각변동이 어떻게 일어나고 있으며 어떤 방향으로 향하고 있는지에 대해 썼다. 2부에서는 제조업 고용위기에서 인공지능의 부상까지, 우리에게 벌어지고 있는 일자리 지형의 변화와 그 대가인 근로소득의 변화하는 위상을 전망한다. 3부에서는 우리 경제에 가장 중요한 변수이면서도 종종 빼놓고 이야기하던 국가를 다룬다. 이전이나 이후에나 국가는 우리 주머니로 돌아오는 소득에 영향을 주는 가장 중요한 주체다. 4부에서는 앞으로 나타날 소득과 일의 기회에 대해 다룬다.

한편으로 이 책은 한국경제의 현재와 미래에 대한 책이다. 6장, 7장, 8장에서는 한국 제조업이 놀라운 성과를 거두는 과정에서 기술이 어떤 역할을 했으며, 그 기술이 앞으로는 우리 경제와 고용에 어떤 영향을 미칠지를 다룬다. 1장과 3장에서는 그런 눈부신 성장으로 커진 국민소득이 누구에게 어떻게 분배되고 있는지를 이야기한다. 11장과 16장에서는 미래에는 혁신이 어떤 영역에서 어떤 방식으로 일어날 수 있을지를 가늠해 본다.

어떤 면에서 이 책은 우리나라 사회정책의 근간인 노동정책과 복지정책에 대한 진단과 제안이다. 5장, 10장, 15장에서는 급격하게 변화하는 우리의 노동을 다룬다. 왜 우리 사회에서 최근 공공기관 취업 열풍과 비정규직의 정규직화 논란이 일어났는지 원인을 찾고, 새롭게 움트는 희망의 싹을 탐색한다. 12장과 13장에서는 초고령화와 지방 소멸을 눈앞에 둔 한국사회가 복지정책에서 직면한 심각한 문제를 들여다보고 변화의 방향을 이야기한다.

또한 이 책은 새롭게 떠오르는 대안으로서의 보편적 기본소득제에 대한 책이기도 하다. 각 장마다 나오는 주제는 궁극적으로 소득에 대한 전망으로 연결되고, 그 대안은 개인을 넘어 우리 사회가 함께 준비해야 한다는 결론에 이르게 된다. 따라서 17장에서 소득 불안을 해소하는 한국형 기본소득제 안을 재정모델까지 정리했고, 18장에서 기본소득이 주어진 사회의 모습과 그 사회에서의 시민의 삶에 대해 그려 봤다.

《소득의 미래》는 전망서이면서 제안서다. 이 책에 담은 예측은 예측임과 동시에 저자가 지향하는 가치이며 목적지이기도 하다. 미래는 예측하는 게 아니라 만들어가는 것이므로 전망과 제안, 예측과 당위는 분리되지 않는다. 불행인지 다행인지 인간은 거대한 문명세계를 구축하고 지구의 운명을 좌지우지하며 '인류세'를 열어가고 있으며, 예측하고 적응하는 세계를 지나 꿈꾼 대로 창조하는 세계에 도달하고 있기 때문에 그렇다. 모든 상상이 현실이 되는 것은 아니지만 상상하지 않은 현실은 오지 않는다.

이 책은 관찰과 대화와 상상을 통해 썼다. 처음 글을 시작한 뒤 수많은 사례와 숫자를 관찰하면서 내 스스로의 고정관념을 뒤집는 경험을 여러 차례 했다. 급변하는 경제 현장에서 변화를 체감하고 있는 사람들과의 대화를 통해 뒤집힌 고정관념을 재확인했다. 뒤집힌 시각으로 세상을 보다 보니 통념과는 다른 미래를 전망하고 새로운 제안을 상상할 수 있었다. 소득의 과거에서 소득의 미래까지, 그리고 소득의 미래로부터 일과 삶의 미래로까지 가는, 통념을 깨뜨리는 관찰과 대화와 상상의 여정에 초대한다.

1

소득의
지각변동

1장

흑자 인생과
적자 인생을
오가며
벌어지는 일들

모든 사람은 살아가는 동안 흑자 구간과 적자 구간을 오가며 산다. 인생의 어떤 기간에 사람들은 흑자를 낸다. 고용되어 받는 근로소득이나 사업으로 버는 사업소득이 소비지출보다 크다. 나머지 기간 동안에는 적자를 본다. 소비지출이 소득을 넘어서는 기간이다.

어쩌면 당연한 결과다. 1인당 국민소득 3만 달러 시대라고 하지만, 실제로 일생 동안 돈을 벌 수 있는 기간은 정해져 있고 그 시기에 몰아서 번다. 나머지 기간 동안 개인은 수입이 없거나 수입이 극히 미미하다. 하지만 어느 시기라도 최소한의 소비는 해야 살아갈 수 있다. 어떤 기간 동안에는 미래를 생각한 투자가 필수적이다. 그러니 일생 동안 개인의 가계부는 크게 출렁이게 되어 있다.

그런데 실제로 우리 사회에서 사람들은 어느 시기에 흑자를 보고 어느 시기에 적자를 보게 될까? 이 질문에 답하는 분석이 있다. 통계청이 개발해 발표한 '국민이전계정'이다. 통계청은 모든 연령대 한국인의 소득과 소비의 평균을 구해 적자 구간과 흑자 구간을 나눴다. 소득은 직접 일해서 버는 소득으로 제한했다. 부모가 주는 용돈이나 국가가 주는 연금은 소득이 아니다. 특정 연령대 모든 국민의 소득 평균이 그 연령대 소비액 평균보다 크면 흑자 구간이다. 그 반대라면 적자 구간이다. 이 책에서는 2015년을 기준으로 한 통계청의 계산을 따랐다.

이 분석에 따르면 사람은 태어나서 우선 적자 구간을 맞는다. 아동/청소년/청년기가 먼저 맞는 적자 구간이다. 전적으로 부모에 의존해 살아가며 학교에 다니는 아동·청소년기는 명백한 적자 구간이다. 특히 교육비가 이때 집중 투입된다. 16세에 적자 폭이 2406만 원으로 전 생애에 걸쳐 가장 컸다. 그런데 취업을 했으리라고 여겨지는 20대 청년기에도 상당 기간 적자 구간이 이어진다. 28세까지는 근로소득보다 소비액이 많다.

흑자 구간은 29세가 되어야 시작된다. 이 시기 이후 사람들은 고용되어 일하고, 사업해서 돈을 벌어들이며, 세금을 내고, 가족을 부양하며 살아간다. 저축을 해서 노후를 대비하기도 하고, 자녀 교육에 투자하기도 하고, 은퇴한 부모를 부양하기도 한다. 43세에 흑자 폭은 1306만 원으로 전 생애에 걸쳐 가장 컸다. 흑자 구간은 58세까지 이어진다.

노년기 역시 적자 구간이다. 근로소득이 줄어들다가 완전히 없어지면서 적자 폭이 커진다. 이 시기에는 보건·의료 관련 비용이 집중적으로 지출된다.

결과적으로 한국 사람은 태어나서부터 적자 구간에서 살다가,

우리 인생은 적자와 흑자를 오간다

표1-1 생애 주기에 따른 적자 구조와 흑자 구조(2015년 기준, 단위: 원)

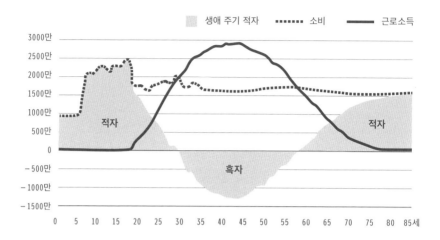

평균적인 한국 사람의 소득 여정

표1-2 1인당 생애 주기에 따른 소득의 변화(2015년 기준, 단위: 원)

한국 사람은 태어나서부터 적자 구간에 살다가 29세에 흑자 구간에 진입했다가 59세에 다시 적자 구간으로 돌아와 생의 마지막까지 여기서 지내게 된다. 흑자 폭이 가장 큰 연령은 43세고, 적자 폭이 가장 큰 연령은 16세다.

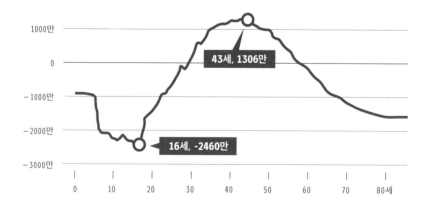

자료: 통계청

29세에 흑자 구간에 진입했다가, 58세에 다시 적자 구간으로 돌아와 생의 마지막까지 여기서 지내게 된다. 흑자 폭이 가장 큰 연령은 43세이고, 적자 폭이 가장 큰 연령은 16세이다.

그럼 적자 구간일 때 사람들은 어떻게 살아갈까? 방법은 사실 단순하다. 흑자를 낸 사람의 소득을 그 사람이 직접 적자를 낸 사람에게 나눠주거나, 흑자를 내는 시절에 저축해 두었다가 적자를 낼 때 꺼내어 쓰거나, 국가가 흑자 구간에서 세금을 거두어 적자 구간에 나눠주는 것이다. 차례대로 사적 이전, 민간 저축, 공적 이전이다. 모두 흑자 구간의 흑자 일부를 덜어내어 적자를 메꿔주는 방식이다.

누구나 아동기나 노년기에는 적자 구간을 맞게 된다. 그 기간에 가족이 소득을 나눠주기 어렵거나, 자신이 흑자 구간 때 모아둔 소득을 꺼내 쓸 수 없다면 해결하기 어려운 가난을 겪게 되거나, 생존에 위협을 받을 수도 있다. 이런 상황이 닥치면, 이는 원천적으로 개인이 해결할 수 없는 문제가 된다. 사회가 나서야 한다. 그래서 한 사회가 제대로 돌아가려면 적자 구간의 소득 문제를 제도적으로 해결해야만 한다.

가족 분배 시스템의 이완

우리 나라에서는 전통적으로 가족 시스템을 통한 소득 이전으로 이 문제를 해결했다. 1990년대 중반까지도 한국 사회는 개발주의적 분배 구조를 갖추고 있었다. 경제성장을 최상의 국가 목표로 놓고 사회의 모든 자원을 동원하는 경제체제였다. 조립형 수출 기업들이 그 자원을 사용해 생산을 책임졌다. 결과적으로 국가를 정점으로 하고, "국가는 기업을 봐주고, 기업은 남성 노동자들을 봐주고, 남성 노동자들은 가족들을 봐주는 체계"를 구축했다. "역순으로 보면 가족들은 남성 가장에게 순종하고, 남성 노동자는 기업에 복종하며, 기업은 국가에 충성하는 구조"였다. 이런 구조 아래서 임금도 낮고, 세금도 낮고, 복지 수준도 낮게 유지하면서 대기업을 중심으로 수출 주도 성장을 꾀했다.[1]

1970년대 이후 개발주의적 분배 전략은 어떤 의미에서는 당시 경제구조와 부응하는 면이 있었다. 국가 재정이 튼튼하지 못한 상황에서 국민 개인에 대한 분배를 가부장적 기업과 가족 시스템에 맡기는 전략이었다. 가장은 흑자 구간의 개인이었고, 적자 구간의 개인들인 노인과 자녀를 가족이라는 이름으로 묶어 부양하게 했다. 사회복지가 취약한 상태에서도 체제를 유지할 수 있었던 이유는 이런 가족 내 분배 시스템이 작동했기 때문이다.

다만 여기에 전제 조건이 있다. 기업의 수익이 보장되어야 하며, 일반적으로 가장의 임금이 4인 가족을 부양할 수 있는 수준이 되어야 한다. 그래야 사회 재생산이 가능해진다. 즉 대다수 가장들이 이 가족을 모두 부양할 수 있는 소득을 벌어 가져갈 수 있어야 한다. 고용되어 근로소득을 얻든, 장사해서 사업소득을 얻든, 일정 규모 이상이 되어야 그 소득이 가족 시스템을 통해 국민 전체에게 분배될 수 있고 사회는 유지될 수 있다. 이런 시스템이 촘촘하게 짜이면 국가는 공적 이전을 적극적으로 늘릴 필요가 없었다. 개인에게는 노후를 위해 저축하는 것보다는 우선 자녀에게 투자해서 자녀가 나중에 자신을 부양하도록 만드는 게 더 나은 전략이었다. 여유 있는 소수는 스스로 자산을 축적했지만, 개발주의 시대의 대부분은 자녀를 미래의 자산으로 여겼다.

장기근속과 호봉제 임금체계는 이를 뒷받침하는 제도였다. 한 번 진입하면 평생 소득이 보장되고, 호봉제에 따라 평생 소득이 예측 가능하다는 점은 가족 내 분배 안정성을 높였다. 가족 내 분배는 단순히 개인의 자의적 소득 처분 방식을 훌쩍 뛰어넘어, 사회를 지탱하는 분배 구조로 작동했다.

이렇게 가족은 개발주의 국가에서 국민소득의 주요한 전달 체계였다. 남성 생계부양자에게 고용을 통해 4인 이상의 가족을 부양할 수 있는 소득을 제공하는 것이 소득분배의 핵심 고리였다. 그런데 2000년대 들어서면서 이런 구조가 깨지기 시작한다. 두 가지의 큰 변화가 기존 구조의 변동을 이끈다.

첫 번째 변화는 소득 편중이 심해졌다는 점이다. 상위 10퍼센트 집단에 소득이 몰리면서 대부분 가장이 3~4인 가구 부양이 가능한 수준의 소득을 벌어들여야 한다는 전제가 흔들리게 되었다. 이 시기 우리 경제에서는 수출 제조업 대기업의 임금노동자 중심 분배 체계가 강화된다. 수출 중심 경제성장 전략이 이어지면서 기업간 양극화가 진행됐다. 소수의 글로벌 대기업들에서 임직원 보수는 빠르게 올랐다. 그러나 민간 소비 부진 속에 대다수 자영업자와 중소기업들의 처지는 상대적으로 악화되었다.

그 결과로 상위 10퍼센트 집단에 소득이 편중되었다. 3장에서 자세히 이야기하겠지만 우리 나라의 소득 상위 10퍼센트가 가져가는 소득 비중은 50퍼센트를 넘어섰고, 선진 자본주의 국가 가운데 가장 극심하게 편중되어 있다(여기서 이 소득 집중도는 20세 이상 성인 개인의 소득을 기준으로 분석한 수치. 그것도 누군가에게 증여하거나 세금을 거두어 나누기 전, 일하거나 사업하거나 투자해서 번 소득을 대상으로 본 것이다). 상위 10퍼센트에 들지 못한 가장들은 위기에 빠진다.

가족 내 주소득자의 소득이 가족을 부양할 수준이 되지 못하면, 가족 내 분배는 사회적으로 의미 있는 분배 시스템이 될 수 없다. 주소득자 중 일부가 너무 큰 몫을 가져가면 나머지는 가족을 부양할 능력을 갖출 수가 없다. 그렇게 되면 적자 구간에 속해 있어 피부양자로 살아가야 하는 사람들은 생계 수단이 사라지며, 사회 전체 생계 불안이 높아지게 된다.

가족 내 분배가 잘 작동하던 시기는 1970~1990년대이다. 이 시기에는 소득분배가 상대적으로 평등했다. 소득 상위 10퍼센트 집단이라고 해도 전체의 3분의 1 정도를 가져갔을 뿐이었다. 1990년대 이후 소득이 상위 10퍼센트에게 집중되기 시작하면서 불안이 본격화했다.

상위 10퍼센트 모두가 4인 가구의 가장이라고 하더라도, 이들이 부양할 수 있는 인구는 40퍼센트에 지나지 않는다. 나머지는 가족 내 분배 이외의 다른 생계 수단을 찾아 나서야 하는 상황이 된다.

근로소득, 사업소득, 금융소득처럼 한 사회가 만들어 낸 부를 시장 시스템을 통해 나누어 갖는 것을 1차 분배라고 한다. 이렇게 나눈 돈을 가진 사람이 그 돈을 자선활동 등을 통해 다른 사람과 나누거나, 국가가 그 사람으로부터 세금을 거두어 다른 곳에 투입하는 일을 2차 분배, 또는 재분배라고 한다. 월급을 받는 것부터 세금을 거둬 지원금을 지급하는 일까지, 모두가 분배 활동이다.

어느 사회든 그 사회가 건강하게 유지되려면 분배가 제대로 되어야 한다. 분배가 되어야 많은 사람들이 생계를 유지할 뿐 아니라 구매력을 갖고 소비할 수 있게 되고, 많은 사람들이 안정된 소비를 해야 기업이 생산을 위한 투자를 하게 되며, 생산이 유지될 수 있다. 산업사회에서 이 분배의 근간은 임금이었다. 그리고 조세와 사회보험(4대 보험)을 통한 사회복지가 분배의 또다른 한 축이다.

우리 사회 개인들 사이 소득 편중이 극심해지면서 1차 분배 이외에 다른 분배가 커져야 사회가 유지될 수 있는 상황이 됐다. 애초에 근로소득과 사업소득이 골고루 나누어져 있다면 다른 분배가 상대적으로 덜 필요할 수도 있다. 그러나 1차 분배가 지금처럼 편중되는 방향으로 흘러간다면 2차 분배인 사적 이전이나 공적 이전이 대폭 늘어나 적자 구간을 메워야 한다.

두 번째 변화는 가족 구조의 변화다. 1인 가구가 급증하면서 가족 내 분배에 기반한 분배 시스템은 또 다른 위협을 받는다. 가족 시스템을 통한 사적 이전이 점점 더 어려워지기 때문이다. 소득 불균형으로 가족 부양 의무를 질 능력을 갖춘 가구주가 줄어드는 것도 문제지만, 부양의 고리가 되던 가족 관계 자체가 완화되는 것은 더 심각한 문제다.

전체 가구수 중 1인 가구 숫자는 1985년에 6.9퍼센트에 지나지 않았다. 그러던 것이 2000년에는 15.5퍼센트, 2010년에는 23.9퍼센트, 2017년에는 28.6퍼센트까지 오른다. 과거라면 가족 내 분배를 통해 피부양자로 살아갔을 인구 중 상당수가 1인 가구를 형성하면서 스스로 소득을 벌어야 하는 상황이 됐다. 그러나 이들을 모두 수용할 만큼 괜찮은 일자리가 늘어나기는 어렵다. 오히려 일자리 격차는 더 커지고 소득 편중은 점점 더 심해진다. 부양자 사이 소득 편중도 문제이지만, 고용된 사람들과 고용되지 않은 사람들 사이의 격차도 큰 문제다. 그들 사이 소득 이전 체계였던 가족이 흩어지고 있기 때문이다.

최근 노인, 여성, 청년 문제가 끊임없이 떠오르는 것은 어쩌면 당연하다. 기존의 가족 중심 분배 구조가 무너지고 있는데, 마땅한 대안은 떠오르지 않고 있기 때문이다. 한국 사회에서 가장 심각하게 기회가 차단된 이들은 대거 질 낮은 일자리에 투입되고 있으며, 이로 인해 소득은 상위 10퍼센트 집단에 더 편중되고 있다.

이런 왜곡된 분배 구조가 바로 한국 사회가 상대적으로 안정적인 경제성장 속에서도 극심한 갈등과 불안을 겪고 있는 원인이다. 1인당 국민소득은 꾸준히 오르고 있지만, 커진 소득이 국민 전체에게 분배되는 구조를 만들어 내지 못한 것이다.

소득 격차가 커지면서, 소득 상위 10퍼센트 집단에 속해야 가족 부양 시스템에서 요구하는 '가장 노릇'을 할 수 있을 만한 소득을 벌어들일 수 있게 된다. 그러니 상위 10퍼센트에 들고 그 소득을 안정적으로 유지해야만 과거처럼 안정적으로 가족을 부양할 수 있다는 생각이 커지면서, 청년들은 공무원과 공기업 시험에 몰린다. 그 안에 들지 못한 이들이 부양 부담을 고려해 혼인이나 출산 및 자녀

양육을 미루거나 포기하는 일은 사실 합리적 선택이다. 자신의 노후를 자녀에게 의탁할 수 없다는 사실을 알게 된 장년들은 지금은 흑자 구간에 있더라도 주택과 같은 자산 구입 등 노후를 위한 투자에 병적으로 집착하기도 한다. 현재 적자 구간을 맞은 이들을 위해 기부를 더 하거나 세금을 더 내는 일에는 극도로 부정적 태도를 보일 수밖에 없다.

가족 중심 분배 체제의 붕괴는 이런 모든 문제의 출발점이 되었다. 이는 결과적으로 잘 보이지 않는 곳에서, 우리의 미래에 치명적인 문제를 일으키고 있다. 바로 우리 아이들에게 일어나고 있는 문제다.

적자 구간의 아이들

통계청의 '국민이전계정' 분석으로 되돌아가 보자. 한국 사람은 크게 보면 아동기와 노년기, 두 차례 적자 구간을 만난다. 0~14세 아동기에는 118조 원의 적자를 본다. 65세 이상 노년층은 82조 원의 적자를 본다. 통념과는 달리 아동기에 적자 폭이 크다. 즉 우리 사회가 노인보다 아동에게 더 많은 자원을 투입하며, 아동은 소득이 전혀 없는 반면 노인은 꽤 많은 비율이 취업해 소득을 벌어들인다는 의미이다. 그래도 두 기간 동안의 적자는 모두 사회가 메워야 하는데, 그 방법은 두 경우가 좀 다르다.

아동기에는 부모 등 해당 아동의 가족이 적자를 절반 이상 메우고, 나머지를 정부가 채운다. 부모가 지출하는 용돈이나 교육비, 상속 등 민간 차원에서 아동에게 재배분된 돈이 62조 원대였다. 학교 교육비 등 정부 차원에서 재배분된 돈은 56조 원대였다.

반면에 노년기에는 정부가 적자를 주로 메우고, 가족은 보조적 역할을 한다. 의료비, 연금 등 정부 차원에서 재배분된 돈이 49조 원대였고, 민간에서 용돈 등으로 재배분된 돈은 25조 원대였다.

아동기에 부모가 그 적자를 메울 형편이 되지 않는다면 어떨까? 그 아이들의 미래는 적절한 지원을 받은 가정의 아이들과 큰 차이를 보일 수밖에 없을 것이다. 즉 아동기의 소득 격차는 단순히 해당 시기의 생계 곤란 문제만 만들어내는 게 아니다. 그 차이는 평생 돌이킬 수 없는, 지속적으로 겪어야 하는 어려움을 만들어낼 수도 있다.

미국 국립정신건강연구소의 캐시디 맥더모트와 그의 동료들이 이 문제에 대한 근거를 제시했다.[2] 연구진은 1990년부터 2010년까지 수집한 뇌 스캔 MRI 자료 1243건을 분석했다. 5~23세인 623명의 아동·청소년에게서 수집한 것이었다. 관찰 결과, 부모의 사회경제적 지위와 자녀의 두뇌 발달 정도가 연관성이 있다는 점을 밝혀냈다.

부모의 사회경제적 지위가 높았던 사람의 경우 상대적으로 두뇌 크기가 컸다. 특히 간뇌의 대부분을 차지하는 시상이 큰 것으로, 또한 대뇌피질로부터 신경 입력을 받아 내보내는 역할을 하는 선조체 역시 커지는 것으로 나타났다.

뇌의 이런 부분들이 큰 사람일수록 사고가 빠르고, 언어지능이 높다고 한다. 즉 어린 시절 사회경제적으로 여유 있는 환경에서 자랐는지의 여부가 그 아동이 성장하여 더 높은 사고력과 의사소통 능력을 가지는 데 영향을 끼칠 수 있다는 연구 결과다. 어린 시절의 사회경제적 환경이 지능지수와 정신 건강에도 영향을 끼칠 수 있다는 것이다.

어린 시절은 적자 구간이다. 아동 스스로 사회경제적 환경을 만들 수는 없다. 대체로 부모 아니면 정부가 그 환경을 만들어준다. 부모는 가정에서의 생활과 놀이, 교육에 자원을 투입하며 적자를 메워준다. 정부는 공교육에 자원을 투입하고 복지 재원을 지출하며 적자를 메워준다. 우리 사회는 아동기 적자 구간에 부모와 정부가 절반씩의 부담을 진다.

그런데 사회 전체적으로 성인들 사이의 소득 불평등이 커진다면? 당연히 부모들 사이 격차가 커진다. 즉 아동에게 제공할 수 있는 교육 및 복지 재원이 차이가 난다. 상위 10퍼센트 집단 부모를 만난 아동들은 더 좋은 사회경제적 환경에서 자라날 수 있게 되지만, 그렇지 못한 아동들은 크게 뒤처진 환경에서 어린 시절을 보내게 된다. 결과적으로 두 집단은 지능지수에서도, 정신 건강에서도 차이가 커질 것이다. 두 집단 사이에는 뒤집을 수 없는 생애 격차가 생긴다. 격차는 이렇게 대물림된다.

사람의 능력에 따라 어느 소득 계층에 속할지가 결정된다는 게 과거의 능력주의 관점이다. 그런데 이런 연구 결과를 보면, 애초에 사회적 위계에서 어느 계층에 속하느냐에 따라 아동의 능력이 결정된다는 사실이 드러난다. 능력이 지위를 만드는 게 아니라, 지위가 능력을 만든다는 이야기다. 지능의 차이도 능력의 차이도 불평등의 원인이 아니라 결과라는 것이다.

미국에서 진행된 '잃어버린 아인슈타인들'이라는 별칭을 얻은 연구는 소득 격차가 혁신가가 탄생할 가능성을 차단한다는 점을 보여주기도 했다. 하버드 대학 교수인 알렉스 벨과 라즈 채티 등이 진행한 이 연구[3]는 부모의 소득이 뒷받침되지 않으면 어린 시절 나타났던 아이들의 재능이 성인이 되었을 때 발휘되기 어렵다는 사실을 입증했다. 이 연구에 따르면 초등학교 3학년 때 수학 성적이 상위 10퍼센트 이내이던 학생들이 나머지 학생들보다 성인이 되었을 때 특허를 지닌 발명가가 될 가능성이 높다. 그런데 상위 10퍼센트 중에서도, 부모의 소득이 상위 20퍼센트안에 들었던 학생들이 발명가로 성장할 가능성이 뚜렷하게 높다. 나머지 80퍼센트는 그리 높지 않다. 똑같이 수학 성적이 높았더라도, 부모의 소득이 높지 않았다면 그 실력을 발휘할 기회를 갖지 못했다는 뜻이다. 어린 시절에 부모의 소득 격차를 극복하고 좋은 성적을 거뒀던 아이들도, 성인이 되어서 그 좋은 성적을 현실에서 성과로 보여주기는 어려웠던 것이다.

발명가가 되려면 공부와 연구만으로는 부족하다. 부모의 소득도 높아야 한다. 발명이든 혁신이든 새로운 일은 실패할 가능성이 높기 때문이다. 부모 소득이 높으면 뭐든 시도해 볼 수 있다. 실패하면 부모 품으로 돌아오면 되니 말이다. 그렇게 여러 번 시도를 하다 보면 성공할 확률도 높아진다.

반면 한 번 실패하면 나락으로 떨어지는 환경에서는 새롭게 시도해 볼 수가 없다. 부모 소득이 낮아 보살핌을 받기보다 거꾸로 부모를 보살펴야 하는 자녀들은 발명해 보겠다고, 특허를 내 보겠다고 매달릴 수 없고, 실패하더라도 다시 새로운 아이템으로 창업해 보겠다고 할 수가 없다. 그저 당장 돈을 벌 수 있는 일에 시간을 보내야 한다. 시도가 없으니 성공할 확률도 낮다. 잠재력이 아무리 높은 사람이라도 새로운 시도를 아예 하지 않는다면 발명가도 혁신가도 될 수 없다.

필연적으로 소득 불안과 격차를 키우고 있는 우리 시스템이, 아인슈타인처럼 위대한 과학자들이 될 수 있는 아이들의 잠재력을 죽이고 있는지도 모른다.

아이들이 더 많은 발명가와 혁신가로 자라나야 우리 경제의 역동성이 유지된다. 이들로부터 더 나은 기술이 나오고 더 나은 기업이 나올 수 있을 것이다. 그런데 그렇게 혁신가로 성장할 잠재력이 있는 아동이 부모의 소득 격차 탓에 성장을 멈추고 만다면 그것은 국가적 손실이다. 부모의 소득이 낮아 아동의 지능과 소통 능력의 발달이 지체된다면 그것 역시 국가적 손실이다. 이런 손실을 막기 위해서라도 새로운 소득분배 방법이 필요하다.

부모가 아동의 적자 구간을 메워주지 못해 문제가 생긴다면, 국가가 그 역할을 하면 어떨까?

첫 번째 적자 구간을 통과하고 나서 벌어지는 일

그나마 부모나 친척이 적극적으로 소득을 보전해주는 시기는 고등학교 졸업 때까지다. 좀 더 여유 있는 집안이라면 대학생 시기까지 소득을 보전해준다. 취업을 해야 적자 구간이 흑자 구간으로 전환된다.

그런데 이 전환 시기가 점점 늦춰지고 있다. 1990년대 초반에는 고등학교 졸업생의 10명 중 3명이 대학에 진학했다. 1990년대 중반에는 10명 중 5명이 진학했고, 2000년대 중반에는 10명 중 8명이 진학했다. 전환 시기가 늦춰지는 것은 당연했다.

문제는 2008년 이후 벌어진 일이다. 고등학생의 대학 진학률은 그해 83퍼센트로 정점을 찍고 꺾인다. 그 뒤 10여 년 동안 하락세를 보이면서 약 70퍼센트까지 떨어진다. 2008년은 청년 취업 문제가 사회문제로 떠오르던 즈음이었다. 대학만 졸업하면 취업은 걱정할 필요가 없던 시대가 저물었다는 사실을 다들 깨닫기 시작하던 때였다. 바로 전 해에 청년들의 곤궁한 삶을 다룬 책《88만원 세대》가 서점가를 휩쓴 뒤였다. 그 뒤 몇 년 동안 대학가에는 반값 등록금 운동이 거세게 일었다. 취업이 어려우니 회수할 길이 없어져 버린 비싼 학자금 때문에 일어난 운동이었다. 이 시기에 불거진 청년들의 취업난은 우리 경제 구조의 변화와 관련을 맺고 있다. 2008년이면 상위 10퍼센트 집단의 소득 비중이 일본과 미국을 제치고 선진 자본주의 국가 중 가장 높은 수준으로 올라선 시기다. 세계 최고의 소득 편중 국가가 된 시점에 청년들의 취업난이 사회문제로 떠오른 것이다. 안정적인 고용은 일부만 누릴 수 있는 특권이 됐고, 4인 가족을 부양할 수 있는 수입은 상위 10퍼센트 집단에 들어야만 올릴 수 있는 사회가 된 시기다. 그러나 대학 진학률은 83퍼센트를 찍었으니, 대학이 삶의 안정성을 보장해 줄 수 없게 된 것은 물론이다.

그 뒤 10년 동안 대학 진학률은 하락한다. 어쩌면 사람들의 합리적 선택이다. 대학 진학은 그 비용을 회수하기 어려운 나쁜 투자가 됐으니 말이다. 여기까지도 괜찮을 수 있다. 대학 대신 일찍 취업에 뛰어든 이들을 위한 적절한 일자리가 제공되고, 적자 구간이 조금이라도 일찍 흑자 구간으로 전환될 수 있었다면 말이다. 그러나 그런 일은 일어나지 않았다.

2010년 기준으로 흑자가 시작되는 나이는 평균 27세였다. 그런데 2015년, 이 나이는 29세로 2년 늦춰진다. 대학 진학률이 떨어졌지만 흑자 전환은 앞당겨지지 않고 거꾸로 늦춰졌다. 고등학교를 졸업하고 바로 취업에 뛰어든 청년들도 적자 구간에서 벗어날 수 없었다. 소비하는 만큼 벌 수가 없었기 때문이다. 일자리는 수도권에 있으니 일단 서울로 향해야 했다. 2년짜리 계약을 맺고 일하는 한시적 고용이 상당수였지만 아직은 재취업이 어렵지 않은 나이니 감수하고 일해도 좋았다. 문제는 소득이었다. 최저임금 수준이거나 이를 간신히 넘어서는 수준의 임금으로는 집세와 생활비를 충당하기조차 어려웠다. 일자리를 구하기 위해 도시로 향한 청년들은, 소비지출 수준을 넘어서지 못하는 저임금 탓에 적자 인생을 면하지 못했다.

대학을 다니던 청년들은 자꾸만 유예기간을 늘렸다. 휴학을 하고 졸업을 늦췄다. 취업이 되지 않은 상태에서 대학을 졸업하기는 위험했다. 대학 졸업 뒤에도 부모 집에서 살며 공무원 시험 준비 등 취업 준비를 이어가는 청년이 늘어났다. 혼인해 새로운 가구를 구성하는 이들도 눈에 띄게 줄었다. 아르바이트를 하며 생활비를 충당하는 이들도 있지만, 이들 역시 전체 지출액만큼 벌어들이지는 못한다. 전반적으로 대졸 청년들도 이전보다 적자 인생 기간이 길어졌다. 2015년 이후로도 이런 현상은 이어졌으니, 청년들의 흑자 구간 진입이 점점 더 늦춰지고 있을 가능성이 높다.

이렇게 어려움을 겪으며 흑자로 전환한 인생이 다시 적자로 전환되는 때가 50대 후반이다. 2010년 적자 전환 시기는 평균 55세였다. 그러던 것이 2015년에는 57세로 2년 늦춰졌다. 청년이 2년 늦게 흑자로 전환된 만큼, 50대가 2년 늦게 적자로 전환됐다. 그래도 인생 전체를 놓고 보면 흑자 기간이 28년으로 유지되었으니 괜찮은 것 아니냐고? 아니다. 수명이 길어지고 있기 때문이다.

2015년 한국인의 기대 수명은 82.1세였다. 2010년의 80.2세보다 1.9세가 늘었다. 매우 빠른 속도다. 같은 기간 동안 OECD 국가들의 기대 수명은 80.8세로 평균 1세가 늘었을 뿐이다. 수명은 빠르게 늘어나는데, 흑자 기간은 늘지 않았다. 지금 추세대로라면 수명은 앞으로도 늘어날 가능성이 높다. 그런데 흑자 기간이 늘지 않는다면, 반대로 적자 구간은 늘어난다는 뜻이다. 적자 구간의 소득 위기는 점점 더 심해질 가능성이 높다.

물론 흑자 구간에 벌어들이는 소득이 줄어든 기간만큼 커지면 문제는 없을 수 있다. 또 흑자 구간에 벌어들이는 소득이 안정적으로 예측이 가능하다면 지출을 조절하면서 적자 구간을 줄여볼 수 있을 것이다. 하지만 우리 앞에 놓인 현실은 두 가지를 모두 어렵게 한다.

상위 10퍼센트 집단의 소득은 하늘을 찌를 듯 높아지지만, 나머지 대다수의 소득은 그렇지 않다. 이들은 제조업 강국으로 떠오르며 글로벌 대기업을 여러 개 만들어낸 한국 사회의 지난 20년 동안에도 여전히 추운 곳에 살았다.

흑자 구간에 있는 모든 이들의 절대적인 소득이 줄어든 것은 아니다. 그러나 불안정성이 매우 높아졌다. 고소득자와 저소득자 사이에 쌓아올려진 성벽이 높아지고 공고해질수록, 성 밖의 불안정성과 불확실성은 더 높아진다. 격차가 커지면서 소득 격차는 삶의 안정성의 격차로, 문화의 격차로 확대되고, 결국 신분 격차로 굳어지고 있다.

우리나라 일자리 3개 중 하나는 1년 안에 사라지거나 다른 사람으로 대체된다. 일자리의 생성, 소멸, 대체를 모두 종합한 통계청의 '임금 근로 일자리 행정 통계'를 살펴보자. 2018년 말 기준 전체 일자리는 1849만 개다. 그런데 이 가운데 1년 전과 비교해 같은 사람이 계속 차지하고 있는 일자리는 67퍼센트에 지나지 않는다. 17퍼센트는 퇴직 또는 이직으로 다른 사람으로 대체됐다. 나머지는 소멸됐다.

일하는 사람 세 명 중 한 명은 1년 안에 자리를 옮기거나 빼앗긴다. 불안정할 수밖에 없다. 1년 뒤를 내다보며 일할 수 없다는 이야기니 말이다.

일주일에 17시간 이하로 일하는 사람 수도 늘어나고 있다. 2019년 1분기 숫자만 봐도, 1년 전에 비해 16.1퍼센트가 늘었다. 전체 취업자 수는 0.6퍼센트 늘어나는 데 그친 것과 비교하면, 단시간 취업자가 압도적으로 빠르게 늘어났다는 사실을 알 수 있다.

아무래도 단시간 취업자는 수입이 적을 것이다. 그러다 보니 여러 가지 일을 동시에 하는 사람도 늘어난다. 주중에는 편의점에서 아르바이트를 하고 주말에는 배달 일을 한다거나, 주중에는 회사에 다니면서 주말에는 콜센터에서 일하는 사람이 늘어난다는 뜻이다.

전일제로 한 직장에서 일한다면 소득이 적어도 지출을 계획하며 살 수 있다. 그러나 여러 가지 일을 하며 시간이 들쭉날쭉하면, 소득이 불안정하니 계획을 하며 살 수가 없게 된다. 쫓기듯 살다 보면 학습도 문화생활도 하기 어렵다. 여유가 사라지는 것은 당연하다.

30대와 40대의 고용률이 낮아지고 있는 것도 중요한 변화다. 전체적으로 고용이 유지되고 있지만, 노인 고용은 크게 늘고 30대와 40대 고용이 줄어드는 것이다. 제조업 고용이 쇠퇴하는 흐름에 진입하면서 일어나는 일이다. 노인은 취업해도 임금도 높지 않고 노동시간도 길지 않아 적자 구간에 여전히 남을 가능성이 높다. 30~40대는 일자리를 놓치는 순간 적자 구간에 돌입한다.

결과적으로 점점 더 많은 이들이 흑자 구간 안에서도 간헐적으로 적자 구간을 맞을 수밖에 없게 된다. 개인이 흑자 구간에 저축해 노후의 적자 구간을 메우려면, 이런 계획을 세울 수 있을 만큼 흑자 구간의 소득이 안정적이어야 한다. 흑자와 적자를 오가는 생활을 하면서 미래를 대비하는 저축을 하기는 어렵다.

따뜻한 흑자 구간에 들어와 있는 사람이 추운 적자 구간의 아이들에게 땔감을 나눠주며 보살피는 게, 따뜻한 흑자 구간에서 땔감을 모아두었다가 추운 적자 구간인 노인 시기를 대비하는 게 과거 해법이었다. 그런데 기대했던 흑자 구간조차 점점 더 추워지고 있다. 과거 해법은 유통기한이 지나가고 있다.

적자 구간을 메우는 해법

흑자 구간이 추워질수록 적자 구간을 메울 일이 막막해진다. 먼저 할 수 있는 대응은 아이를 갖지 않는 것이다. 아이는 세상에 나오자마자 적자 인생을 살게 된다. 그 시기 적자를 메우는 것은 상당 부분 부모 책임이다. 그다음에는 노인을 부양하지 않게 된다. 자식이 부모를 경제적으로 부양하는 일은 매우 희귀한 추억으로만 남을 것이다. 아이가 자기 주머니를 차고 세상에 나오거나 노인이 스스로 소득을 얻게 되지 않는 한, 아이를 갖지 않고 부모를 멀리 하는 행동은 적자 인생이 확대되는 시대에 개인이 할 수 있는 합리적 대응이다.

개인의 합리적 선택의 결과가 모여 감당하기 힘든 사회적 결과를 가져오기도 한다. 우리나라의 합계 출산율은 2018년 0.98명으로 떨어져 세계에서 가장 낮다. 흑자 구간의 인구들이 부모를 부양할 여유가 없어지면서 외롭고 아픈 노인은 늘어만 간다. 한국의 노인 자살률은 OECD 국가 중 1위다. 노인의 상대 빈곤율도 세계 최고 수준이다. 아이가 없고 부모를 부양하지 않으면 개인은 비용을 아낄 수 있고 본인의 노후 적자 구간을 대비할 수 있을지 모르지만, 사회적으로는 미래에 흑자 구간에 진입할 사람들이 그만큼 줄어드니 노년기 적자 구간에 나눠줄 몫도 작아질 수밖에 없다. 따라서 적자 구간을 메우는 일은 사실 저출산 고령사회에 대비하는 일이기도 하다.

소득 편중은 한국의 가족 중심 분배 시스템을 위기에 몰아넣는 의외의 결과를 가져왔다. 근본적으로 새로운 분배 체계를 짤 필요가 생겼다.

여기서 두 가지 방법을 생각해볼 수 있다. 첫째는 일자리와 소득 편중 상황을 인정하는 보수적인 방법이다. 이런 상황에서 조금 더 고임금 일자리가 많아지도록 하고, 취업한 이들이 되도록 혼인과 출산을 선택한 뒤 4인 가구를 이루도록 하는 것이다. 그 뒤 주소득자를 중심으로 가족 내 분배가 이뤄지도록 하는 것이다. 그러나 이런 방법은 비현실적이다. 이미 1인 가구 확대는 본격화했다. 합계출산율은 사상 최저 수준이다. 성평등이 보편화된 지금, 주소득자 1명이 가정 경제를 모두 책임지고 다른 1명이 가사와 육아를 전담하기는 어렵다. 4인 가구와 가족 내 분배 시대의 영광은 돌아올 수 없을 것이다.

결국 국가가 나서는 두 번째 길이 남는다. 국가가 직접 분배해 최소한의 소득을 보장하고, 그 위에 다양한 일자리 기회를 만들어 임금소득을 얻도록 하는 시스템이다. 특히 적자 구간에 있는 아동과 노인들에게 분배해 적자 구간을 얕고 짧게 만들어주어 이들을 부양하는 부담이 적어지도록 하는 것이다. 또 흑자 구간 중간중간에 간헐적 적자 구간에 빠지는 사람들이 곧 빠져나올 수 있도록 떠받쳐주는 것이다.

그러려면 흑자 구간에서 소득이 높은 기간에, 또는 그런 사람에게서 소득을 조금 덜어내어 적자 구간을 메워줘야 한다. 그래야 그 사람이 실패해 적자 구간에 진입하더라도 생계 위협은 적어지니 위험을 감수하며 일해 더 큰 성과를 내어 다시 일어나 흑자 구간으로 되돌아올 수 있다.

흑자 인생과 적자 인생의 울퉁불퉁한 여정을 조금이라도 평탄하게 만들려면, 국가가 나서서 개인들에게 과감하게 소득을 분배해야 한다.

2장

세계는 더
평평해졌지만
삶은 더
울퉁불퉁해졌다

2018년 봄, 나는 베이징에 있었다. "빈 공장을 개조해서 이렇게 코워킹 스페이스를 만들었지. 낡은 제조업 공장들이 이제 사라지고 있거든." 내 오랜 중국인 친구 제프 셴이 자랑스럽게 말했다. 제프는 사업에 성공한 뒤 매각하고는 사회적 기업에 투자하고 지원하는 르핑재단을 세워 운영하고 있다.

옛 인쇄공장은 멋진 모습으로 리모델링되어 있었다. 사회적 기업에 투자하고 지원하는 중국 르핑재단이 베이징에 낸 새 사무실이었다. 빙 둘러싼 사무실과 2층의 발코니 가운데에는, 워크숍을 할 수 있는 큰 홀이 마련되어 있었다. 자유롭게 누워서 차를 마시거나 쉬면서 상상력을 충전할 수 있도록 밝은 색 소파가 놓여 있었다. 다양한 허브가 사무실 곳곳을 꾸미고 있었다. 식사나 간식을 챙겨먹을 수 있는 깔끔한 주방도 있었다. 점심은 소셜 벤처인 팜투테이블이 매일 유기농 식단을 제공한다.

르핑재단은 미국 스탠퍼드 대학 및 베이징 대학과 함께 사회 혁신에 대한 포럼을 열었다. '경계를 넘나들며Blurring the Boundaries'라는 제목의 이 행사는 베이징 대학에 있는 '스탠퍼드 센터'에서 열렸다. 토론은 영어로 진행되었으며 중국어로 동시통역이 제공되었지만, 객석의 청중들도 앞다퉈 영어로 질문과 의견을 내놓았다. 발표자들은 세련된 연단에서 높은 의자에 다리를 꼬고 앉아 여유 있는 표정으로 토크쇼 형태의 토론을 벌였다.

쉬는 시간에는 흰 셔츠와 검은 재킷을 입고 나비넥타이를 착용한 직원들이 와인 잔과 간식 접시를 나르며 홀을 누볐다. 다들 와인 잔을 들고 영어로 인사를 나눴다. 잔을 한 손에 든 채 나머지 한 손으로 주머니를 뒤적거려서 어색하게 명함을 꺼내 나를 소개했다. 돌아온 반응이 의외였다. "우리는 이제 종이 명함을 사용하지 않아요. 위챗 계정 없으세요?" 중국 참석자들은 더 이상 명함을 사용하지 않았다. 메신저 아이디를 알려주며 그걸로 명함을 교환하자고 했다. 나는 어색한 동작으로 명함을 바지 주머니에 도로 넣고 웃옷 속주머니의 스마트폰을 꺼내야 했다.

중국의 가장 젊고 앞선 창업 거리를 둘러본 건 그런 신세계가 거리에도 펼쳐져 있는지 궁금해서였다. 지하철로 몇 정거장을 지나 중관촌의 이노웨이로 향했다. 옛 책방 골목을 새롭게 단장해 만든 세련되고 젊은 창업 거리였다. 책방 사이사이 뉴욕의 소호 거리나 서울 북촌의 카페 거리 못지않게 깔끔한 카페가 연이어 자리잡고 있었다. 젊은이들은 휴일에도 삼삼오오 카페에 모여 토론을 벌이는 데 열심이었다. 책방을 겸한 카페에도, 코워킹 스페이스에도 프로젝트 팀이 들어차 있었다. 책을 읽거나 노트북을 펴놓고 작업하는 청년들이 거리에 가득했다. 이노웨이의 국제협력부서 격인 '이노플래닛' 입구에는 '글로벌 스타트업 지원 프로젝트' 안내가 영어로만 쓰여 있었다. 창업가들을 키우는 '흑마학원'은 세련된 간판을 걸어두고 미래의 다크호스를 기다리고 있었다. 책방 중앙 매대에는 창업과 비즈니스 관련 서적들 사이에 조지 오웰의 《1984》, 《곰브리치 세계사》, 문재인의 《운명》 같은 책들이 어떤 책은 영문으로, 어떤 책은 중국어로 된 표지를 단 채 머리를 내밀고 있었다.

이노웨이는 서울의 여느 카페 거리나 창업 타운보다도 국제화되고 세련된 모습이었다. 베이징의 코워킹 스페이스는 성수동의 옛 공장 지대에 조성된 코워킹 스페이스들을 떠오르게 했다. 베이징 대학에서의 토론은 유럽이나 미국의 여느 국제 컨퍼런스에서 종종 접하던 낯익은 분위기에서 이뤄졌다. 그 장소가 중국 베이징이었다는 것뿐.

베이징의 거리들을 다니며 이곳이 어디인지 점점 더 혼란스러워졌다. 뒷골목인 '후통'의 오랜 전통 가옥들은 분위기 좋은 레스토랑이나 카페로 변신하고 있었다. 798 예술구는 옛 공장 지대를 개조한 예술 특화 지구로 각종 작품과 갤러리가 들어서 있었다. 유럽의 옛 제조업 도시들이 진행하는 문화예술 중심 도시 재생 프로젝트와 닮았다.

앱을 깔지 않고 거리에서 손을 흔들어서는 택시를 잡을 수 없었다. 간신히 잡아탄 택시에서 현금을 내려 하니, 기사는 얼굴을 찡그리더니 '스마트폰으로 찍으면 안 되느냐'며 바코드를 내밀었다. 카페에서 차를 주문하려 하니, 직원이 테이블에 있는 메뉴판과 바코드를 가리켰다. 택시 탑승도 커피 주문도 스마트폰과 간편 결제 앱이 없으면 할 수 없었다. 서울에서 나는 신용카드로 택시 요금을 결제했고, 뉴욕에서는 거리에서 손을 흔들어 택시를 잡았고, 파리에서도 현금으로 커피값을 결제했는데 말이다.

머리를 식히기 위해 걸어서 젊은이들이 많이 놀러 온다는 우다커우 거리에 도착했다. 허기를 달래기 위해 쇼핑몰의 식당가에 도착한 순간, 나는 눈을 의심했다. 서울이나 뉴욕의 여느 몰과 너무 비슷했기 때문이다. 식당가에는 젊은이들이 넘쳐났다. 이들은 아디다스나 나이키 같은 브랜드 옷을 입고 피자헛, KFC, 스타벅스, 공차 같은 가게들 사이를 누비고 있었다. 유명 브랜드의 안테나숍에는 예쁜 컬러의 친환경 텀블러가 진열대 한 칸을 모두 차지하고 있었다.

순간적으로 혼란을 겪었다. 모두가 한국 대학생처럼, 어쩌면 미국의 아시아계 대학생처럼 보였다. 3박 4일 동안의 베이징 일정을 마치고 서울의 집으로 돌아온 나는 아내를 만나서 말했다.

"여보, 베이징과 서울의 젊은이들은 같은 옷을 입고 같은 음식을 먹고, 심지어 똑같이 생겼어. 세계가 평평해졌다는 이야기, 진짜인가봐."

세계는 평평하다?

그 순간 나는 미국 언론인 토머스 프리드먼이 2005년 낸 베스트

셀러《세계는 평평하다》를 떠올렸던 것이다.

　프리드먼은 '인도의 실리콘밸리'라 불리던 벵갈루루에 갔다. 프리드먼에게 그곳은 처음 도착한 신대륙 같았다. 골프장에서 파트너는 그에게 '마이크로소프트나 IBM 건물을 겨냥하라'고 말한다. 골드만삭스, HP, 텍사스인스트루먼츠 같은 다국적 기업들이 즐비한 도시 한 가운데서 피자헛 옥외광고판을 보며 골프채를 휘두르던 그는 스스로에게 묻는다. "이곳은 '신세계'인가, '구세계'인가, 아니면 '다음 세계'인가?"

　프리드먼이 인도 IT 업계에서 가장 주목받던 인포시스의 CEO 난단 닐레카니를 만났을 때, 그는 확신을 갖게 된다. 인포시스는 미국으로부터 대거 아웃소싱을 받아 몸집을 키웠다. 광대역 접속망이나 해저 케이블 같은 새로운 기술은 미국과 인도 사이의 거리를 좁혔다. 제품뿐 아니라 서비스도 실시간으로 지구 반대편으로 전송되는 세상이었다. 어떤 업무든지 여러 조각으로 나눠 벵갈루루로, 베이징으로, 보스턴으로 보낼 수 있었다. 닐레카니는 프리드먼에게 말한다. "경기장은 평평해졌습니다." 그들은 분명히 신세계에 도착해 있던 것이다.

　그때 프리드먼은 콜럼버스가 신세계를 찾아 항해를 나섰던 순간을 떠올린다. 그는 스페인을 떠나 인도를 찾아간다면서 동쪽으로 가는 대신 서쪽으로 떠났다. 콜럼버스는 세계가 둥글 것이라고 믿었던 것이 분명하다. 인도에는 도착하지 못했지만, 귀국한 뒤 왕과 여왕에게 '지구는 둥글다'고 보고했다.

　프리드먼도 집으로 돌아가 아내에게 보고한다. "여보, 내 생각에는 말이야, 세계는 평평해." 콜럼버스의 보고 뒤 500년 남짓 지난 뒤였다. 콜럼버스는 배를 타고 신대륙에 도착했고, 프리드먼은 루프트한자 비행기를 타고 인도에 도착했다는 차이는 있었지만 말이다.

하지만 내 경험과 프리드먼의 경험 사이에는 차이가 있다. 그는 글로벌 기업들의 인도 브랜치를 방문해 골프를 치며 '세계는 평평하다'고 느꼈다면, 나는 대학과 비영리 재단과 젊은이들의 창업 거리를 방문해 사람들을 만나고 나서 그렇게 느꼈다. 프리드먼은 인도에서 가장 큰돈이 오가는 벵갈루루 빌딩숲에 있는 인도 유수의 기업 CEO의 시원한 스위트룸에서 대화를 나누면서 '평평함'을 느꼈다면, 나는 중국 베이징의 옛 골목인 후퉁과 대학가 쇼핑몰에서 그걸 느꼈다. 프리드먼이 인도의 상위 1퍼센트, 0.1퍼센트 집단으로부터 평평함을 느꼈다면, 나는 중국의 중산층과 청년들에게서 그걸 느꼈다.

의심할 여지없이, 세계는 더 평평해졌다. 프리드먼이 책을 냈던 시절보다 지금 훨씬 더 그렇다. 개발도상국의 최상위 특권층뿐 아니라 중산층과 청년들에게도 그렇다.

코끼리 곡선

내가 베이징에서 가졌던 느낌을 숫자로 증명했던 사람은 브랑코 밀라노비치다. 그의 성실함과 신중함을 잘 드러내 보여주는 책《왜 우리는 불평등해졌는가》는 놀라운 그래프 하나로 우리의 선입견을 뒤흔들었다. '코끼리 곡선'(표2-1)이라고 불리며 유명해진 바로 그 곡선이다.

꼭 코끼리처럼 생긴 이 그래프는 20여 년 동안 전 세계 각 소득 계층의 소득 증가율을 보여준다. 1인당 세후 가계소득을 지수로 만든 것이다. 각국 통화의 구매력을 주로 달러로 평가한 구매력평가지수다. 실질소득 증가율이라고 이해할 수 있다.

코끼리 코에 해당하는 C는 세계에서 가장 소득이 높은 최상위 1퍼센트가 속한 지점이다. 꽤 많이 올랐다. 65퍼센트가 넘는 수준이다. 그런데 그보다 더 많이 오른 계층이 있다. 머리인 A 지점에 속한 계층이다. 전 세계 소득 분포의 50~60퍼센트 지점에 속한 사람들이다.

그런데 소득증가율이 0에 가까운 계층이 있다. 거의 소득이 증가하지 않은 이 계층은 B 지점에 있다. 세계 전체 소득자 가운데 상위 10~25퍼센트 정도에 속하는 이들의 소득은 이 기간 동안 거의 늘지 않았다. 이들이 이 기간 동안 세계 경제의 패자들이다. 이 사람들은 선진국의 중간층 이하 노동자들이다.

A 지점을 차지한 사람들을 살펴보자. 이들은 아시아의 고학력 화이트칼라와 고소득 블루칼라 노동자 집단이다. 밀라노비치는 이들을 '글로벌 신흥 중산층'이라고 표현했다. 정확하게 말하자면 주로 중국과 인도의 신흥 중산층이다. 내가 중국 베이징 후통의 카페에서 목격했던 젊은 화이트칼라들이, 이노웨이에서 글로벌 기업가의 꿈을 키우고 있는 청년들이 이 계층에 속할 수 있다. 애플 아이폰을 조립하고 있는 중국 선전의 공장 노동자들은 그다음 칸, 코끼리의 등 어디쯤에 자리잡고 있을 것이다. 그래프에서 보면, 이들이 세계

선입견을 뒤흔드는 코끼리 곡선

표2-1 1988~2008년 전 세계 소득 수준별 1인당 실질소득 증가율(단위: %)

1988년부터 2008년까지 (2005년 국제달러 기준) 1인당 실질가계소득의 상대적 증가율을 세계 소득 분포도에 지점으로 표시하여 보여준다. 세계에서 가장 가난한 분위는 분포상에서 5에 위치하며, 가장 부유한 100번째 분위는 100에 위치한다. 실질소득 증가율의 경우 전 세계 소득 분포의 50번째 분위(중위소득) 정도에 해당하는 사람들(A 지점)과 가장 부유한 사람들(최상위 1퍼센트 C 지점)이 가장 높았다. 반면에 전 세계 소득 분포의 80번째 분위 정도에 해당하는 사람들(B 지점)은 가장 낮은 증가율을 보였다. 이들은 대부분 부자 나라들의 중하층에 속한다.

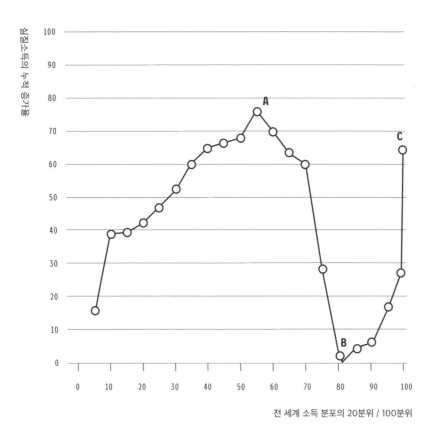

자료: 라크너와 밀라노비치 [4]

화의 최대 승자다.

그런데 또 다른 승자들이 있다. C 지점을 차지한 세계 최상위 1퍼센트 집단이다. 이들은 세계 어느 나라에서나 점점 더 큰 부를 얻고 있다. 미국에서 1퍼센트로의 집중은 가장 심하다. 하지만 한국 등 신흥국들도 점점 그 구조를 닮아가고 있다.

여기서 일어나는 가장 심각한 문제는, 바로 A 지점과 B 지점에 각각 속한 사람들 사이에 벌어지는 갈등이다. 점점 더 소득이 높아지고 있는 개발도상국의 신흥 중산층과 선진국 중간층 이하 사이의 압착이다. 더 요약하자면, 중국의 신흥 중산층이 떠오르는 동안 동시에 몰락하고 있는 미국 중간층 이하 계층의 이야기다.

미국 중하층과 중국 신흥 중산층의 싸움

1988년부터 2011년까지 중국 도시 지역의 소득 8분위 계층과 미국의 소득 2분위 계층을 비교해 보자.(표2-2) 중국의 고소득 엘리트 계층과 미국의 차상위 계층을 비교한다고 생각하면 된다. 1988년 중국의 신흥 중산층은 미국의 차상위 계층보다 훨씬 가난했다. 소득이 5분의 1밖에 되지 않았다. 그러나 2011년, 전세는 확연히 달라졌다. 이제 중국의 신흥 중산층은 미국의 차상위 계층과 어깨를 겨룬다. 소득은 거의 비슷해졌다. 추세가 크게 바뀌지 않았다면 2010년대 중반쯤 역전되었을 것이다.

1988년 이후의 세계 경제에서 이런 소득 변화를 가져온 힘은 무

표2-2 중국 신흥 중산층과 미국 차상위 계층 간 소득 비교(단위: 달러)

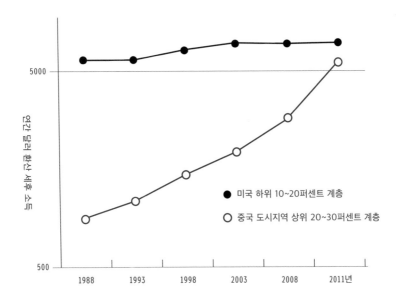

● 미국 하위 10~20퍼센트 계층

○ 중국 도시지역 상위 20~30퍼센트 계층

자료: 브랑코 밀라노비치[5]

엇이었을까? 바로 세계화다.

내가 미국에 있던 2003년, 미국 경제계를 뒤덮고 있던 가장 큰 이슈는 '오프쇼어링', 즉 해외 아웃소싱이었다. 카드를 분실해 카드 회사에 전화를 걸면 그 전화는 바로 인도에 있는 콜센터로 연결됐 다. 보스턴에 있던 매사추세츠 종합병원에서 엑스레이를 찍고 나 면, 사진은 밤 사이 인도로 보내져 판독되었고 다음 날 결과가 미국으로 다시 보내졌다.

나이키는 미국에 전략과 브랜드 관리 부서만 두고 있었다. 옷과 신발은 모두 아시아에서 생산됐다. 애플은 아이폰을 처음 내놓으면서 모조리 중국에 있는 폭스콘 공장에서 생산하도록 했다. 프리드먼이 인도에서 발견했던 모습도 바로 이 '오프쇼어링'이었다. 그는 미국 기업들이 인도로 다양한 서비스산업을 아웃소싱하는 모습을 발견하고는 '세계는 평평하다'고 외쳤다.

결과적으로 인도의 콜센터 직원, 엑스레이 판독 담당 의사, 신발과 옷 공장 직원, 폭스콘 노동자가 모두 이 코끼리 곡선에서 머리와 허리에 올라탄 승자가 됐다. 그때 나는 궁금했다. 그러면 미국의 콜센터 직원, 미국의 공장 노동자, 미국의 방사선 전문가들은 어떻게 되는 걸까?

당시 지식인들은 그다지 심각하게 여기는 것 같지 않았다. 특히 경제 전문가들은 세계화를 예찬했다. 세계화의 결과 전 세계에 부가 확산될 것이며 선진국에는 지식 노동이 일반화될 것이라는 관측이 많았다. 중국과 인도에 일자리가 늘어날 것이지만, 그곳에서 값싸게 만들어진 물건과 서비스가 미국으로 다시 넘어오게 되니 미국의 부는 더 커질 것이라는 논리였다. 실리콘밸리를 중심으로 새로운 기술 기업들이 계속 떠오르고, 뉴욕 월가를 중심으로 새로운 금융 기법이 개발되고 투자은행들이 첨단 금융 상품을 개발하면서 경제 몸집을 더 키웠다. 그렇게 될 것이라고 전문가들이 이미 예측한 대로였다. 정치인들은 앞다퉈 세계화를 옹호했다. 보수적인 공화당의 로널드 레이건 대통령부터 진보적인 민주당의 빌 클

린턴 대통령까지 모두 그랬다. 영국의 정치인들도 마찬가지였다. 보수당의 마거릿 대처 총리부터 노동당의 토니 블레어 총리까지 모두 그랬다. 실제로 미국의 GDP는 끊임없이 커졌다.

진보적 지식인들 사이에서는 오히려 세계화가 개발도상국의 노동자들에게 피해를 안겨줄 것이라는 우려가 컸다. 2001년 브라질 포르투 알레그레에서 열린 첫 번째 세계사회포럼에서는 전 세계의 반세계화 운동가 1만 2000명이 모여 세계화를 규탄했다. 2004년에는 인도 뭄바이에 7만 5000명이, 2005년에는 다시 포르투 알레그레에 15만 5000명이 모였다. 여기 모인 사람들은 세계화가 모두에게 아름다운 결말을 가져다줄 것이라는 미국 기업과 경제전문가들의 이야기를 경계했다.

하지만 이들의 이야기 속에는 내가 가졌던 맨 처음의 질문에 대한 답은 없었다. 미국의 콜센터 직원, 공장 노동자, 방사선 전문가들은 어떻게 되는 걸까? 그 일 말고는 할 수 있는 게 없는데 선진국에 이미 살고 있는 사람들은 어떻게 되는 걸까? 그들에게 닥친 일이 바로, 이 코끼리 그래프의 B 지점에서 일어난 일이다.

서구 지식인과 정치인들은 세계화가 자기 나라 국민 대다수에게 가져올 결과를 예상하지 못했다. 이들이 주로 설득한 국민들이 바로 세계화의 패자가 됐다. 글로벌 금융위기로 인한 경기 둔화(또는 침체)로부터 타격을 받은 곳은 고소득 국가들이었다. 특히 고소득 국가 중하위층의 소득은 계속해서 제자리걸음이다. 성장이 일어나지 않고 있기 때문이다. 이제 그런 정체 현상은 중산층과 그 위쪽 계층으로까지 확대되고 있다.

개발도상국 지식인들, 선진국의 진보적 지식인들의 예상도 틀렸다. 그들은 개발도상국, 특히 아시아 국가들이 세계화로부터 착취당해 노동 계층의 빈곤이 고착화할 것이라고 분노하며 외쳤다. 그러나 그 아시아 노동 계층 중 상당수는 소득이 빠르게 높아졌고 A 지점에 도달해 세계화의 가장 큰 승자가 됐다. 중국은 빠른 속도로 성장해 1인당 국민소득이 유럽연합 최빈국의 수준을 따라잡고 있다. 중국 중간층은 미국 하층을 따라잡고 있다. 중국 선전이 아니라 미국 오하이오와 미시간과 위스콘신에서 분노의 불이 지펴졌고, 그 분노의 대변자는 진보적 정치세력이 아니라 도널드 트럼프 미국 대통령이 됐다.

거대한 수렴

리처드 볼드윈이 《그레이트 컨버전스》에서 이 문제를 좀 더 장기적으로 국가 간 격차를 보여주며 설명한다. 표2-3을 잘 살펴보자. G7 국가들은 제국주의 국가 노릇을 했거나 그런 국가와 같은 경제권을 형성하며 국가 간 불평등을 주도하던 나라들이다. 미국, 영국, 프랑스, 독일, 이탈리아, 일본, 캐나다가 속해 있다. 이 국가들의 GDP가 전 세계 GDP 중 차지하는 비중은, 산업혁명 뒤 1993년까지는 계속 증가했다. 역사학자들은 이 시기를 대분기great divergence 시대라고 부른다.

그런데 1993년 이후 반전이 일어났다. 급격하게 그 비중이 줄어

국가 간 불평등 구조의 반전

표2-3 G7 국가들의 경제가 세계 경제에서 차지하는 비중(단위: %)

미국, 영국, 프랑스, 독일, 이탈리아, 일본, 캐나다 7개국, G7의 GDP가 1820년 이후 꾸준히 상승하다가
1993년 67퍼센트를 정점으로 급격하게 줄어 2014년에는 46퍼센트로 1900년 수준이 되었다. 국가 간
불평등 구조가 반전된 것으로 볼 수 있다.

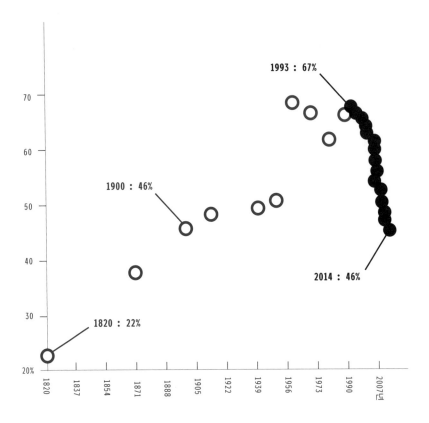

자료: 리처드 볼드윈[6]

들기 시작한다. 2014년이 되면 1900년대 수준까지 되돌아간다. 대분기 이전까지 돌아간 것은 아니지만, 확대일로이던 국가간 불평등 구조가 반전된 것은 분명하다. '대분기'는 끝났다. '거대한 수렴'이 진행 중이다.

반세계화론자들은 이 기간 동안에도 G7 국가들이 빈곤국에 대한 수탈을 진행했다고 주장했다. 제국주의 시대의 연장선으로 봤던 것이다. 그러나 2001년 1만 2000명이 브라질에 모여 첫 세계사회포럼을 열면서 반세계화 구호를 외칠 때는, 세계화가 이미 다른 국면에 도달해 있을 때였다. 이들은 지난 제국주의 시대에 확장된 국가간 격차에 압도된 나머지, 새로운 시대가 시작됐다는 것을 알아차리지 못했다.

볼드윈은 세계화의 새로운 국면은 기술의 변화로 시작됐다고 분석한다. 세 가지 기술이 이 변화를 이끈다. 상품의 이동 비용을 낮추는 기술, 지식의 이동 비용을 낮추는 기술, 사람의 이동 비용을 낮추는 기술이 그 세 가지다.

세계화의 1단계는 '대분기' 국면인 1820년부터 1990년까지 진행됐다. 이 시기의 세계화는 상품을 옮기는 데 드는 물류 비용이 줄어드는 과정이었다. 증기기관 기술이 시작이었다. 동력선과 철도에 이어 자동차가 뒤를 이었다. 점점 더 좋은 배와 자동차와 비행기가 만들어지면서 상품의 이동 비용은 더 낮아졌다.

이제 생산지와 소비지는 같을 필요가 없어졌다. 좋은 제품을 값싸게 만들 수 있는 곳에서 만든 뒤 실어 나르면 그만이었다. 어디든 상대적으로 경쟁력 있는 곳에서 생산하면 모두에게 가장 좋은 일이라는, 경제학자 데이비드 리카도의 비교우위론이 설득력을 얻는 구조가 됐다. 이 구조 아래 무역의 전성시대가 왔다.

하지만 이 기간 동안 지식의 이동 비용은 크게 줄지 않았다. 전화와 전신만으로는 원거리에서 지식을 자유롭게 교환할 수 없었고, 따라서 혁신은 주로 모여 있는 사람들 사이에서 빠르게 지식이 교환되면서 일어났다. 따라서 생산 기지는 모여 있어야 했다. 핵심기술과 제조 역량이 모인 '클러스터'라는 말이 유행하던 시기였다. 시장은 전 세계로 확장되었지만, 생산은 특정 지역으로 몰렸다.

선진국은 다들 제조업 국가가 되었다. 생산한 제품을 전 세계에 팔았다. 미국에서는 디트로이트를 중심으로 동북부 일대에 자동차 클러스터가 생겼다. 영국 셰필드에는 철강 산업과 군수 산업이 몰려들었다. 스페인의 빌바오와 스웨덴의 말뫼에는 조선 산업이 들어섰다. 이들 장소에서 만들어진 제품은 전 세계로 수출됐다. 제품 운반 비용이 낮아 그래도 수익성은 충분했다.

이 시기의 가장 큰 특징은, 선진국에서 개발도상국으로 상품 생산은 이전되었지만 지식은 이전되지 않았다는 점이다. 개발도상국에서는 상품 제조의 핵심 지식이 들어 있지 않은 단순 조립 업무만 일부 맡았는데, 이 영역에만 집중해서 선진국을 따라잡기는 불가능했다. 부가가치는 핵심 지식에서 나왔고, 소득을 결정적으로 높이는 요소 역시 지식이었다. 따라서 이 시기 개발도상국 노동자와 선진국 노동자의 소득 격차는 오히려 더 커졌다. 제품은 쉽게 대양을 건너 이동했지만, 지식은 쉽게 이동하지 못했다. 혁신의 성과는 선진국에만 머물렀기 때문이다.

　세계화의 2단계는 '거대한 수렴' 국면인 1990년 이후에 일어났다. 이때의 세계화는 이전과는 달리 커뮤니케이션 비용, 즉 지식의 이동 비용이 빠르게 줄어드는 과정이었다. 인터넷과 이메일이 커다란 영향을 끼쳤다. 커뮤니케이션 비용이 줄어들자 지식 외주화가 가능해졌다. 더 이상 하나의 공장/산업 지역에서 생산활동을 수행할 필요가 없어졌다. 선진국에 몰려 있던 생산 클러스터는 분해되었다. 선진국과 개발도상국이 줄줄이 엮인 국제가치사슬이 만들어지고, 기존 클러스터에 있던 각 기능은 여러 국가로 흩어졌다.

　영국 가전기업 다이슨의 경우를 보자. 다이슨은 고급 진공청소기 같은 가전제품을 영국의 도시 맘스베리에서 설계하고, 관리하고, 제조하고, 판매했다. 그러다가 2003년에 말레이시아로 생산 기지를 옮겼다. 본사에서는 아무도 직접 생산하지 않는다. 프리드먼이 만나 보고 놀랐던 인도의 소프트웨어 아웃소싱 대기업인 인포시스나, 내가 매사추세츠 종합병원에서 발견한 엑스레이 판독의 인도 외주화도 바로 이 국면에서 가능해졌다.

　1단계 시기 세계화란 국경을 넘는 상품에 대한 장벽이 낮아지는 현상이었다. 생산을 맡은 선진국들은 집적과 혁신을 이뤘고 세계 제조업에서 차지하는 비중이 높아졌다. 그러나 2단계 시기 세계화는 상품뿐 아니라 전문 지식의 장벽이 낮아지는 과정이었다. 생산 공정은 국제화되었다. 개발도상국이 제조업 부가가치의 상당 부분을 가져갔다. 선진국은 차차 탈산업화했다.

　이제 G7 국가들이 독점적으로 누릴 수 있었던 지식과 기술 노하우가 세계로 쉽게 퍼질 수 있게 됐다. 선진국의 본부에서 모든 지식을 독점하던 시대는 끝났다. 개발도상국 공장으로 넘어간 지식은 곧 그 나라에 체화된다. 이제 혁신은 개발도상국에서도 일어난다. 삼성과 LG 같은 한국 대기업은 일본이나 미국 브랜드 제품을 대신 만들어주는 위탁생산 방식의 가전제품 수출을 하다가 독자 브랜드를 출시하고 세계 시장에서 강자가 되었다. 애플의 아이폰을 위탁생산하는 대만의 폭스콘은 이를 기반으로 사업 영역을 확대하면서 매출액이 2018년 200조 원을 넘어섰다. 애플 본사의 약 80퍼센트 규모로 성장한 것이다. 제품을 통째로 위탁받아 작은 이익을 남기며 생산하던 이런 기업들이, 이제는 지식과 노하우도 함께 익힌 뒤 점점 더 영역을 넓히고 독자노선을 걸어가는 중이다.

'거대한 수렴' 시기에는 아예 개발도상국에서 생산을 대부분 한 뒤 전 세계에 파는 형태로 세계화가 재편된다. 좀 더 나가면 개발도상국에서 개발까지 하고 선진국에서는 브랜딩과 마케팅만 진행하기도 한다. 시간이 지나면서 마케팅, 경영 등의 노하우까지 개발도상국으로 넘어가게 된다. 그런 지식의 이동이 혁신의 장소를 옮겼다. 개발도상국 산업도 고부가가치화가 진행된다. 노동자들의 소득도 높아지게 된다. 선진국에서는 반대로 제조업 비중이 줄고 광범위한 탈산업화가 일어난다.

물론 모든 개발도상국이 이 혜택을 본 것은 아니다. 중국과 인도, 그리고 여러 아시아 국가들만이 그 혜택을 보고 있다. 주로 지식 외주화의 대상이 된 나라들이다.

선진국에서 제조업 공장이 문을 닫고 중국과 인도에 지식이 쌓이기 시작하자, 소득 격차가 줄면서 '거대한 수렴'이 시작됐다. 누구나 클릭 한 번으로 가장 앞선 디자인 포트폴리오를 대부분 검색할 수 있는 시대에 글로벌 본사의 디자인 노하우는 그 가치가 과거보다 낮아지게 되어 있다. 자동차를 만드는 노하우는 자동차를 A부터 Z까지 통째로 다 만드는 공장에서 상당 부분 나오게 되어 있다. 결국 그런 곳에서 나온 새로운 아이디어가 시장에서 판매되고 소득으로 이어진다.

이게 대체로 1990년 이후 세계에 벌어지고 있는 '거대한 수렴' 현상이다. 새로운 기술 때문에 전 세계 소득분배에 전혀 다른 국면이 오게 된 것이다.

한국과 일본

1970년대에 한국의 기간산업에서 일했던 분들에게 이런 식의 무용담을 듣는 일은 흔하다. '그때는 다들 일본 원청회사에 갔다가, 그 회사 기계에 몰래 손을 넣어 샅샅이 구조를 파악하고 왔지. 그러다 기계에 손가락이 잘려나갈 뻔했다니까. 그리고는 돌아와서 그 기계를 똑같이 만들었어.' 먼저 경제가 성장하고 산업이 발전한 일본으로부터의 지식 이전에 목마르던 시절 이야기다. 포스코도, 현대자동차도, 삼성전자도 처음에는 일본 기업으로부터 하청을 받거나 지식 교류 협약을 맺으면서 전해받은 기술이 제품 개발의 출발점이 된 경우가 많다.

그럼에도 1980년대까지 한국과 일본의 관계는 분명히 개발도상국과 G7 국가의 과거 관계와 비슷하다. 거대한 수렴이 시작되기 전이다. 일본은 부가가치가 높은 소재와 부품을 만들었다. 한국은 그 소재와 부품을 가져다 조립해 중국이나 미국에 되파는 방식으로 사업을 했다. 저부가가치 사업을 벌인 셈이다. 그래서 무역수지가 일본에 대해서는 적자였고 중국과 미국에 대해서는 흑자였다. 일본은 최첨단 소비재를 팔았다. 부가가치 격차도 컸고, 기술 격차도 컸다.

그러나 그런 격차는 1990년대 이후 빠르게 좁혀진다. 한때 일본 경제의 30분의 1 규모이던 우리 경제는 이제 3분의 1까지 따라잡았다. 일본 인구가 한국보다 세 배 정도 많다. 그러니 1인당 국민소득은 거의 비슷하다. 한국의 1인당 국민소득은 1991년 일본의 41퍼센트, 2000년 61퍼센트, 2004년 70퍼센트, 2009년 83퍼센트, 2014년 90퍼센트, 2018년 94퍼센트다. 이 추세대로라면 2020년대 초반에 일본을 추월하게 되어 있다.

소득 격차와 함께 기술 격차도 빠르게 줄어든다. 과학기술기획평가원이 120개 중점 과학기술에 대해 조사한 '2018년 기술수준평가' 보고서에 따르면 세계 최고를 100이라 할 때 미국은 100점, 유럽연합은 95점, 일본은 88점, 한국은 77점, 중국은 76점이다.[7]

세계적으로 진행된 '거대한 수렴'과 비슷하게 진행된 일이다. 어쩌면 한국은 다른 나라보다 훨씬 더 빠르게 격차를 좁혔다. 이제는 부가가치 높은 제품을 생산하며 추격하는 데서 벗어나, 선진국들과 대등한 위치에서 오히려 개발도상국들의 추격을 받는 지위가 됐다.

기술이 다른 세계를 만들었다. 중국인이나 베트남인이나 인도인들은 더 이상 보트를 타고 미국 서부나 영국으로 향하지 않는다. 그들은 미국 기업의 협력업체에 취업해 엑스레이를 판독하거나, 콜센터에서 전화를 받거나, 소프트웨어를 개발하거나, 디자인과 제품 연구개발을 한다. 한국인은 더 이상 기술을 모방하려 일본 공장을 방문해 몰래 기계 모양을 베껴오지 않는다. 연구개발에 뛰어들어 스스로 자본재를 생산한다. 이 세계의 가치사슬에 동참한 국가들에게는 다른 기회가 생겼다. 이제 국가간 불평등은 줄어들고 있다. 세계는 평평해졌고 더 그렇게 될 것이다.

그런데 문제는 각 국가 안에서 벌어지기 시작했다. 선진국에서나 개발도상국에서나 소득 격차가 심각해지고 있다. 새로운 세계에 동참할 수 있는 계층에 있는 사람과 그렇지 못한 사람들 사이의 격차가 날로 벌어진다.

미국의 중하층 노동자들은 절박한 상황이 됐다. 그들은 실제로 '지식은 높고 임금도 낮은' 중국 글로벌 중산층 노동자들과 경쟁하게 됐다. 그리고 그 경쟁에서 지고 있다. 그들에게 세계는 이전보다 훨씬 뾰족해졌고 울퉁불퉁해졌다. 미국 내 불평등은 점점 더 커진다. 자본을 소유한 상위 1퍼센트 부유층의 질주는 멈추지 않기 때문이다. 자본수익률은 상대적으로 점점 더 높아진다. 가진 이들의 부는 더 커질 수밖에 없는 구조다. 중산층 이하가 뒤로 처지면서, 소득 격차는 걷잡을 수 없이 커졌다.

한국이나 중국도 다른 처지가 아니다. 새로운 세계 경제에서 상당히 큰 승자인 한국에서는 그 체계에 참여할 수 있었던 글로벌 제조업 대기업과 그 주변 영역에 속한 사람들의 소득은 빠르게 높아졌다. 나머지 영역은 지체됐다. 중국에서도 세계 경제에 편입된 고소득 중산층의 형편은 점점 좋아졌지만, 다른 영역은 그렇지 못하다.

세계는 그 어느 때보다 평평해졌지만, 각 국가 내부 소득 분포는 더욱 울퉁불퉁해졌다. 국가간 격차는 줄었고 개발도상국 중간 계층과 선진국 하위 계층 사이 격차는 줄고 있다. 그러나 각 사회 안에서 소득 격차는 오히려 빠르게 커졌다. 이런 현상이 어느 때는 사회적 약자에게 분노를 쏟아내는 극우 포퓰리즘 정치로 나타나고 있다. 평등해지면서 동시에 불평등해지는 소득 격차의 롤러코스터가 민주주의를 위협하는 시한폭탄이 됐다. 평평해졌기 때문에 울퉁불퉁해진 세계가 균형을 잃고 폭발하지 않으려면, 시한폭탄인 각 사회 내의 소득 불평등을 해소하기 위한 방법을 고민해야 한다.

3장

국민소득은 늘었는데 내 소득은 왜 늘지 않을까

"저는 2019년 1월 1일자로 코오롱 그룹 회장직에서 물러날 것입니다. 대표이사 및 이사직도 그만두겠습니다. 앞으로 코오롱의 경영에는 관여하지 않을 것입니다. 그러니까 회사에서 여러분들에게서 '회장님'으로 불리는 것은 올해가 마지막이네요."

2018년 11월 28일, 서울 마곡동에서 열린 코오롱 그룹 임직원 행사에서 이웅열 회장이 갑자기 연단에 올랐다. 그는 누구도 미리 알지 못한 사퇴 선언을 그 자리에서 했다. 만 62세에 회장 자리에서 스스로 물러난 그에게 언론은 박수를 보냈다. 그의 사퇴는 후배들을 위해 자리를 열어준 모범 사례로 거론되었으며, '아름다운 퇴장'이라는 칭송도 받았다.

이듬해인 2019년 4월 1일, 이웅열 회장이 전년까지 이름을 올리고 있던 코오롱 그룹 계열사 다섯 곳이 금융감독원에 사업 보고서를 제출했다. 이 보고서에는 이 회장의 연봉이 기재되어 있었다. 그의 연봉 총액은 다섯 곳 모두 합해 456억 원이었다. 그중 퇴직금은 410억 원이었다. 이웅열 회장이 세대교체를 위해 스스로 용기 있게 자리를 내놓은 대가는, 410억 원의 퇴직금이었다. 물론 50퍼센트가 넘는 코오롱의 지분도 가지고 있는 상태였다. 2017년에 한국의 퇴직자가 받은 퇴직금은 평균 1308만 원이다. 국세청 퇴직소득 원천징수 신고 현황에 나타난 수치다. 근속 기간의 차이가 있기는 하지만 이 회장이 받은 퇴직금은 보통 사람의 3000배가 넘었다.

같은 대표이사나 임원이라도 차이는 컸다. 이웅열 회장과 같은 날, 코오롱인더스트리 안태환 대표도 퇴직했다. 그런데 그의 퇴직금은 9억 7122만 원이었다. 같은 회사에서 대표이사로 일했지만 퇴직금은 천양지차다. 코오롱인더스트리 한 회사가 이웅열 회장에게 지급한 퇴직금만도 178억 1008만 원이다. 물론 한 사람이 다섯 개 회사에 동시에 시간을 쓸 수는 없다.

이웅열 회장은 한국에서는 독특한 사례가 아니다. 김택진 엔씨소프트 대표이사를 보자. 2018년에 엔씨소프트 김택진 대표는 138억 3600만 원의 급여를 받았다. 이 회사 직원 평균 연봉은 9천만 원이었다. 대표 연봉이 직원의 154배였다. 이재현 CJ 그룹 회장, 이해욱 대림산업 회장, 고 조양호 한진 그룹 회장도 100억 원 이상의 보수를 받았다.

적자를 낸 기업 총수도 연봉은 많았고 늘기까지 했다. 두산은 2018년 3405억 원의 순손실을 냈지만 박정원 회장이 받은 연봉은 49억 9600만 원으로 그 전 해보다 56.2퍼센트 늘었다. KCC는 231억 원의 당기순손실을 기록했지만 정몽진 회장과 정몽익 사장 형제의 연봉은 각각 18억 7000만 원과 14억 원으로 그 전 해보다 35퍼센트 넘게 올랐다.

대주주이든 아니든, 애초에 최고경영자와 보통 직원 사이 소득 격차는 크다. 2018년 시가총액 상위 30위까지의 기업에서 CEO가 받은 보수는 평균 29억 7700만 원이었다. 이들 기업 일반 직원이 받은 평균 급여액은 9800만 원이었다. 30배가 넘는 차이다.

그 임원들 중 대주주는 천문학적인 수준의 급여를 특별히 더 받는 것이다. 대주주는 지배력을 가진 여러 기업에 이름을 걸쳐 놓고 여기저기서 보수를 받는다. 그래서 보수가 몇 배로 높아진다. 여기에 퇴직금 관련 계약을 별도로 맺는다. 원래 급여가 높은 데다가, 여러 회사에서 급여를 받고, 퇴직금도 몇 배를 더 받도록 계약을 맺어 놓으니 퇴직금을 계산해보면 400억 원이 넘는 것이다.

현대 기업에서 최고경영자의 중요성은 높다. 그러나 그가 일반 직원 평균보다 30배 더 기여할까? 그중 대주주인 재벌 일가의 최고경영자는 특별히 더 많이 기여할까? 이름을 걸어 둔 여러 회사에 모두 시간과 에너지를 투입하며 엄청난 기여를 할까? 그들에게 수십 배, 수백 배, 수천 배의 보수를 더 지급하면, 그 인센티브 때문에 그들이 더 많이 기여하게 될까? 이런 구조가 기업 입장에서 더 효과적일까?

이 많은 의문에 답하기도 전에, 한국 사회는 이미 그런 모습으로 재편되고 있다. 기업만이 아니라 사회 전체가 그렇다. 소득 상위 1퍼센트 집단이 가져가는 몫이 빠르게 커지고 있다.

그런데 우리 사회보다 훨씬 앞서 그 길을 간 사회가 있다. 미국이다.

디즈니 가문 상속자의 분노

"어떤 객관적인 관점에서 봐도 1000배 넘게 차이나는 보수 비율은 미쳤다."

디즈니 가문의 손녀이자 상속자인 애비게일 디즈니는 2019년 4월 20일 자신의 트위터에 이런 글을 남겼다. 월트 디즈니의 CEO인 밥 아이거와 디즈니 직원들 사이의 연봉 격차를 두고 한 이야기였다. 영화감독 애비게일 디즈니는 로이 디즈니의 손녀다. 로이 디즈니는 월트 디즈니의 형이며 그와 같이 이 회사를 같이 세운 공동창업자다. 애비게일 디즈니는 우리로 따지면 재벌가 손녀인 셈이다. 그러나 애비게일 디즈니는 경영에 참여하지 않고, 지분 일부만 소유하고 있다.

전문경영인 밥 아이거가 2018년 받은 보수는 연봉과 성과급을 합해 6560만 달러(약 760억 원)였다. 디즈니 직원 연봉 중간 값의 1400배가 넘는다. 〈블랙 팬서〉 등 히트작을 이어가면서 회사 성과가 높아지고 주가가 오른 데 따른 보상이라고 한다.

애비게일 디즈니는 밥 아이거와 경영진이 보너스를 받아서는 안 된다고 주장하는 게 아니라고 말한다. 다만 미소를 지으며 손님을 맞이하는 디즈니랜드 입구의 직원과, 최고경영자 밥 아이거 사이의 노력과 능력과 기여도의 차이가 1000배 이상 날 수는 없다는 지적이다. 명백하게 불공정하다는 이야기다.

애비게일 디즈니는 지적을 이어갔다. 이번에는 아예 영향력 있는 신문 〈워싱턴포스트〉에 칼럼을 썼다.

"2018년, 디즈니는 12만 5000명의 직원에게 1인당 1000달러의 보너스를 줬다. 그러나 이 1억 2500만 달러는 주가 상승을 부추겨 주주가 돈을 벌게 하기 위한 자사주 매입에 36억 달러를 쓴 것과 비교하면 매우 왜소하다. 주식의 85퍼센트를 이 나라 최고 부자들이 갖고 있는 점을 감안하면, 이것은 부의 불평등을 늘리기 위한 투자였다."

회사 쪽은 반박했다. 디즈니는 〈뉴욕타임스〉에 보낸 반박문[8]에서 "디즈니랜드의 신입 직원 시간당 임금은 15달러로, 미국 연방정부 최저임금의 두 배"라고 밝혔다.

하지만 디즈니가 감춘 사실이 있다. 디즈니랜드가 있는 미국 캘리포니아 주 애너하임은 2018년 11월 최저임금을 시간당 15달러로 올린 도시다. 미국은 지방정부별로 최저임금을 정할 수 있게 되어 있다. 애너하임은 도시 차원에서 연방정부 최저임금의 두 배를 지급하도록 결정한 것이다. 디즈니랜드는 법을 지키려면 애너하임의 최저임금인 시간당 15달러 이상을 직원들에게 줘야 한다.

게다가 디즈니는 결사적으로 최저임금 인상을 막으려 했던 회사다. 애너하임에서 최저임금 인상 여부를 놓고 주민투표가 벌어지던 시기, 회사 쪽은 지역 기업들과 연합체를 구성해 최저임금 인상 반대 운동을 펼쳤다.

애비게일 디즈니는 이렇게 제안한다. '디즈니 임직원은 모두 20만 명가량이다. 경영자 보너스를 절반으로 깎으면, 이들 중 최하 10퍼센트에게 2000달러씩의 보너스를 줄 수 있다. 이미 고액 연봉을 받고 있는 경영자들은 보너스가 절반 깎여도 삶의 질에 영향을 받지 않지만, 바닥에 있는 사람들에게 이 돈은 빚과 가난에서 탈출할 수 있는 티켓이 된다. 이들이 괜찮은 의료나 교육에 접근할 수 있게 해 줄 수 있다.' 사실 애비게일 디즈니가 분노한 대상은 단지 디즈니가 아니다. 미국 사회 전체다. 우리 돈으로 6000억 원가량의 자산을 갖고 있는 그는 지속적으로 미국 사회 불평등을 지적해 왔다.

그럴 만도 하다. 미국 최고경영자와 보통 직장인 사이의 보수 차이는 300배에 이른다. 1978년 이 격차는 30배였는데, 그 동안 최고경영자 보수는 10배가 되었으나 보통 직장인의 보수는 1.1배가 됐을 뿐이다. 미국은 그런 나라다.

미국 성인 중 소득 상위 10퍼센트 집단이 전체 소득의 47퍼센트를 차지했다.[9] 상위 1퍼센트 집단은 무려 20퍼센트를 가져갔다. 소득 하위인 절반이 가져간 몫은 불과 13퍼센트다. 미국 성인 2억 5000만 명 중 250만 명이 국민소득의 5분의 1을 먼저 떼어가고, 2500만 명이 절반을 가져간다. 상위 1퍼센트의 1인당 소득은 하위 절반 1인당 소득의 80배나 된다.

소득 격차, 자산 격차, 권력 격차

소득 격차는 정치적 힘의 격차로 이어진다. 법률과 제도는 점점 더 상위 1퍼센트 집단에 속하는 기업과 경영자들에게 유리해지고 있다.

2017년 떠들썩하게 진행됐던 미국 정부의 법인세 인하가 대표적 사례다. 2017년 12월, 도널드 트럼프 미국 대통령은 법인세 인하안에 서명했다. 의회도 이를 통과시켰다. 법인세 최고세율은 35퍼센트에서 21퍼센트로 낮아졌다. 이를 통해 미국 경제를 살리고, 기업의 일자리를 늘리고, 노동자들의 소득을 높이겠다고 큰소리를 쳤다.

기업에게 큰 이익이 돌아간 것은 사실이다. 미국 기업들은 이 법인세 인하로 2018년 790억 달러(91조 원)의 이익을 봤다. 그런데 노동자들의 일자리와 소득으로 돌아간 몫은 크지 않다. 기업 임직원들의 연봉 인상분 및 보너스로는 71억 달러(8조 2000억 원)만 썼다.[10] 대신 기업들은 자사주 매입에 어마어마한 돈을 쏟아부었다. 자그마치 9940억 달러(1152조 원)가 자기 회사 주식을 사들이는 데 투입됐다.

법인세 감세로 기업들에게는 엄청난 현금이 생겼다. 임직원 보수를 높이면 현재 직원들의 삶이 더 윤택해지거나, 새로운 직원을 더 고용할 수 있을 것이다. 새로운 사업에 투자하면 새로운 일자리나 제품을 창출해 경제 역동성을 높일 수도 있을 것이다. 하지만 이들은 그렇게 하지 않았다. 그 현금으로 자기 회사 주식을 사들여 금고에 넣어두었다.

도대체 왜 그랬을까? 기업들은 '법인세 인하의 혜택을 주주들과 나눴다'고 설명한다. 주가가 오르면 주주들은 돈을 번다. 그런데 미국 기업 주식의 84퍼센트를 가지고 있는 사람들은 상위 10퍼센트 계층이다. 상위 1퍼센트 계층은 주식의 40퍼센트를 가지고 있다.[11] 주주가 돈을 번다는 것은, 곧 소득 상위 집단이 돈을 번다는 뜻이다.

기업 CEO들의 행태를 보면 상황이 좀 더 분명해진다.

오라클의 CEO 사프라 캐츠는 2억 5000만 달러(2750억 원) 어치의 주식을 팔았다. 이 회사의 제품개발 담당 임원 토머스 쿠리언은 8500만 달러(985억 원)어치 주식을 팔았다. 이 회사가 120억 달러(12조 원)어치 자사주 매입을 발표한 뒤였다. 미국 기업 경영진은 성과급을 주식으로 받는 경우가 많다. 회사 주가는 그 기업의 경영 성과를 보여주는 지표로 사용되기도 하지만, 경영자의 직접적인 재산과 연결되기도 한다.

마스터카드 CEO인 아제이 방카도 4400만 달러(510억 원)어치 주식을 팔았다. 이스트먼화학의 CEO 마크 코스타도 400만 달러(50억 원)어치 주식을 팔았다. 모두 자기 회사가 거액의 자사주 매입을 발표한 뒤였다.

정리하면 이렇다. 미국 법인세 인하는 미국 기업의 현금을 늘렸다. 기업은 그 현금을 자사주 매입에 사용했다. 자사주 매입은 주가를 높였다. 최고경영자들은 주식을 팔아 현금을 챙겼다. 미국 대통령과 의회가 정부 금고로 들어와 국민 전체에게 사용될 돈을 '법인세 인하'라는 이름으로 빼내어 최고경영자, 즉 소득 상위 1퍼센트 집단의 주머니에 직접 넣어준 셈이다.

미국은 1퍼센트가 지배하는 사회다. 이들은 시장에서 더 많은 소득과 부를 차지할 뿐 아니라, 행정부와 의회를 움직여 점점 더 많은 소득과 부가 최상위층의 주머니로 들어가도록 만들어가고 있다. 슈퍼 리치의 정치 개입은 처음에는 로비스트와 후원 조직을 통해 의회와 백악관을 움직이는 방식으로 진행되다가, 이제는 부자가 직접 대통령에 출마해 당선되고는 직접 자신에게 유리한 정책

미국의 현실을 보여주는 두 개의 선

표3-1 미국 최상위 0.1퍼센트와 하위 90퍼센트의 자산 비중 변화(미국 1960~2014, 단위: %)

1985년 이후로 미국 상위 0.1퍼센트의 자산이 급격히 늘어나고, 하위 90%의 자산은 가파르게 줄고 있다.

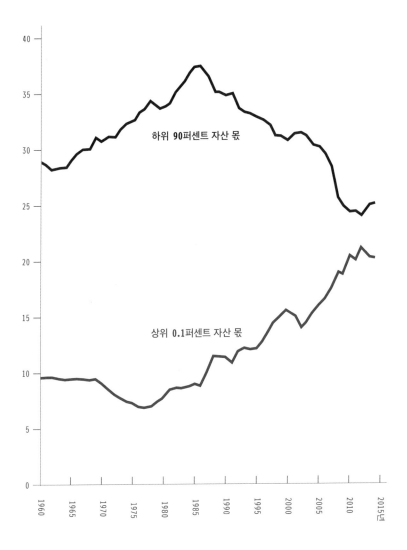

자료: 이매뉴얼 세즈, 개브리엘 저크먼[12]

을 펼치는 데까지 다다랐다.

미국이 처음부터 이렇게까지 소득 편중이 심했던 것은 아니다. 1970년대에 상위 1퍼센트 집단이 가져가는 소득은 전체의 10퍼센트 남짓으로 지금의 절반이었다. 이 비율은 1981년 로널드 레이건 대통령이 집권하고 감세와 민영화에 나서던 무렵 상승하기 시작했고, 그 이후 40여 년간 높아지기만 했다.

결과적으로 최상위 계층의 소득은 재산으로 바뀌게 된다. 상위 1퍼센트가 소유한 자산은 전체의 40퍼센트를 넘보는 수준이 됐다. 0.1퍼센트가 소유한 자산은 20퍼센트가 됐다. 둘 다 지난 40년 동안 두 배가 됐다.

소득이 경제력이라면, 재산은 권력에 더 가깝다. 소득 격차가 쌓이니 재산 격차로, 정치권력의 격차로까지 확대되고 있다. 40여 년 만에 벌어진 일이다. 그런데 이런 미국보다 더 빠르게 최상위 계층의 몫이 커지는 나라가 있다. 바로 대한민국이다.

소득 편중 1위 국가 대한민국

한국은 눈부시게 성장한 나라다. 무엇보다 국민소득 면에서 그렇다. 2000년 1300만 원이던 1인당 국민소득은 2018년 3300만 원이 됐다. 3배로 뛰는 데 20년밖에 걸리지 않았다. 그런데 정말로 내 수중의 돈이 그동안 세 배로 늘어났나? 그게 아니라면 이렇게 빠르게 늘어난 소득은 어디로 가고 있는 것일까?

우리 경제의 소득분배 구조를 살펴보자. '분배'라는 용어에 대한 흔한 오해는, 국가가 세금을 거둬 나눠주는 '재분배'만 '분배'라고 이해하는 것이다. 그게 아니다. '분배'는 전체 국민소득이 실제 개인이 통제할 수 있는 형태로 나누어지는 활동 모두를 뜻한다. 즉 기업이 지급하는 임금도 분배이고, 투자한 돈에 대해 지급되는 배당과 이자도 분배다. 물론 국가가 직접 지급하는 분배도 있다. 이 모든 것은 한 사회가 정치를 통해 결정하고 시행한다.

현재 우리 사회에서 가장 큰 분배는 시장에서 일어난다. 시장의 분배가 어떻게 이뤄지고 있는지를 보자.

한국에서 소득 상위 10퍼센트가 가져가는 몫은 50.6퍼센트다. 성인 개인의 2017년 세전 소득 기준으로 그렇다. 미국을 추월한 것은 물론이고, 주요 자본주의 발전 국가 중 가장 높다.[13] 2019년 물가로 환산하면 상위 10퍼센트는 연간 평균 9730만 원을 버는 반면, 나머지 90퍼센트는 1050만 원을 번다. 1999년만 해도 소득 상위 10퍼센트 집단이 전체 소득에서 가져가는 몫은 32.8퍼센트였는데, 이게 절반 이상으로 높아졌다. 지난 20년 동안 극심한 편중 현상이 벌어진 것이다.

미국에서 상위 10퍼센트 집단의 소득 비중이 높아지기 시작한 때는 1970년대 말이다. 당시 30퍼센트를 조금 넘어서던 비중이 40년 만에 50퍼센트에 육박하게 됐다.

우리는 그들이 40년만에 이룬 소득 편중을 20년 만에 이뤘다. 그 20년 동안 1인당 국민소득은 1만 달러에서 3만 3000달러로, 세 배가 됐다. 하지만 늘어난 소득이 소득 상위 10퍼센트 집단에게 가는

표3-2 5개국 상위 10퍼센트 집단의 소득 비중 변화(단위: %)

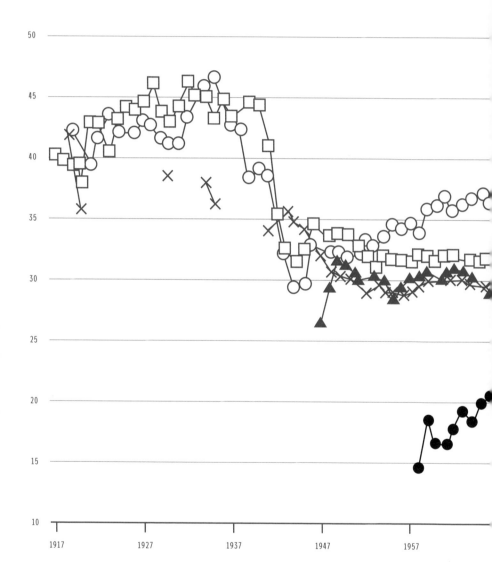

자료: 홍민기 **14**

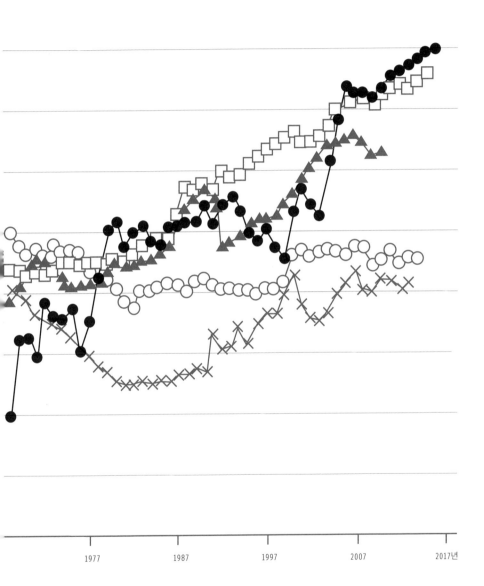

○   ✕   □   ▲   ●

프랑스   스웨덴   미국   일본   **한국**

1977   1987   1997   2007   2017년

몫은 빠른 속도로 커졌다. 경제가 압축 성장한 만큼, 불평등도 압축적으로 커졌다.

상위 10퍼센트 집단에 대한 소득 집중은 1980년대 주춤하다가 1987년 민주화, 노동자 대투쟁, 3저 호황이 겹치면서 몇 년 동안 오히려 낮아지는 모습을 보였다. 그러나 1990년대 중반 이후, 특히 1998년 IMF 구제금융 프로그램 시작 뒤 추세는 다시 뒤집혀 불균형이 빠르게 심화되었다. 수출 중심 경제성장 전략이 이어지면서 기업 간 양극화가 진행됐다. 소수의 글로벌 대기업에서 임직원 보수는 빠르게 올랐다. 그러나 민간 소비 부진 속에 자영업자와 중소기업들의 처지는 상대적으로 악화되었다.

그렇지 않아도 대기업-중소기업, 수출산업-내수산업, 취업자-미취업자로 나뉘었던 노동시장 구조는 이제 '수출 대기업 정규직'과 '중소기업-비정규직 등 나머지'로 양분되어 고착됐다. 결과적으로 상위 10퍼센트 집단에게 소득이 극단적으로 편중되는 시대가 본격화했다.

'1퍼센트 특권층'의 시대가 온다

상황은 더 심각해지고 있다. 상위 10퍼센트 시대는 빠르게 상위 1퍼센트 시대로 넘어가고 있다. 소득은 점점 더 최상위 1퍼센트에게 집중되고 있다. 나머지 모두와 그들의 격차는 빠르게 벌어진다. 이웅열 코오롱 회장의 퇴직금이 평균적 회사원의 3000배였다는 사

표3-3 한국 1퍼센트, 1~5퍼센트, 5~10퍼센트 집단의 소득 비중(단위: %)

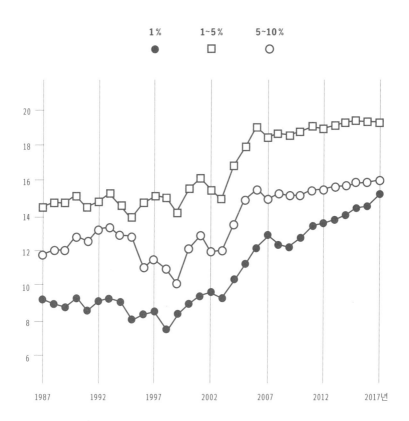

자료: 홍민기 15

실은 그런 변화를 상징하는 한 장면이다.

우리 나라에서 상위 10퍼센트 집단에 편중되던 소득분배 양상이 최상위 1퍼센트 집단 중심으로 급격히 바뀐 것은 2010년께부터다. 최상위 1퍼센트 집단의 소득은 2009년 전체의 12퍼센트 조금 넘는 비중을 차지했으나 2017년에는 15.3퍼센트까지 비중이 높아졌다. 1999년 8.4퍼센트에서도 크게 높아진 것이다. 2000년 이후로는 최상위 1퍼센트 집단의 소득 비중 증가가 상위 소득 증가를 이끌고 있으며, 나머지 상위 집단의 소득 증가는 완만한 추세다.

10퍼센트와 1퍼센트는 다르다. 우리나라 소득 상위 10퍼센트 집단에서 가장 소득이 낮은 사람의 연간 소득은 2019년 기준 5500만 원가량[16]이다. 느낌보다 크지 않을 수 있다. 취업자나 소득자 중 10퍼센트가 아니라 20세 이상 성인 전체의 10퍼센트이기 때문에 그렇다. 그럼에도 이 집단에 대한 소득 집중도는 세계 최고 수준이다. 소득 편중은 다른 어느 나라보다도 심하다.

상위 10퍼센트 집단은 3인 가족, 4인 가족을 혼자 부양할 수 있는 정도의 소득을 벌어들이는 사람들이다. 2019년 기준 3인 가족 표준생계비는 5568만 원[17]이다. 상위 10퍼센트 집단 중 상당수는 지난 20여 년 동안 새롭게 등장한 고연봉 직장인, 즉 월급 부자였다. 대기업에서 억대 연봉 직장인들이 나타나기 시작했고, 공기업과 공공기관의 보수가 눈에 띄게 높아졌으며, 노동조합이 강력한 대기업 제조업 노동자들의 임금이 높아졌다. 이들이 약진하면서, 중소기업 노동자들과 자영업자들과 서비스업 종사자들 다수가 뒤처졌다. 그래서 한국의 소득 불평등의 핵심은 임금 불평등이라는 논의가 나왔다.

최상위 1퍼센트 집단에 속하면서 가장 소득이 낮은 사람은 연간 2019년 기준 1억 4732만 원을 벌어들인다. 단순히 부양 가능한 액수를 넘어서는 수치다. 현재 이들 중 상당수는 사업가이거나 자산가다. 의사 등 전문직도 상당수 포함되어 있는 것은 한국적 특성이다.

이들도 과거에는 근로소득을 통해 소득을 벌어들이고 부를 축적했다. 초고소득층이라고 할 수 있는 상위 0.01퍼센트 집단에서조차도 근로소득이 재산소득보다 더 컸다. 이런 양상은 2013년 이후 뒤바뀌었다. 최근에는 재산소득과 사업소득이 격차 확대의 핵심이다. 재산소득과 사업소득에서의 최상위 계층 집중도가 최근 몇 년 동안 급격히 높아지고 있다는 점이 그 증거다. 상위 0.1퍼센트집단 이상에서는 재산소득이 근로소득을 추월했다.

특히 시간이 지날수록 재산소득이 그 비중을 빠르게 늘리고 있다. 최상위 0.1퍼센트, 최상위 0.01퍼센트로 올라갈수록 웬만한 부자도 범접할 수 없을 정도의 재산소득을 벌어들이고 있다. 근로소득의 편중이 쌓이고 쌓여 재산이 되고 그 재산이 다시 소득을 만들어내는 단계에 다다른 것이다.

우리 사회에서 상위 1퍼센트 집단에 대한 소득 집중은 이미 시작됐다. 10퍼센트에서 1퍼센트로, 1퍼센트에서 0.1퍼센트로, 그리고 슈퍼 리치의 사회로 이미 걸음을 내디뎠다.

미국 사회가 걸어온 길과 비슷하다. 한국은 미국이 반세기 전에 그랬던 것처럼 제조업 중심의 고도성장을 이뤘고, 미국이 40년 전부터 그랬던 것처럼 불균형 성장을 이룬 뒤, 미국이 20여 년 전부터 그랬던 것처럼 자동화의 물결과 소득 편중 상황을 맞고 있다. 이 모든 일을 지난 20년 동안 압축적으로 겪었다.

프랑스 경제학자 토마 피케티는 《21세기 자본》에서 현대 자본주의가 '세습 자본주의'로 접어들고 있다고 진단했다. 자본수익률이 경제성장률보다 높은 상태가 지속되면 자본소득을 얻은 사람들이 다시 더 큰 자본을 형성하게 되며 근로소득으로는 이를 뛰어넘을 수 없게 된다는 진단이었다.

당연한 이야기다. 경제성장의 과실은 자본의 몫과 노동의 몫으로 나뉘어 귀속된다. 그런데 자본수익의 증가 속도가 경제성장 속도보다 더 빠르면, 근로소득 증가 속도는 경제성장 속도보다 느릴 수밖에 없다.

그런데 자본수익을 얻은 사람들은 다시 자본에 투자해 더 높은 수익률을 만끽할 수 있지만, 근로소득을 얻은 사람들은 대부분 생계비로 지출하고 만다. 자본을 가진 사람은 점점 자본이 쌓여가고, 근로소득으로 이를 따라가는 일은 불가능해진다. 이렇게 되면 자본을 세습받는 것 이외에는 자본을 형성할 방법이 없어진다는 게 피케티의 이야기다.

이 단계가 되면 이제 극소수 자산가들을 제어할 수 없게 된다. 그들과 나머지 대다수 사이의 소득과 자산 격차가 너무나 커져서, 자본을 형성할 수 있는 극소수와 나머지 대다수로 계층이 극단적으로 나뉠 것이기 때문이다. 우리 헌법에서 부정하고 있는 '특권층의 창설'이 나타날 수 있다. 그래프를 보면, 한국 사회는 그 방향으로 달려가고 있는 것으로 보인다. 소득 불평등은 이제 정의의 문제를

표3-4 소득 상위 계층 소득 구성의 변화(단위: %)

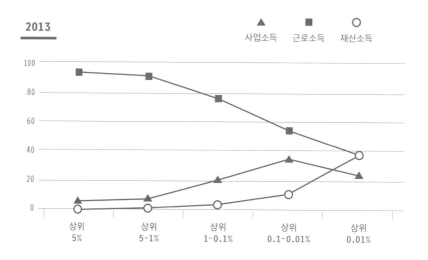

2013

▲ 사업소득　■ 근로소득　○ 재산소득

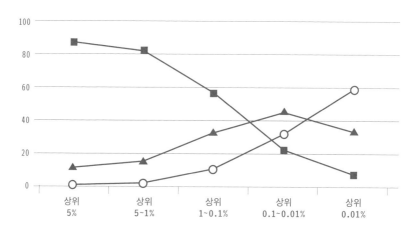

2016

넘어, 민주주의 위기로까지 번지는 단계가 되어가고 있다.

한국의 최상위 1퍼센트 집단은 아직 미국 수준이 되지는 못했다. 하지만 상황을 낙관하기는 어렵다. 시간이 지날수록 소득이 더 소수에게 더 많이 집중될 가능성이 높다. 우울하게도 소득 편중은 이제 시작일 뿐일 가능성이 높다. 이대로 가면 다음은 최상위 1퍼센트가 차지하는 몫에서도 미국을 따라잡을 차례다.

점점 집중되는 재산소득을 봐도, 확대되는 경영자-직원 보수 격차를 봐도, 불안정 노동을 키우는 기술 변화 양상을 봐도 그럴 가능성은 차고 넘친다. 지금 우리 대기업의 최고경영자-직원 보수 격차가 꼭 40년 전 미국 수준이다. 지금이 출발선이라고 봐도 되겠다.

우리나라 1인당 국민소득은 2017년 3만 달러를 돌파했다. 2030년이면 4만 7000달러, 2050년이면 5만 7000달러까지 오를 것으로 전망된다. 그러나 시장에서 벌어들인 소득은 상위 계층으로 더욱 집중될 전망이다. 국회 미래연구원의 연구 결과를 보면, 1인당 국민소득 3만 달러 시대까지는 지식 노동이나 숙련 노동을 제공하는 계층이 중산층을 형성하지만, 앞으로는 점점 더 세계 상위 1퍼센트로 소득이 집중되고 중산층에서 탈락한 사람들은 실업자 또는 저임금 노동자가 될 가능성이 높다고 한다.[19]

소득 격차가 다시 줄어드는 쪽으로 방향을 틀 가능성은 없는 것일까? 그렇지는 않다. 상위 10퍼센트 집단도 20년 전에는 전체의 3분의 1만 차지했다. 50년 전에는 4분의 1에 지나지 않았다. 상위 1퍼센트 집단도 처음부터 전체 소득액의 15퍼센트나 차지하지는 못했다. 20년 전에는 그 절반 꼴인 8퍼센트만 가져갔었다. 우리 사회 소득이 급격하게 상위 계층으로 쏠리던 시기, 스웨덴은 상대적으로 높은 경제성장률을 보이면서도 소득이 편중되지 않았다. 프랑스도 일본도 우리만큼 소득 격차가 벌어지지는 않았다.

우리나라에서 상위 10퍼센트 집단이 차지한 소득 비중은 1990년 대에는 오히려 뚝 떨어지기도 했다. 민주화 운동 세력이 정권을 잡았던 시기였고, 1987년 민주화 이후 이전까지 억눌렸던 노동조합 운동이 전국으로 확산되던 시기였다. 실제로 제조업 부가가치 중 인건비 비중은 1987년 47퍼센트에서 1990년 52퍼센트까지 높아진다. 수출 대기업이 벌어들인 돈은 중소기업에게 널리 지급되었으며, 이 돈은 다시 많은 노동자의 임금소득이 되었고, 이를 통해 내수 경제도 호황을 맞았다.

그러던 한국 경제는 1990년대 중반 이후 선택을 하게 된다. 소득을 더 많은 사람에게 고루 분배하며 내수 경제를 살리는 방식으로 성장할 것인지, 자동화와 협력업체 쥐어짜기를 통해 수출 대기업의 효율성을 최대한 높이며 성장할 것인지를 선택해야 했다. 결국 내수 경제를 희생해 수출 부문을 더 빠르게 성장시키는 방향으로 틀을 잡는다. 1997년 찾아온 경제위기와 IMF 구제금융 체제는 이런 방향의 변화를 극단적으로 가속화시킨다. 그 결과가 지금까지 이어진 소득 편중이다.

그러니 우리의 소득 편중 사회는 과거 어느 시점에서 선택한 결과다. 그런 선택의 결과로, 우리가 겪어낸 고통과 어쩌면 앞으로 더 겪어내야 할 도전이 크고도 깊다.

불평등 정도가 높은 사회와 낮은 사회 중 어느 쪽이 사회 전체적으로 불안감이 클까? 당연히 불평등도가 높은 사회가 더 크다. 그런데 불평등도가 높은 사회에서라도 상위 계층은 불안감이 낮지 않을까?

놀랍게도 불평등도가 높으면 최상위층이라도 높은 수준의 불안에 시달린다. 사회역학의 선구자인 리처드 윌킨슨 노팅엄 대학 명예교수가 저서 《불평등 트라우마》에서 밝힌 내용이다. 사회학자 리처드 레이트와 크로스토퍼 웰런이 31개 나라를 소득 불평등 정도에 따라 세 개 그룹으로 나누어 각 국가 국민의 지위 불안 정도를 조사했다.[20] 총 3만 5634명을 대상으로 '나의 고용 상황이나 소득 때문에 나를 무시하는 사람들이 있다'는 질문에 어느 정도로 동의하는지를 물었다.

조사한 결과, 소득 불평등도가 높은 그룹에서는 전 소득 계층에서 불안감이 상대적으로 높았다. 소득 불평등도가 낮은 그룹에서는 전 소득 계층에서 불안감이 상대적으로 낮았다. 소득의 크기가 문제가 아니라 얼마나 불평등하느냐가 문제다.

짐작은 해볼 만하다. 불평등도가 큰 사회에서는 고소득층이라도 자칫 실수하면 깊은 나락으로 떨어질 수 있다. 불평등도가 작다면 다른 계층으로 떨어지더라도 타격이 상대적으로 작다. 저소득층도 마찬가지다. 불평등도가 너무 크면 올라갈 엄두를 내기 어렵다. 하지만 불평등도가 작다면 저소득층이 조금 더 노력해서 한두 단계 올라설 수 있다는 희망을 가질 수 있다. 자연히 심리적으로도 안정감이 커질 수 있다.

불평등이 높은 사회에서는 지위 불안이 커진다. 스스로 만족스러운 삶을 추구하기보다, 남이 나를 어떻게 생각하는지에 연연하며 살아가게 된다. 지위 불안이 커지면 지위 경쟁과 갈등도 심해진다. 성과를 내려고 노력하기보다는 자신의 지위를 유지하기 위한 노력을 더 하게 되고, 그러다 보면 경쟁 관계에 있는 사람들과 갈등 상황에 놓이기 쉽다. 인사나 평가에 대한 공정성 논란도 커진다. 평가에서 작은 차이만 나도 소득 수준의 차이가 너무 커지게 되기 때문에 민감하게 반응할 수밖에 없다. 사회 전체의 스트레스 정도가 커진다.

이런 사회에서 신뢰가 높기는 어렵다. 신뢰는 공동체를 지탱하는 사회적 자본이다. 이게 낮은 사회에서 공동체 수준이 높아지기는 어렵다.

소득 격차 문제는 이렇게 경제에만 국한된 문제가 아니다. 사회 전반적으로 차별과 불평등을 불러온다. 불안을 키우고 갈등의 씨앗을 뿌리며 분열을 가져온다. 우울증이 늘어나는 등 건강 문제로까지 이어진다. 사회관계의 질도 떨어지게 된다.

평등한 국가에 사는 사람일수록 더 기꺼이 남을 돕고자 한다. 유럽 26개국 국민에게 자기 나라 노인의 상황을 개선하기 위해 행동에 나설 준비가 되어 있느냐고 물었을 때, 스웨덴인은 85퍼센트, 영국인은 54퍼센트, 에스토니아인은 33퍼센트가 돕겠다고 응답했다.[21] 평등한 정도와 순서가 같다. 본인의 소득 수준과 무관하게 불평등한 사회에 사는 사람일수록 남을 돕는 일에 소극적이다. 소득이 불평등한 사회에서는 경쟁과 갈등이 심하고, 갈등을 공동체 스스로 해결할 수 있는 자원인 신뢰와 이타심도 낮다는 결론을 유추

할 수 있다.

흐름을 바꾸는 선택

이런 이유 탓에 미국 사회에서는 소득 편중 흐름을 바꾸기 위해 획기적 소득분배 정책을 펼쳐야 한다는 강력한 목소리가 주류 정치권에서 나오고 있다. 최연소 하원의원으로 인기몰이를 하고 있는 알렉산드리아 오카시오-코르테즈는 '그린 뉴딜 결의안'을 제출하면서 '모든 미국인에게 기본소득을 보장하자'고 주장했다. 현재 39.6퍼센트인 소득세 최고세율을 70퍼센트로 올려 재원을 마련하자는 것이다. 2020년 대선 유력 주자인 엘리자베스 워런 상원의원은 자산 5000만 달러(600여억 원) 이상을 보유한 개인에게 2퍼센트의 부유세를 물리자고 주장했다. 또 다른 유력 대선주자인 버니 샌더스 상원의원은 현재 40퍼센트인 상속세 최고세율을 77퍼센트까지 높이자는 정책을 내놓았다. '모든 성인에게 월 1000달러씩 국가가 지급하는 자유 배당을 실시하겠습니다.' 미국 대선 민주당 예비후보인 앤드루 양이 내건 대표 공약이다. 아예 국가가 개인에게 조건 없이 지급하는 보편적 기본소득제를 도입해서 소득분배를 획기적으로 개선하자는 주장이다.

미국은 개인의 자유와 시장의 기능을 절대적으로 신봉하는 나라다. 그런 사회에서도 국가가 개입한 형태의 파격적 분배 정책이 힘을 얻고 있는 것은 상징적이다. 소득 편중 문제를 해결하지 않고서는 민주주의와 시장경제를 유지하기조차 어려워지고 있다는 인식이 그만큼 힘을 얻고 있다는 뜻이다.

우리도 소득 편중 흐름을 약화시킬 다른 선택을 해야 한다. 그렇지 않으면 앞으로 겪어야 할 고통이 과거보다 더 커질지도 모른다.

2

월급으로
먹고사는
시대가
끝나고 있다

4장

노동자가
필요 없는
기업들

"왜 내가 두 손을 요청할 때마다 두뇌가 딸려 오는 건가?" 미국 포드 자동차를 설립한 헨리 포드가 했다고 전해지는 이 말에서 자본이 노동을 어떻게 보는지가 명확히 드러난다. 자본이 원하는 것은 노동력이지 노동자가 아니다. 사람이 필요한 게 아니라 일하는 손이 필요한 것이다. 자본은 사람을 고용하고 싶지 않다. 그 사람이 가진 노동력을 부려 생산을 더 많이 효율적으로 하고 싶을 뿐이다.

역설적으로 헨리 포드는 노동자의 임금을 높게 책정해 미국에서 노동 중산층이 탄생하게 만든 사람이기도 하다. 1914년 그는 포드 자동차 직원의 임금을 동종업계의 두 배로 깜짝 인상한다. 평균 근속 기간이 3개월에 지나지 않던 노동자들은 그때부터 회사에 붙어 있기 위해 안간힘을 쓰게 되었다. 당연히 생산성은 올랐고 품질 경쟁력도 좋아졌다. 뜨내기 노동자만 일하던 이전과는 달리, 취업하겠다는 사람들이 구름처럼 몰려와 줄을 섰다.

사회적으로는 구매력 있는 노동자 계층이 확대되면서 소비 시장이 발달하고 지금 우리가 알고 있는 자본주의 시장경제가 확립된다. 소수의 전유물이던 자동차가 이제 중산층 노동자를 포함한 다수에게 팔려나가기 시작했다. 드디어 자동차는 상품이 됐고 대중 시장이 형성됐다. 포드는 이런 사회를 만들기 위해, 그래서 자동차를 더 많이 팔기 위해 노동자의 손이 절실하게 필요했던 것이다. 두 배의 임금을 주고라도 사와야 했던 것이다. 자본주의 초기, 산업혁명 시기의 자본가들도 비슷한 심정이었다.

자본주의는 노동력을 어떻게 확보했나

산업혁명 시기 자본가들은 노동력이 절실하게 필요했다. 그래서 한편으로는 국가와 손을 잡고 강제로 노동자를 동원하고 공장에 묶어둘 수 있는 정책과 제도를 만든다. 미국 역사가인 스벤 베커트 하버드 대학 교수는 저서 《면화의 제국》에서 이 과정을 생생하게 묘사한다.

당시 아메리카 대륙에서는 노예제를 대규모로 가동해 이런 노동력을 동원한다. 그런데 노예제를 가동할 수 없었던 유럽에서는 조금 온건한 방법을 사용한다. 인클로저(미개간지·공유지 등 공동 이용이 가능한 토지에 담이나 울타리 등의 경계선을 쳐서 남의 이용을 막고 사유지로 만드는 일. 인클로저에 의해서 중소농中小農들은 몰락의 길을 걸어 농업노동자가 되거나 농촌을 떠나 공업노동자가 되었다)를 통해 토지 소유권을 법적으로 확립해 토지를 소유하지 않은 농민을 노동시장으로 내몰았다. 노동자가 근로계약을 어기고 중간에 퇴사하면 손해배상을 해야 하고 감옥에 가기도 했다. 강제로라도 노동자를 끌어오고 싶었던 것이다.

하지만 이것만으로는 부족했다. 국가가 이렇게 전폭적으로 지원하는 데도, 유럽 면직산업으로의 노동력 공급은 원활하지 못했다. 특히 신규 진입 제조업자들은 인력을 구하는 데 어려움을 겪었다. 숙련된 노동력을 구하기는 더 어려웠다. 대다수 노동자는 여전히 가내수공업을 통해 가족끼리 일하면서 살아가는 방식을 선호했다. 시장에서도 그들이 생산한 제품이 팔리고 있었다.

기록에 남아 있는 몇 가지 사례를 살펴보자. 스페인 바르셀로나에 살던 약제사 호안 밥티스타 시레스는 1770년 면직물 제조공장을 연다. 직기 24대와 염색 작업대 19대를 갖춘 곳이었다. 그런데 공장을 열자마자 그는 큰 어려움에 직면하게 된다. 생산을 이어가려면 60~150명의 남녀 직공이 내내 붙어 일해야 했는데, 이만한 노동력을 확보하기가 쉽지 않았다. 노동자들은 이직률이 높았고 대다수가 몇 달 동안만 머무르다 떠났다.

주로 가내수공업에 종사하던 이들이 공장에 적응하기는 쉽지 않았을 것이다. 집에서 기계 한두 대를 놓고 생산하는 가내수공업에서라면 쉬는 시간은 자기가 정했을 것이다. 전날 밤늦게까지 놀았다면 아침에는 좀 늦게 시작할 수도 있었을 것이다. 아프거나 피곤하면 바로 방으로 들어가 누울 수도 있었을 것이다. 적당한 양을 생산하고 나면 그날은 일을 접고 가족 다 같이 소풍을 갈 수도 있었을 것이다.

하지만 공장의 시계는 달랐다. 출근과 퇴근 시간을 엄격하게 지켜야 기계가 멈추지 않는다. 기계가 멈추지 않아야 생산성이 극대화된다. 많이 생산할수록 많이 팔 수 있으니 이익이다. 교대제를 도입해 쉬지 않고 일하게 만들어야 했을 것이다. 이런 상황을 견디지 못한 이들이 얼마 지나지 않아 공장을 떠났을 것이다.

시레스가 머리를 짜내 만들어낸 아이디어는, 공장에 수공업 작업장의 요소를 도입하는 것이었다. 우선 직급이나 직무에 관계없이, 숙련된 남성 노동자들에게 최고의 보수를 보장했다. 그리고 그들의 아내와 자녀들도 공장에서 일할 수 있게 했다. 일부 가정은 그 건물 안에서 살아가도록 했다. 노동력 유지를 위해 유사 가내수공업 공정을 도입했던 것이다. 그렇게 해서라도 기계를 멈추지 말아야 했다.

그 50년쯤 뒤 미국에서도 비슷한 문제가 있었다. 미국 뉴햄프셔 주 도버의 도버제조회사는 140명 정도의 평균 노동력을 유지하기 위해 1823년 8월~10월에 총 342명의 노동자를 고용해야 했다. 그런데 노동자들은 공장을 들락날락하며 필사적으로 공장 밖을 중심으로 경제생활을 하려 했다. 농장에 일이 없으면 잠시 공장을 다니다가 농장에 노동력이 필요해지면 바로 공장을 떠났다. 돈이 떨어지면 공장에 왔다가 어느 정도 돈이 모이면 공장을 떠났다. 노동자들은 다른 생계 수단에 접근할 수 있는 한, 공장의 세계로 들어가기를 피하려 했다. 당시 산업화 지역의 전형적인 모습이었다.

노동자 스스로가 주 생계 수단을 확보하기 위해 취업하게 된 것은 농장의 수제 방적·방직업이 무너지면서부터였다. 산업혁명 초기에는 면직물 수요가 폭발적으로 늘어났다. 시장이 커지다 보니 생산성은 좀 뒤떨어져도 수공업자들이 그런대로 버틸 수 있었던 것으로 보인다. 자본가들이 공장에서 생산한 제품이 시장을 완전히 지배하지는 못했던 것이다. 그러나 19세기 초중반을 지나면서, 기계 제조 면사와 직물이 전면적으로 확산됐다. 농장의 수제 방적·방직업은 무너지기 시작한다.

가정에서 만든 제품이 공장에서 만든 제품과 경쟁할 수 없게 되자 비로소 노동자는 노동력을 팔러 공장으로 가 뿌리를 내린다. 초기에는 가족 구성원 중 일부, 여성과 아동을 먼저 공장으로 내보냈다. 주로 미혼 여성이 공장에서 받은 임금을 중심으로 가족 전체가 생계를 꾸리되, 가족들은 소득이 현저하게 불안정해진 농장에 여전히 남아 있는 형태가 흔했다. 이때 자본 쪽에서는 두 가지 전략을 취했다. 첫째, 숙련 노동자들에게는 수공업자에게 제공되던 것과 비슷한 처우를 제공했다. 이는 높은 보수로 이어졌다고 할 수 있다. 둘째, 남성 가장인 수공업자 대신 사회의 취약한 구성원들, 즉 가부장제 가정 안의 여성과 아동을 먼저 끌어당겼다. 수공업 방식의 생산체제도 유지하도록 해주면서, 경쟁에서 뒤처져서 울며 겨자먹기로 돈벌이에 나서야 하는 여성이나 아동을 저임금으로 채용하는 전략을 취한 것이다. 제조업자들은 농촌으로 들어가 공장을 세우고 농가의 가족을 노동자로 채용하기도 했다. 이 역시 농가에게 전통적 가족 구조를 유지하도록 해주면서, 그곳을 저임금 노동력 공급처로 활용하는 전략이었다.

결국 한 세기가량 걸린 자본가들의 끊임없는 노력 끝에, 농민도 수공업자도 노동자가 되었다. 기계의 사이클에 맞춰 일하는 자본주의적 고용이 시작됐다.

한편으로 자본가들은 국가와 손을 잡고 농촌을 떠나도록 농민들을 겁박했으며, 농민들이 공장에 와서 일하기 시작하면 떠날 수 없게 만들었다. 한편으로는 농장이나 가내수공업의 요소를 공장에 도입해 농민들과 수공업자들이 익숙한 환경에서 일하도록 배려하며 유혹했고, 가내수공업에서 생산된 물품이 시장에서 발붙이지 못하도록 방해했으며, 결국 가내수공업을 무너뜨렸다.

자본은 성공했다. 모두가 공장으로 몰려오게 만들었다. 기계를 멈추지 않겠다는 가장 큰 목적을 달성했다.

20세기 복지와 노동력 확보

19세기 후반부터는 상황이 달라진다. 생계 수단을 완전히 공장에 의지하게 된 노동자들은 스스로 단결해 근로조건 향상을 요구하기 시작한다. 노동운동이 확산되고 사회주의가 세를 얻었다. 노동자들은 파업을 무기로 삼아 자본가들이 가장 두려워하는 지점을 타격하고 싶어했다. 바로 기계를 멈추는 일이었다.

새로운 힘의 균형추가 필요해졌을 때 등장한 솔루션이 복지다. 1880년대 독일(당시 프로이센)의 수상 오토 폰 비스마르크는 세계 최초로 사회보험제도를 도입한다. 비스마르크는 의료보험, 산업재해보험, 노령연금보험을 차례로 내놓는다. 독일 통일 이후 국가가 나서서 산업을 육성하고 노동 계층을 포용하며 끌고 가겠다는 의지의 표현이었다. 그리고 무엇보다, 사회보험제도는 후발 산업국인 독일이 노동자들을 공장으로 유인하고 묶어둘 수 있게 해주는 중요한 산업 지원 정책이기도 했다. 이 정책으로 독일은 국가가 강제하고 노동자와 기업이 함께 부담하는 사회보험제도로 고용된 노동자의 건강과 노후를 책임지는 최초의 자본주의 국가가 됐다. 지금 우리나라에서 국민연금, 건강보험, 산재보험, 고용보험을 포괄해 '4대 보험'이라고 부르는 바로 그 제도다.

사회보험은 노동자를 공장으로 유인하는 중요한 제도다. 기업에 가서 피고용인이 되어 일하면 지시를 받아서 일해야 하고 정해진 시간에 맞춰 출퇴근해야 하는 단점이 있지만, 대신 의료와 노후가 보장된다. 사회보험은 본인도 일부 부담해야 하지만 기업이 상당 부분을 부담하며 국가가 수령을 보장해준다. 강력한 유인책이다.

20세기 영국에서는 한걸음 더 나아가 복지국가의 근간을 짠다. 1940년대 윌리엄 베버리지가 영국 정부의 의뢰를 받아 작성한 '베버리지 보고서(정식 명칭은 '사회보험과 관련 서비스')'에 그 내용이 담겨 있다. 그때까지 영국 복지는 '구빈법' 등을 통해 빈곤층을 돕는 수단으로 운영되었는데, 이를 사회보험제도 중심으로 짜자는 제안이 골자였다. 이 틀에 따라 2차 세계대전 이후 자본주의 사회의 복지는 사회보험을 중심으로 짜인다. 빈곤층 생계 급여 등의 공적부조는 사회보험을 통한 사회보장을 다 한 뒤에도 남아 있는 빈곤층을 지원해주는 형식의 잔여적 위상을 갖게 됐다.

베버리지 보고서에서 제시한 전제 조건 중 하나는 완전고용이었다. 이는 이후 자본주의 사회의 지배적 규범이 됐다. 정부는 모든 노동자가 일자리를 가지는 완전고용이 되도록 최선을 다해야 한다. 구직 노력을 하고 있으나 고용되지 못한 사람들에게는 실업 급여를 제공하며, 고용될 능력이 없는 사람에 한해 제한적으로 복지를 제공한다. 고용된 사람들은 임금으로 본인과 가족의 생계를 보장받으며, 본인과 기업이 함께 부담하는 사회보험으로 의료와 노후를 보장받는다. 이것이 사회보험을 근간으로 한 근대 복지 제도의 기본 틀이며, 대부분의 자본주의 국가는 이를 받아들였다.

이렇게 해서 우리는 살아남으려면 반드시 노동자가 되거나 노동자가 되기 위해 노력해야 하는 사회에 살게 되었다. 이제 자본이 노동력을 확보하기 위해서 개별적으로 수공업자나 그 가족들을 유인하거나 수공업자들이 원래의 노동 환경에서 일할 수 있도록 만들어주지 않아도 된다. 자본과 근로계약을 맺고 피고용인이 되지 않으면 살아남을 수 없는 제도가 이미 도입되어 사회 전체를 움직이고 있기 때문이다.

물론 여기에는 큰 비용이 든다. 사회보험료의 상당 부분을 기업이 부담해야 하니 말이다. 당장 고용되어 있지 않은 실업자들을 위한 비용도 부담해야 한다. 그러나 자본은 노동력을 확보하기 위해 이런 제도에 기꺼이 참여했다. 결국 모든 사람이 노동자가 되어야만 하는 사회가 완성됐다. 개별적으로 애써 노력하지 않아도 사람들이 자발적으로 공장으로 와서 일자리를 구하려 아우성치는 사회는 자본의 꿈이었다. 자본가가 노동자를 구하려 애쓰며 설득하던 사회가 200년 만에 모든 사람이 노동자가 되기 위해, 일자리를 얻기 위해 자본가를 설득하는 사회가 되었다.

그러나 이제 이런 시대도 저물어가고 있다. 이번에도 자본의 변심이 그 시작이다.

일터에 일어나는 균열

자본은 이제 노동자를 가까이 두고 싶어하지 않는다. 기술이 발전해서다. 이제 노동자가 기계 옆에 늘 붙어 있지 않아도 충분히 효율적으로 생산할 수 있게 됐다. 실은 노동뿐 아니다. 이제 자산도 직접 소유하려 하지 않는 기업들이 나왔다. '생산수단의 사회적 소유'라는 칼 마르크스의 비전은 어쩌면 이미 실현되고 있다. 노동자가 원해서가 아니다. 자본이 원해서다.

오바마 정부의 노동정책을 설계했던 데이비드 와일 브랜다이스 대학 교수는《균열 일터》에서 호텔업계를 그 변화의 사례로 지목한다. 1962년 미국 호텔과 모텔 중 프랜차이즈는 2퍼센트밖에 되지 않았다. 그런데 1987년에는 64퍼센트가 프랜차이즈였고, 2010년대가 되어서는 80퍼센트가 프랜차이즈였다. 메리어트 호텔은 2011년 같은 브랜드 호텔 건물 356개 중 딱 한 채만 소유하고 있었다. 힐튼 호텔은 호텔 258개 중 22채만 소유했다.

플랫폼 시대는 여기서 한걸음 더 나간 모델을 만들어냈다. 공유경제가 그것이다. 숙박업체인 에어비앤비를 보자. 그들은 온라인 플랫폼을 하나 만들었을 뿐이다. 그러나 전 세계에서 가장 크고 영자본은 이제 노동자를 가까이 두고 싶어하지 않는다.

기술이 발전해서다.

이제 노동자가 기계 옆에 늘 붙어 있지 않아도

충분히 효율적으로 생산할 수 있게 됐다.

향력 있는 숙박업체가 됐다. 2019년 현재 기업 가치는 32조 원이고, 힐튼이나 하얏트 같은 기존 호텔업계 강자들을 제치고 세계 숙박업계를 이끈다. 하지만 직접 고용한 인력은 3천 명이 조금 넘을 뿐이다. 모두 본사의 관리 인력이며, 단 한 명의 숙소 서비스 직원도 직접 고용하지 않는다. 단 한 채의 숙소도 직접 소유하지 않는다.

한국 기업들도 마찬가지다. 삼성전자는 자랑거리이던 애프터서비스 인력을 모두 외주 고용하고 있다. 현대자동차를 직접 만드는 노동자 중 상당수는 직접 고용된 직원이 아니고 사내 하청 형식으로 협력기업에 소속되어 일한다. 파리바게뜨나 편의점들처럼 최근 급격하게 성장한 기업들도 사람을 직접 고용하려 하지 않는다.

한때 노동자를 끌어들이려 무진 애를 쓰던 자본은 왜 마음을 바꿔 사람들을 오히려 밀어내고 있을까? 그렇게 할 수 있는 기술이 생겼기 때문이다.

기업은 자본주의 시장경제의 핵심 기관이지만, 사실 기업 조직처럼 반시장적인 조직도 없다. 지시와 통제가 기업 조직을 움직이는 핵심 원리이기 때문에 그렇다. 기업 내부에서는 시장 원리가 거의 통하지 않는다. 시장에서는 가격과 품질에 따라 의사결정이 이뤄지지만, 기업에서는 위계에 따라 의사결정이 이뤄진다.

시장이 완전히 효율적이라면, 기업은 존재할 수 없는 조직이다. 개인과 개인 사이 거래가 모두 시장에서 이뤄지는 것이 가장 효율적일 것이기 때문이다. 영업부서와 생산 공장이 같은 사장 밑에 존재하며 지시를 받아 일할 필요가 없다. 생산 공장에서 만든 물건이 좋으면 영업부서가 알아서 높은 가격에 가져다 시장에 팔아줄 것이기 때문이다. 물건은 좋은데 영업부서가 못 판다면, 생산 공장은 영업부서와의 계약을 해지하고 다른 영업부서를 찾아서 물건을 팔아달라고 부탁할 것이다. 이렇게 계속 논리를 밀고 가다 보면 기업은 산산이 쪼개지는 것이 가장 시장주의적이다.

그럼에도 기업이 왜 존재하는지는 거래 비용 이론으로 설명할 수 있다. 경제학자 로널드 코스는 〈기업의 본질The Nature of the Firm〉이라는 논문에서 기업을 세우는 게 이익이 되는 이유는, 시장에서 가격 메커니즘을 이용하는 데도 비용이 들기 때문이라고 설명했다. 좋은 거래 상대를 찾아야 하고 괜찮은 가격 수준이 어떤 것인지 알아내야 하고 협상도 해야 하는데, 이건 모두 거래에 들어가는 비용, 즉 거래 비용이다.

이런 이유 때문에 자본주의 초기에는 작은 규모의 기업들만 존재했다. 모여서 같이 일해서 얻는 이익이 크지 않았던 것이다. 그런데 19세기 중반 이후 사정이 달라진다. 석탄과 전기 에너지가 상용화되고 대규모 기계 설비를 이용해 빠르고 효율적인 생산이 주류화된다. 기계 설비를 가동시키기 위해서 노동자 한 명 한 명과 별도의 계약을 맺거나, 생산된 제품의 판매를 위해 공장과 다른 부서 사이에 따로 계약을 맺는 데는 너무 큰 거래 비용이 들었다.

20세기 초반 이후 많은 기업들이 이런 형태로 규모가 커졌고, 기업 내부 결재 시스템 등 관료 시스템이 확립된다. 스탭 조직과 사업 조직이 분리된 것도 이때다. 최고경영자가 머리 좋은 스탭들의 기획력을 바탕으로 좋은 경영 판단을 내리면 조직 내 위계를 통해 사업 조직은 다양한 고려를 할 필요 없이 열심히 실행만 하면 되는 조직

구조가 만들어졌다. 많은 시장 거래가 내부화된 것이다.

이렇게 만들어진 거대복합기업들이 엑슨모빌, 유에스스틸, 제너 럴일렉트릭, 제너럴모터스, 포드 자동차 등이다. 거대 기업, 대규모 노동 조직, 20대에서 60대까지의 평생고용제도가 이때 확립된다. 한국 경제도 1960~70년대를 거치면서 정부와 기업이 밀착해 수직 계열화를 이룬다. 제조업에 소속된 노동자를 중심으로 1980년대 후반 이후 차차 고용 중심 복지 체제를 만들어간다. 국민연금과 건 강보험제도 등이 이 시기에 확립되었고, 1980년대 후반 민주화와 더불어 세를 키운 대기업 노동운동이 자리를 잡으면서 시스템이 일단 완성된다. 세계 자본주의가 걸어간 길과 비슷했다.

그러나 노동력이 많이 필요한 대규모 기계 설비 중심의 생산 체 제에도 종말이 다가온다. 1980년대 이후 교통과 통신의 발달은 시장 효율성을 높인다. 물류와 통신 비용이 낮아져 거래 비용이 줄어들었 기 때문에, 이전처럼 위계적 방식으로 생산 체제를 유지해야 할 필 요도 줄었다. 여러 나라를 거치며 하나의 완제품이 만들어지는 지금 형태의 국제 가치 사슬이 만들어졌다.

2000년대 들어서서는 한걸음 더 나간다. 인터넷의 확산과 함께 거래 비용은 더 줄어들었다. 모바일 통신의 확산은 이런 경향을 더 강화했다. 누구나 어디서나 일을 처리할 수 있게 됐다. 인터넷을 통 해 순식간에 파워포인트 파일을 지구 반대편으로 보내거나 다른 대륙에 있는 환자의 엑스레이 결과를 판독해 진단하는 일이 가능 해졌다. 지하철에서도 공원에서도 처리할 수 있는 업무가 엄청나 게 많다. 기업은 직원을 출근시킬 필요도 없어졌다. 메신저로 업무를 지시하고 이메일로 결과를 받으면 된다. 결과가 만족스럽지 못하다면, 온라인 플랫폼에서 그 업무를 가장 잘 처리하는 사람을 선택하면 된다. 이런 환경에서 기업이 노동자를 고용하고 그와 그 가족의 생계를 완전히 책임질 테니 평생 일하자는 고용 계약을 맺자고 나설 수 있을까? 주주가 투자한 돈을 노동자 개인의 삶을 지탱하는 데 쓰겠다고 할 수 있을까?

자본은 노동자를 불러모을 필요가 없어졌다. 원래 노동력을 안정적으로 확보하기 위해 만들었던 기업 조직이나 사회보험 중심의 복지 제도는 거추장스러운 것이 되었다. 제품의 기획, 생산 및 판매까지 모든 부문에서 완전경쟁시장이 작동된다면 자본은 위계적 기업 구조를 유지할 필요가 없다. 투자 위험이 뒤따르는 실물 자산을 보유할 필요조차 없어진다. 한마디로 기업은 점점 더 직접 고용할 필요가 없어지고 있다. 자본은 이제 노동자를 밀어내고 있다. 노동자를 끌어당기려 안간힘을 쓰던 과거와는 딴판이다. 거대한 전환이다.

자본이 노동을 밀어내는 시대

임금노동은 자본에게 손이 필요할 때 시작됐다. 공장에서 일을 시키기 위해 노동자들을 노예처럼 강제로 데려오기도 하고, 그들에게 월급을 주는 대신 위계 조직 안으로 들어와 지시에 따라 행동하도록 만들기도 하고, 들어오지 않으면 아프거나 늙었을 때 살아가기 힘들어지도록 복지 체계를 짜기도 했다.

그런데 자본이 이제는 손이 필요 없다고 한다면? 가급적 공장에서 사람이 떠나가고 사라지기를 원한다면? 그래도 임금노동이 정상적으로 유지될 수 있을까? 어려울 것이다. 이미 자본과 노동을 묶었던 고용이라는 고리는 해체될 수 있다는 점이 확인됐다. 플랫폼 기업이라는 존재가 모델을 보여줬다. 자본은 이제 노동을 밀어내고 있다. 사람들은 고용계약 없이 플랫폼에서 일한다. 기업들은 최소한의 고용만 유지하면서 전 세계에서 사업을 벌일 수 있게 됐다. 기술이 가져온 돌이킬 수 없는 변화다.

그럼 이제 우리 앞에는 일자리 없는 사회의 황폐한 모습만이 기다리고 있는 것일까? 섣불리 비관론에 빠질 필요는 없다. 과거를 조금만 떠올려봐도 무조건적 비관론은 근거가 없다는 사실을 알게 된다. 자본이 처음 노동을 끌어들일 때, 방법은 한 가지가 아니었다. 힘없는 식민지에서는 사람들을 노예로 만들어 묶어놓고 매질하며 강제 노동을 시켰다. 반면 민주주의와 노동운동이 궤도에 올랐던 20세기 중반 이후 서유럽에서는 인간적인 복지국가 체제를 도입했다. 노동자가 된 사람들에게는 자부심과 함께 과거 귀족들이나 누렸던 혜택을 부여했다. 4대 보험을 중심으로 한 복지가 그 혜택의 중심에 있었다. 자본은 똑같이 노동력이 필요해 끌어당기더라도, 상황에 따라 극단적으로 다른 방법을 동원했다. 그 방법은 그 사회가 가진 규범에 근거를 두고 있었다. 정치적 선택의 결과이기도 했다.

지금도 마찬가지다. 자본이 노동을 밀어내는 과정에서 엄청나게 비인간적인 일들이 벌어질 수 있다. 노예제에 버금가는 비극적 사건도 일어날 수 있다. 하지만 만일 우리가 그런 노동 없는 생산 체제가 온다는 사실을 미리 예측하고 있다면 상황은 달라질 수 있다. 일자리는 없어지더라도 사람은 살아야 하고, 노동자로서의 권리는 사라지더라도 인간으로서의 권리는 더 높아져야 한다는 규범을 갖고 있다면, 미래의 모습은 달라질 것이다. 고용되지 않은 사람들까지 골고루 보호하는 사회정책을 정치적으로 선택할 수 있다면, 미래의 모습은 훨씬 더 많이 달라질 것이다.

미래로의 전환 과정은 우리의 선택에 따라 문명인의 것일 수도, 야만인의 것일 수도 있다. 고용된 사람의 노동만 보호하고 그렇지 않은 사람의 노동은 내치는 제도는 야만적이다. 정규직과 비정규직을 극단적으로 차별하는 문화는 야만적이다. 일을 하든 하지 않든, 소득을 포함해 최소한의 생계 수단을 제공하는 제도는 문명인의 것이다. 사회적으로 가치 있는 일을 하면 고용 형태나 소속에 관계없이 인정하는 문화는 문명인의 것이다.

지금은 어떤 자본주의를 만들어 가느냐를 놓고 한판 싸움을 준비할 때인지도 모른다.

5장

정규직, 7.6퍼센트에 진입하기 위한 전쟁

2017년 11월 23일. 인천국제공항공사 대강당 앞에는 이날 "무임승차 웬 말이냐! 공정 사회 공정 경쟁!", "기회의 평등 Yes, 결과의 평등 No" 같은 구호가 붙었다. '인천공항 비정규직의 정규직 전환 방안 공청회'가 열리는 장소였다.

인천국제공항공사는 본사 직원이 1200여 명, 외주 용역 노동자가 9000여 명인 구조였다. 문재인 대통령은 당선 이후 첫 일정으로 이곳을 방문해 '공공 부문 비정규직 제로' 원칙을 발표했다. 공사는 정부 방침대로 정규직화를 추진하기로 결정했다. 그 방안을 토론하는 자리였다.

본사 직원들의 반발은 거셌다. 공청회에서 연구자들이 800~4500명을 본사 직원으로 직접 고용하는 안을 발표하자, 객석에서는 고성과 야유가 터져 나왔다. 특히 이미 일하고 있는 이들을 공개채용을 거치지 않고 본사에 입사시켜야 한다는 안이 나올 때 가장 반발이 컸다. 이유는 단순했다. '공개채용 절차를 거치지 않고

공사 본사에 입사하는 것은 불공정하다.'

젊은 직원들은 눈물을 글썽이며 불공정한 입사를 막아달라고 호소했다. 고시촌에서 여러 해 동안 공무원 시험, 공사 시험 준비를 했던 과거를 거론하며 분노했다. 수백 대 1의 경쟁률을 뚫고 공사에 입사한 과정의 어려움을 읍소했다. 현장의 공감대는 높았고 분위기는 뜨거웠다.

대강당에 있던 500여 개 좌석의 절반에는 정규직화가 되기를 열망하는 용역 노동자들이 앉아 있었다. 이 중에는 청소 담당 직원들도, 보안 검색 담당 직원들도 있었다. 발언 때마다 강당 절반에는 함성과 탄식이 오갔다.

정규직 노조는 비정규직 노동자들이 입사하게 되더라도 공개채용을 통해야 한다고 주장했다. 그대로 된다면 비정규직이기는 하지만 멀쩡히 공항에서 계속 일하던 외주 용역 노동자가 갑자기 채용 시험에 응시해야 하고 몇몇은 합격해 공사 직원이 되고 몇몇은 떨어져 일자리를 잃게 될 판이었다.

인천국제공항공사의 평균 연봉은 9500만 원이었다. 신입사원 연봉은 7000만 원에 육박했다. 외주 용역 노동자들의 평균 보수는 신입사원의 절반가량 됐다.

나는 인천공항을 운영하는 인천국제공항공사의 '좋은 일자리 자문단'에 참여하고 있었다. 이 자문단은 비정규직의 정규직화 논의에 참여해 의견을 냈다. 회사 경영진과 노동계 인사들과 전문가들이 자문단 소속이었다. 우리는 실은 상당히 온건하고 합리적인 안을 논의했는데, 그 핵심은 '외주 용역으로 일하던 노동자들의 고용을 안정시키되, 급여나 직급이 높아지지는 않게 한다'는 것이었다. 그러나 '같은 회사 소속이 될 수 있다'는 대목이 들어 있어 사달이 났다.

시험을 치른 사람과 그렇지 않은 사람은 신분이 달랐다. 그 시험을 통과한 사람들, 그리고 그 시험을 준비하는 사람들 모두는 그렇게 여겼다. 나는 그 점을 깊이 생각하지 못했다.

사실 이런 일이 처음은 아니었다. 2016년 11월에는 학교 비정규직 관련된 논란이 있었다. 학교의 영양사, 조리원, 교무 보조 등을 계약직에서 교육공무원으로 전환하자는 법안이 국회에 발의되었을 때였다. 수많은 정규직 교사들과 임용 시험 준비생들이 반대에 나섰다. 2017년에는 기간제 교사 정규직화 논의가 있었고, 정규직 교사들과 임용 시험 준비생들은 다시 거세게 반발했다. 다음에는 서울시 지하철을 운영하는 서울교통공사에서 일이 벌어졌다. 서울시는 공사 소속 무기계약직을 정규직으로 전환하려 했다. 그러자 젊은 정규직 공사 직원들이 분노하며 집단 반발했다.

그리고 시간이 꽤 지난 뒤, 나는 어느 공기업 인사 담당 부장과 대화를 나누게 됐다. 대뜸 인천공항에서 있었던 일에 대해 물었다.

"공항에서 여러 해 동안 청소를 하던 사람이 있다면, 그 사람을 채용해 청소를 하도록 하는 게 가장 좋은 인사 아닌가요?"

"그렇지 않습니다."

"새로 시험을 쳐서 사람을 뽑아야 한다는 말씀인지요?"

"그렇습니다."

"왜 그런가요?"

"우리 공사의 채용은 직무에 맞는 사람이 아니라 우리 기업의 어떤 직무든지 잘할 수 있는 능력 있는 사람을 뽑게 되어 있습니다. 능력 있는 사람을 채용해 무슨 일이든 맡기는 시스템이지요."

"그럼 청소하는 분도 시험을 통과해야 한다는 뜻인가요?"

"시험뿐 아닙니다. 6~7단계의 까다로운 심사 과정이 있습니다."

말문이 막혔다. 그는 '능력주의 채용 시스템'을 말하고 싶어했다. 그런데 실제로는 능력이 아니라 자격을 기준으로 채용을 하고 있다고 설명하고 있었다. 그 채용에는 실제로 어떤 일을 할 능력이 있느냐가 아니라, 그 일자리를 가질 자격이 있느냐가 중요하다는 뜻이다. 그의 말대로라면 공기업 입사 시험을 치르지 않고서는 아무리 그 일을 잘하더라도, 누구도 그곳에서 일하지 못한다. 그리고 그 기업 바깥에서 쌓은 경험은, 그 기업 안에서는 전혀 인정받지 못한다. 그는 공기업을 동질적 엘리트 집단으로 묘사하고 있었다. 그 일을 잘하는지 여부는 중요하지 않다. 그 집단에 들어갈 수 있는 자격을 갖춰야만 한다. '안정적 일자리'는 이제 자격을 갖춘 소수만 가질 수 있는 특권이 되었다.

2018년 1월 18일.

인천공항 제 2터미널이 열린 이날, 터미널 한구석에 다날이 만든 '로봇카페'가 들어섰다. 스마트폰 앱으로 아이스 아메리카노를 주문하면 로봇 팔이 긴 손가락으로 커피잔을 들고 얼음을 먼저 받는다. 다음으로 잔을 커피머신에 놓고 아메리카노 추출 버튼을 누른다. 그리고는 얼음 위에 따른 커피를 주문자에게 전달한다.

로봇 팔 혼자 모든 작업을 처리한다. 자영업자가, 아르바이트생이 하던 일이다. 주문을 받는 캐셔도, 커피를 만드는 바리스타도 당연히 없다. 2미터 남짓한 유리 부스가 그 로봇이 차지한 공간 전부다. 노동자들 사이에 안정적인 일자리를 둘러싼 싸움이 벌어진 그 자리에, 불안정한 노동을 대체할 로봇이 들어섰다. 인천공항 로봇 카페의 아메리카노는 한 잔에 2000원이다.

인천공항공사 외주 용역 직원들의 본사 정규직화 논의가 한창인 가운데, 공항 한 켠에는 로봇이 24시간 운영하는 무인 카페가 들어섰다. 우리 사회 현실을 상징적으로 보여주는 장면이었다

기술혁신이 밀어낸 사람들

한국도로공사의 톨게이트 요금 수납원들에게 벌어진 일을 살펴보자.

2019년 6월, 7.5미터 높이의 서울 톨게이트 지붕에 42명의 고속도로 요금 수납원들이 올라갔다. 이들은 '직접 고용을 하라'는 요구 사항을 걸고 농성에 들어갔다. 외주업체 소속인 이들에게 한국도로공사는 자회사에 채용하겠다는 제안을 했지만, 이들은 여전히 불안했다. 요금 수납 업무 자체가 무인화되면 자회사 문을 닫게 되는 것 아니냐는 생각 때문이다.

아닌 게 아니라 정부는 2016년 스마트톨링 시스템을 도입하겠다고 발표했다. 달리는 차량 번호판을 자동인식해 요금을 부과하는 시스템이다. 그러면 통행 요금 징수가 무인화된다. 요금 수납원 일

자리는 완전히 사라질 처지가 됐다.

7000여 명의 한국도로공사 요금 수납원들은 과거에는 도로공사 본사 직원이었다. 그런데 도로공사가 1995년 고속도로 영업소를 외주화하기 시작하면서, 그들은 부분적으로 외주 협력업체 직원으로 바뀐다. 당시 영업소 외주화는 경비 절감을 위해서였는데, 임금 구조상 고임금을 받는 일부 장기근속 직원을 조기에 퇴직시키려는 의도도 담겨 있었다. 이 과정에서 일부 퇴직 직원들에게 영업소 운영권을 정년까지 주기 시작했다. 조기 퇴직을 하도록 하면서도 사실상 정년까지 소득을 보장해주는 퇴직자 배려였다.

1998년 찾아온 IMF 구제금융과 이에 따른 구조조정에 외주화는 더 빨라졌다. 1995년에는 직영 영업소가 89곳, 외주 영업소가 17곳이었다. 그런데 외주 영업소는 1999년 116곳으로, 2001년 198곳으로 늘었고, 2009년에는 외주화가 완료됐다. '하이패스' 사용 비율이 40퍼센트를 넘기던 시점이었다. 본사 직원이던 고속도로 요금 수납원들은 위탁으로 운영하는 외주 영업소 직원으로 신분이 바뀐다.

이 과정에서 영업소는 대부분 도로공사 퇴직자들이 운영하게 된다. 도로공사는 해마다 고속도로 영업소별로 차량 통행량과 요금 수납 직원의 임금, 경비와 이윤 등을 고려해 용역비를 산출하고 계약 금액 협상을 해 위탁 계약을 맺는다. 경쟁 입찰인 경우 최저가 입찰자가 위탁을 받는데 상당수 영업소는 경쟁하지 않고 도로공사 퇴직자가 수의계약으로 운영권을 그냥 받았다. 그런데 수의계약인 경우 경쟁 입찰을 통한 계약보다 10퍼센트 정도 금액이 높았다. 심지어 공개 경쟁입찰을 하더라도 이전에 수의계약으로 운영하던 퇴

직자가 다시 지원해 선정되는 경우가 많았다. 도로공사 출신에게 유리한 심사 기준 때문이었다.[22]

결국 사달이 나기도 했다. 2017년 경기남부지방경찰청 지능범죄수사대는 전직 도로공사 간부 두 명을 입건했다. 조건부로 희망퇴직을 해서 고속도로 영업소 운영권을 수의계약한 뒤 운영비를 부풀려 빼돌린 혐의였다. 이 두 명은 2010년부터 2015년까지 5년간 6억 원 상당을 부당하게 챙겼다는 혐의를 받았다. 2009년 희망퇴직을 하면서 6년 수의계약으로 받은 영업소 위탁계약을 수행하는 과정에서 벌어진 일이다. 현직 간부들 여러 명도 이를 알고도 봐줬다는 혐의로 입건됐다. 이들은 "관례로 그렇게 해왔다"고 진술했다고 보도됐다.[23]

위탁업체 소속이 된 요금 수납원들은 2013년 도로공사 본사를 상대로 근로자지위확인소송을 냈다. 1심과 2심에서 승소했다. 법원이 도로공사 직원으로 보는 것이 맞다는 법적 판단을 내린 것이다. 그런데 최종심인 대법원 판결이 나기 전, 도로공사 본사는 요금 수납원들의 고용을 안정시키겠다면서 직접 투자한 자회사를 세우고 이 회사 소속으로 그들을 채용하려 했다. 여기 반발한 요금 수납원들이 톨게이트 위에 올라가 시위를 벌였다.

구조조정을 해도, 외주 위탁업체로 소속이 바뀌어도 '성 안 사람들'인 본사 정규직들은 어떻게든 계속 소득을 보장받았다. 하지만 '성 밖 사람들'인 요금 수납원들은 불안과 멸시 속에 점점 더 바깥으로만 내몰리면서, 결국 자동화 기계와 경쟁하며 일자리를 위협받는 처지가 됐다.

안정된 소득을 향한 질주

인천공항과 도로공사에서 벌어진 두 가지 사건은 우리 사회의 오늘을 상징적으로 보여준다. 가장 똑똑한 사람들조차 시장을 믿지 않는다는 점이다. 자본주의 사회에서 노동시장은 실력이 있고 성과를 낸다면 그에 합당한 보상을 받게 된다는 믿음으로 운영된다. 일을 더 잘하는 사람은 더 나은 소득을 얻게 된다는 것이다. 하지만 공공 부문은 다르다. 안정성과 형평성을 중시한다. 따라서 공공 부문에서는 더 나은 성과가 더 높은 소득으로 바로 이어지지는 않는다. 그래서 전통적으로 실력 있는 사람들은 공공 부문보다는 경쟁해서 소득을 높일 수 있는 노동시장을 선호했다.

최근의 상황은 그런 믿음이 깨졌다는 것을 보여준다. 인천공항공사에 취업할 정도의 직장인이라면 우리 노동시장에서 최상위권의 능력을 갖춘 사람일 가능성이 높다. 그들조차도 제도가 보장해주는 고용과 소득 체계 안으로 들어가고 싶어한다. 노동시장이 자신의 능력과 노력에 합당한 보상을 주리라고 믿지 않는 것이다.

다른 한편으로는 왜 다들 안정적인 일자리를 찾아 질주하는지를 알 수 있다. 기술혁신이 가져온 일자리 불안, 특히 소득 불안 때문이다. 한 켠에서는 기술 변화로 일자리가 줄어들고 변동성이 심해진다. 분명한 고용 감소 현상이 다양한 형태로 나타난다. 불안정한 일자리는 더 불안정해진다. 혁신에 도전하고 창업하고 새로운 일을 시작해보려는 이들에게 주어지는 인센티브는 줄고 위험은 커진다. 일자리의 즉각적인 감소가 아닐지라도, 생산 현장에서 일거리가 줄어들면서 고용 불안이 커진다.

한국고용정보원의 보고서 〈기술 변화의 고용 영향 분석〉(2016)을 보자. 단순 직무를 수행하는 노동자들이 가장 대체 위험이 높다. 스마트 기술의 영향으로 2025년이 되면 단순노무직은 91퍼센트가 고용에 영향을 받는다. 판매종사자는 77퍼센트가, 기능원은 68퍼센트 정도가 고위험 직군에 속한다. 이들 대부분이 지금 중소기업에서 일하고, 외주 용역이나 계약직으로 일한다. 전반적인 대체 위험도 높지만, 직종 간 양극화도 심각하다. 이들에게 불안은 미래가 아니라 현재다. 안정적 일자리에 새로 진입하기는 점점 더 어려워진다. 비정규직, 프리랜서, 자영업자, 파트타이머들에게는 점점 더 긴 고통의 시간이 다가온다.

그러던 중에 고임금과 정년과 연금까지 보장된 공무원, 공공기관 정규직이라는 이름의 직업적 이상향이 등장하게 된다. 처음에 이 영역은 다른 직장보다 편하고 안정적이라는 점에서 인기를 끌었다. 시간이 조금 지나자 보수 등 처우도 민간 부문보다 낫다는 점이 알려졌다. 좀 더 지나고는 기술혁신 및 고용 변화와 경제 변동으로부터 자유로운 삶을 살 수 있는, 안전한 도피처라는 점이 부각됐다.

2018년 공기업 직원 전체 평균 연봉은 7842만 원이었다. 전체 공공기관 직원의 평균 연봉은 6798만 원이었다. 한국 성인 중 소득 상위 10퍼센트인 사람의 연 소득은 5153만 원(2017년)이었다. 같은 해 공공기관 임원 전체 평균 연봉은 1억 1688만 원이었다. 한국 성인 소득 상위 1퍼센트인 사람의 연 소득은 1억 3571만 원(2017년)이었다.

이런 상황이다 보니 모두가 공공 부문 정규직을 향해 달려가게 된 것이다. 다음 세대는 더 심하다. 이미 10대~20대 절반 이상이 선호하는 직장은 국가기관과 공기업이다. 문제는 이 사람들의 판단은 지극히 현실적이고 합리적이라는 점이다. 안정성과 급여 수준 모두에서 그렇다.

이제 공공 부문 정규직은 새로운 신분으로 올라서고 있다. 인천공항 사태 등 '공채 신분주의' 목소리가 나오면서부터다. 21세기 우리 사회에 새로운 신분사회가 열리는 모습이다. 일터에서의 안정성이 부족해지니 안정성이 보장된 곳으로 몰려가는 현상이다. 전체 파이 크기가 작아지고, 작아지는 몫을 놓고 다투기 시작하면 당연히 나타나게 되는 일이다. 우선 몫을 차지하려 다투고, 그 뒤에는 차지한 몫을 내놓지 않으려 진입 장벽을 공고하게 만들어놓는 흐름이다.

그러니 노동자들 사이 불안과 갈등도 점점 심해진다. 안정적 일자리를 이미 가졌더라도 남을 배려하는 여유 따위는 부리기 어렵다. 이들은 목숨을 걸고 자리를 획득했으니 지켜야 하고, 따라서 목청 높여 공정성과 정당성을 주장하게 된다.

특히 취업준비생들은 죽기살기로 공기업 입사 시험 준비를 하고 있다. '안정적 일자리'는 이제 인생을 걸고 끈덕지게 차례를 기다려야 얻을까 말까 한 재산과도 같다. 이들에게는 매년 계약을 갱신하며 외주용역업체 소속의 비정규직으로 10년 동안 청소 일을 해온 노동자를 본사 정규직으로 받아들이는 일은 반칙이다. 언제 해고될지 모르는 그들의 처지는 당연하다. 취준생들은 시험을 준비하며 줄 서서 기다리는 사람들이고, 이 비정규직 직원들은 줄을 서지

청년들이 선호하는 직장은 어디일까

표5-1 13세부터 29세까지의 한국 사람들이 원하는 직장(단위: %)

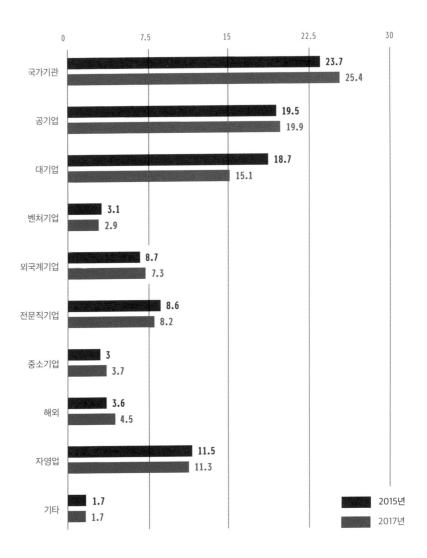

자료: 통계청

않은 사람들이기 때문이다. 그들을 정규직화한다는 것은 긴 줄 앞에 갑자기 새치기를 시켜주는 셈이라고 여긴다.

같은 현장에서 비정규직 노동자로 일하던 이들 역시 그 안정적 일자리를 얻으려 안간힘을 쓴다. 누군가 그 일자리를 얻는다면, 그 현장에서 이미 일하고 있는 자신들이어야 한다고 굳게 믿는다. 그리고 온 힘을 다해 싸운다.

지옥을 맞게 될 질주

'공공 부문 정규직'이라는 보장된 신분을 향해 곳곳에서 질주하고 있다. 학교도 그 주요한 현장 중 하나다. 각급 학교에서는 기간제 교사 정규직화를 놓고 논란이 거세다. 오랫동안 빈 자리, 새로운 일이 생길 때마다 학교는 비정규직 기간제 교사들을 고용했다. 특히 육아휴직 때문에 이런 대체 고용이 상시적으로 필요해도 '알고 보면 일시적'이라는 핑계를 대며 계속 늘렸다.

비정규직이란 행정적으로는 고용 기간을 정한 계약 형태일 뿐이지만, 당사자들은 계급으로 느낀다. 더 어렵고 덜 중요한 일을 도맡아야 하고 정규직이 받는 혜택을 덜 받아야 하는 사람이 되어버렸다.

이들을 정규직 자리에 밀어넣자고 하니, 공립학교에서는 '임용고시를 통해 뽑힌 사람이 아니기 때문'에 안 된다고 하고, 사립학교에서는 '원래 기간을 정한 자리에 뽑힌 사람이기 때문'에 안 된다고 한다. 수업 내용이 같다고 해도 입직 과정이 다르면 다른 교사다.

입직 과정에 따른 차별은 합당하다. 그게 현재의 규범이다.

입직 과정 논란은 전국 곳곳의 공공기관 여기저기서 튀어나온다. 과거 오랜 기간 공공기관들은 새로 생기는 업무를 용역으로 돌리며 비용을 절감했다. 그런데 어느 순간 용역 노동자들을 본사 정규직으로 받아들이겠다는 정부 방침이 섰다. 그러자 기존 정규직과 공기업 입사준비생들이 입직 공정성을 들어 반대한다. 입직 경로가 강조되는 자리일수록 특권이 클 가능성이 높은 것도 사실이다. 그 특권을 가질 자격을 놓고 다투는 게 이런 논란의 본질이다.

기간제나 용역이나 파트타임 계약을 무조건 죄악시하는 시각은 문제다. 하지만 입직 공정성을 내밀며 차별을 정당화하는 시각은 더 큰 문제다. 같은 종류의 일을 하고 있는 이들에게 중요한 것은 지금 그 일을 얼마나 잘하고 있느냐다. 과거 입직 경로를 현재 업무 평가에 적용하는 것은 구시대적이다.

학교의 기간제 교사 논쟁은, 어느 쪽으로 결론이 나도 누군가에게는 지옥이 될 것이다. 얼마 남지 않은 '정규' 자리를 기간제 교사들이 차지하면 임용고사를 준비하는 청년들은 지옥을 맞는다. 학생 수는 빠르게 줄고 있다. 앞으로 교사 자리는 크게 늘어나기 어렵고, 교사만큼 안정적인 일자리를 찾기는 더 어렵다. 청년들에게는 기성세대가 매몰차게 막차 문을 닫고 자신들끼리만 천국을 향해 출발하는 모습으로 보일 것이다. 다른 공공기관들도 상황은 크게 다르지 않을 것이다.

기간제 교사들을 '비정규'로 내버려두면 열심히 아이들을 가르치던 경력 기간제 교사들은 지옥을 맞는다. 좋은 교사일수록 더 그렇다. 사회적으로는 시험 한 번 잘 보는 게 10년을 직업인으로 성실하게 살아가는 것보다 더 중요하다는 생각이 강화된다. 이 나라는 시험 공화국이라는 사실이 다시 한 번 확인된다. 직장보다 직업이 중요하다고 믿으며, 안정된 자리를 찾기보다는 자기 일의 전문성을 높이는 데 열중하던 이들은 좌절할 것이다.

학교에서 교사 자리를 둘러싸고 일어나는 갈등은 한국에서 '안정적 정규직' 전체를 놓고 벌어지는 갈등과 닮았다. 모두가 '안정된 정규직 일자리'를 향해 달려간다. 누군가는 그 일자리를 얻으려고, 누군가는 그 일자리를 지키려고 팻말을 들고 시위를 하기도 한다.

정규직은 "고용 안정성이 있고, 임금 및 처우가 동종업계 또는 같은 조직 내 동일 업무 노동자들과 비교할 때 적정한 수준이고, 승진이나 기업 복지 등 각종 대상에서 배제되지 않는 일자리"[24]라고 정의한다면, 생각보다 매우 낮은 비중의 한국인들만이 그 정규직 일자리를 얻을 수 있다.

희망제작소가 기획한 책 《자비 없네 잡이 없어》에서 공동저자 황세원은 전체 노동자의 7.6퍼센트만이 앞서 정의한 '정규직' 개념과 맞는다고 분석했다. 그는 한국노동연구원 자료를 토대로 전체 노동자를 정규직 여부, 대기업 여부, 노조 유무 등 세 가지 기준으로 분류했는데, 세 가지 모두 해당하는 노동자는 7.6퍼센트에 지나지 않았다. 보장된 소득을 제공하는 정규직 일자리를 향해 모두가 질주하고 있지만, 정작 그곳에 다다르는 사람은 소수에 지나지 않는다. 이대로 가면 모두가 10분의 1도 되지 않는 확률을 향해 목숨을 걸고 돌진하는 파국이 일어나게 되어 있다.

표5-2　사회적으로 괜찮은 일자리 비율

《자비 없네 잡이 없어》공동저자 황세원은 정규직 여부, 대기업 여부, 노조 유무의 세 가지 기준으로 전체
노동자를 집계했다. 그 결과 7.6퍼센트만이 통념상 '정규직'에 맞았다.

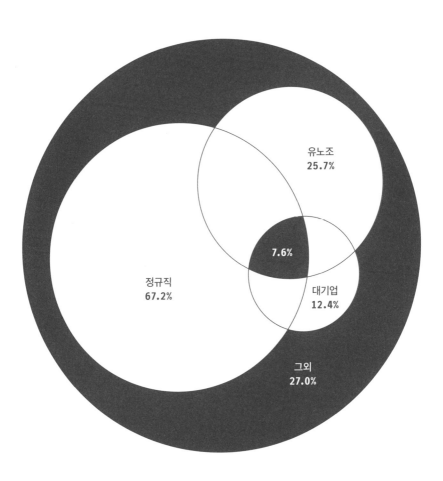

특권이 있는 자리에 사람을 더 밀어 넣으려는 시도는 성공할 수 없다. 거꾸로 그 자리에 있는 특권을 다른 쪽으로 나누는 게 옳다. 파트타임이나 기간제라도 일만 잘한다면 차별 없는 보상을 받을 수 있어야 한다. 공공 부문이라도 맞지 않는 일은 중간에 그만둘 수 있어야 하고, 새로운 경력자가 중간에 진입할 수도 있어야 한다. 노동자들의 직장 내 복지에 대한 의존도를 줄이고, 사회안전망을 강화해야 한다.

정규직이냐 비정규직이냐는 계약 내용의 차이일 뿐이다. 삶에는 정규적 삶도 비정규적 삶도 없다. 그런데 우리는 계약의 차이를 삶에 대한 차별로 확대하고 있다. 차별은 사람을 비정규로 만든다. 차별이 특권을 만들고, 특권이 '정규직'에 대한 일그러진 사회 인식을 만든다. 계약에는 죄가 없지만, 차별은 죄다.

7.6퍼센트라는 숫자가 보여주는 것은, '안정적 일자리'는 소수에게만 허락된 특권이라는 명백한 사실이다. 사회는 이제 나머지 92.4퍼센트의 소득과 삶을 보장해주는 방향으로 변화해 가야 한다. 그래서 고용 대신 노동을 지켜야 한다. 직장 대신 직업을 지켜야 한다. 그게 기술과 사람이 같이 사는 길이기도 하다.

6장

제조업 고용 위기, 보통 사람들의 위기

"한때 5000명이 북적대며 일하던 곳이었는데……." 조선소 자리에 마지막으로 남은 직원의 말 속에 아쉬움이 묻어났다. 작업복을 입은 채 나를 안내하던 모습이 더 쓸쓸해 보였다. 추적추적 봄비가 내리는 날이라 더 그랬지도 모르겠다.

나는 경남 통영의 신아SB 조선소 터에 서 있었다. 4만 3900평의 폐조선소 자리에는 863톤짜리 골리앗 크레인이 여전히 남아 텅 빈 슬라이딩 도크를 내려다보고 있었다. 한때 이곳 노동자들이 망치질과 용접으로 탄생시킨 거대한 선박을 덥석덥석 받던 바다는 여전히 그 자리에서 위용을 자랑하고 있었다. 하지만 그 바다는 더 이상 조선소의 선박을 받아주지 않는다. 조선 산업 위기로 신아SB는 2015년 파산했고 2017년 청산 절차를 마무리했다.

신아SB는 1946년 멸치잡이용 어선 따위를 만드는 회사로 닻을 올렸다. 1970년대 들어 신아조선으로 이름을 바꾸었고, 4만~5만t급 중형 탱커선 영역에서 성공하며 명실상부한 조선소로 발돋움했다. 그 뒤 성장세를 거듭해 2000년대 중반에는 수주 잔량 기준 세계 10대 조선소에 올랐다.

그러나 2008년 글로벌 금융위기 이후 신규 수주가 끊겼고, 경영진의 스캔들까지 이어졌다. 회사명을 신아SB로 바꾸고 정상화 노력을 기울였지만, 결국 세상에서 사라지는 신세가 됐다. 가장 잘나가던 시절 직영(본사 정규직) 인력이 2000여 명, 하청(협력업체)까지 합하면 5000명이 일하던 곳이었다.

그 자리에 마지막 세 명의 직원이 남아 작업복을 입은 채 자리를 지키며 부지에 대한 투자 건 등으로 간혹 들르는 손님을 맞고 있었다.

신아SB는 조선업 위기로 고용 위기를 맞은 통영에서 문을 닫거나 휘청거리고 매각 대상이 된 여러 조선소 중 하나다. 근처의 삼호조선은 부도를 맞고 구조조정을 한 뒤 매각됐다. 21세기조선은 조선소 문을 닫은 뒤 다른 회사로 넘어갔다. 성동조선해양은 직영 인력을 절반쯤 줄인 뒤 매물로 나왔다.

샌드위치 프리미엄

2장에서 이야기한 대로, 세계경제는 '대분기' 기간과 '거대한 수렴' 기간을 거쳐왔다. 우리 경제는 '대분기' 기간에 선진국이 누리던 선발국 특유의 클러스터화와 고부가가치화의 이점을 21세기 초입에 누릴 수 있게 됐다. 그런데 우리 경제는 동시에 '거대한 수렴' 기간에 개발도상국이 누리며 선진국을 따라잡던 지식 이전 효과도 동시에 누렸다. 제조업 집적으로 효율성을 달성해 물량을 늘리면서, 생산에 필요한 지식을 흡수해 고부가가치화도 달성하던 기간이었다. 그 시기 우리 경제는 역사적 전성기를 맞았다.

이미 '대분기' 시점은 지난 뒤였다. 그래서 우리 경제는 선진국 기업들과의 경쟁을 그리 심하게 겪지 않을 수 있었다. 이미 선진국의 몫은 줄어들기 시작한 때였다. 미국, 일본, 독일 등 제조업 강국들에서도 제조업 비중은 공통적으로 낮아지고 있었다. 그때 우리 경제는 제조업 비중을 오히려 늘렸다. 물량 기준으로는 엄청난 성장을 이뤘다. 중국 같은 다른 개발도상국들이 이 시기 빠른 성장을 이룬 것과 비슷해 보였다.

한편으로 우리는 중국과 같은 개발도상국들과는 질적으로 다른 성장을 했다. 제조업 고부가가치화에 성공했기 때문이다. 제조업 생산 비중이 줄지 않는데 고용 비중은 줄어들었던 데서 그 힌트를 얻을 수 있다. 이 시기는 기술혁신에 따라 이미 인터넷을 이용한 지식 전달이 쉬워졌고, 커뮤니케이션 비용이 낮아져 있는 상태였다. 따라서 우리는 선진국들이 갖고 있던 지식을 손쉽게 전수받을 수 있었다.

선진국에서는 제조업 자체가 개발도상국으로 옮겨가는 중이었다. 우리는 그런 산업들의 자리를 밀고 들어가 채울 수 있었다. 반도체가 그랬고, 자동차가 그랬고, 스마트폰이 그랬다. '대분기' 국면에서 선진국들이 그랬던 것처럼 클러스터를 이룬 뒤 줄어든 물류 비용을 활용해 수출 대국이 됐고, '거대한 수렴' 국면에서 개발도상국들이 그랬던 것처럼 지식을 빠르게 흡수해 산업의 고부가가치화를 이뤘다. 그래서 우리는 '가장 고부가가치화된 개발도상국 경제' 또는 '가장 값싸고 효율적인 선진국 경제'를 갖게 됐다. 선진국 중 가장 빠른 1인당 국민소득 성장률이 이를 입증한다.

산업용 로봇 이용 방식은 상징적이다. 한국 산업은 로봇을 엄청나게 늘렸다. 그런데 대부분 저숙련 기술 로봇이었다. 과거 선진국이 아웃소싱했던 것을 한국은 로봇에게 인소싱했다. 수출 제조업 대기업의 부가가치는 높아졌고 노동자들의 임금과 처우도 나아졌다.

한때 우리는 '샌드위치 위기론'에 시달렸다. 고부가가치화에 성공한 미국이나 일본 같은 선진국 경제가 위에서 버티고, 값싼 인건비 위주로 경쟁력을 높이고 있는 중국 경제가 아래에서 치고 올라오면 중간에 있는 한국 경제는 설 자리가 없다는 이야기였다. 그런데 '미국 일본과 중국 사이에서 샌드위치 신세가 됐다'는 논리는 역설적으로 미국과 일본보다 값싼, 중국보다 고부가가치화한 산업을 가진 나라라는 장점을 표현한 셈이었다. 결과를 놓고 보면, 샌드위치 신세는 단점이 아니라 장점이었다. '샌드위치 프리미엄'을 등에 업고 우리 기업들은 막대한 부를 빨아들였다. 그렇게 만들어낸 부가 1인당 국민소득을 20년 사이 세 배로 밀어올렸다.

이런 소득 상승의 혜택을 본 사람들은 과거와는 질적으로 다른 삶을 살게 되었다. 주기적으로 가족을 동반해 해외여행을 다녔다. 거주지가 어디든 간에 서울 강남 지역의 학원에 자녀를 보낼 수 있었다. 자녀들은 서울에 있는 대학에 보내거나 유학을 보내는 게 표준이었다.

가장 빠르게 소득이 높아진 사람들은 수출 제조업 대기업의 정규직 노동자들이었다. 조선업의 도시 경남 거제시를 보자. 조선산업 활황기 당시 거제시의 생산직 정규직 평균 연 소득은 7000만 원 이상이었다. 조금 승진해 반장이 되면 1억 원의 연봉을 벌어들일 수 있었다. 물론 잔업과 특근 등 오랜 시간 일하고 받는 보수였지만, 2000년대 초반과 견주면 상전벽해와 같았다.

지역 경제 규모를 나타내는 지역내총생산GRDP도 가파르게 커졌다. 2000년 3조 7000억 원 규모이던 지역내총생산은 2013년 11조 원을 돌파한다. 거리에는 '삼성', '대우', '현대' 마크가 달린 작업복을 입은 사람들로 넘쳐났다.

이들은 한국 사회에서 자산 축적의 상징인 아파트를 사들이기 시작했다. 거제시의 아파트 값은 2000년대 초반 이후 급상승했다. 조선업 전성기이던 2013년께의 거제시 아파트값은 그 7년쯤 전에 견주면 두 배가 됐다. 아파트는 우리 사회에서 상류층과 중산층의 주요한 자산 축적 방식이었다. 조선소의 노동자들은 거기까지 뛰어들 만큼 여유가 생겼다. 상속받은 재산도 없고 학벌이 없어도 계층 상승이 가능했다고 할 수 있다.

탈산업화의 문턱 앞에서

그런데 우리 경제가 누리던 두 가지 이점은 빠르게 사라지고 있다. 우리 기업이 가진 지식은 후발주자들에게 빠르게 넘어간다. 중국 기업들의 무서운 성장이 이를 보여준다. 선진국과 비교해 가졌던 상대적 가격 경쟁력은 사라지고 있다. 한국인의 소비 수준은 이제 미국, 일본, 유럽에 못지 않다. 결국 우리에게도 선진국들이 겪고 있는 문제를 같이 겪어야 하는 '거대한 수렴'의 시간이 온 것이다.

미국도, 영국도, 스페인도, 스웨덴도, 탈산업화의 길을 피해갈 수 없었다. 한때 조선업이 번성했던 스웨덴 말뫼는 마지막 대형 크레인을 단돈 1달러에 한국에 넘기고 조선소 문을 닫았다. 스페인 바스크 주의 주도인 빌바오는 철강산업 중심지에다 대형 조선소가 자리잡은 곳으로 지역의 경제 중심지였지만, 철강산업은 경쟁력을 잃고 조선소는 문을 닫았다. 미국의 자동차 3사가 모두 공장을 지어두고 자웅을 겨루던 미시간과 오하이오 지역은 공장 문을 줄줄이 닫으면서 녹슨 공장이 줄지어 있는 지역이라는 의미로 '러스트 벨트rust belt'라 불린다. 산업혁명이 시작됐던 영국에서는 사실상 제조업이 사라져 버렸다.

우리도 조선업에 이어 자동차, 철강, 석유화학 부문이 인건비가 더 싸고 환경보호에 덜 민감한 곳으로 공장을 옮기라는 압력을 받을 가능성이 높다. 그동안 탈산업화 흐름을 지연시켜 놓았으니, 그속도는 선진국이 겪었던 것보다 더 빠를 수도 있다. 우리에게도 거대한 수렴의 시간이 오고 있다. 중국 중산층과 우리 사회 보통 사람들 사이의 격차는 점점 줄어들 가능성이 높다.

탈산업화의 문제는 산업의 문제에 그치지 않는다. 고용 위기도 함께 나타나면서 사람들의 삶을 궁지에 몰아넣는다. 그런 흐름은 이미 시작되고 있다.

경남 통영은 그런 흐름이 나타나는 대표적 지역이다.

표6-1 통영시 조선업 종사자 고용보험 가입 추이(매년 6월 기준, 단위: 명)

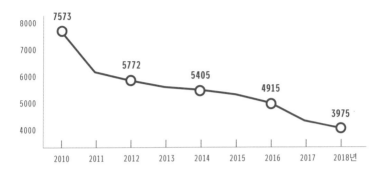

자료: 한국노동연구원[26]

통영의 조선업 종사자는 몇 년 사이 4분의 1로 줄었다. 한국노동연구원 자료[27]를 보면, 2010년 6월 당시 고용보험에 가입하고 있던 통영시의 조선업 종사자 7573명 중 2018년 8월까지 고용보험을 유지한 사람은 3975명에 불과했다. 그나마 이 중 조선업에 여전히 종사하는 사람은 1902명, 8년 전 조선업 가입자의 25퍼센트뿐이었다. 조선업 피보험자 수는 2014~2015년 완만하게 감소하다 2016~2017년 급감했다. 특히 소득이 높은 축에 속하던 중장년층의 타격이 컸다. 2018년 기준 38~47세(1971~1980년생)의 고용보험 이탈률은 45.2퍼센트였고, 48~57세(1961~1970년생)의 고용보험 이탈률은 60퍼센트였다.

보통 사람들에게 이직과 해고는 일상이다. 그러나 수출을 주로 하는 제조업 대기업은 달랐다. 놀라울 정도로 성장만 거듭하던 영역이다. 게다가 평생고용이라는 개념이 통용되는 직장이었다. 2012년 전까지는 그랬다.

1000명 이상 일하는 대공장을 기준으로 보자. 2012년 이후 확실하게 대기업 고용에 타격이 왔다는 사실을 알 수 있다. 통영의 1000인 이상 제조업 사업장의 평균 종사자 수는 정점이던 2011년 2500명이었는데, 2017년에 절반으로 줄어 1200명대가 됐다. 거제의 1000인 이상 제조업 사업장의 종사자는 같은 기간 20퍼센트 줄었다. 군산에서는 10퍼센트가 줄었다. 울산 동구에서는 정점이던 2014년 이후 3년 만에 30퍼센트가 줄었다. 그 사이에 많은 조선소들이 문을 닫거나 구조조정에 돌입했고, 한국GM은 군산 공장 문을 닫았다.

만일 한국의 제조업 탈산업화가 본격적으로 일어난다면, 그 형태는 단순 작업만 개발도상국으로 보내는 과거의 방식과는 꽤 다를 것이다. 이미 기술 변화로 의사소통 비용이 줄어들고 지식 노동 외주화가 가능해졌기 때문이다. 저임금 노동이 있는 곳을 찾아 공장을 옮기지만, 그들의 손발만 빌리는 게 아니라 두뇌도 빌리게 된다는 이야기다. 그래야 충분히 효율적으로 생산할 수 있기 때문이다.

우리가 미국에 있던 자동차 공장, 유럽과 일본에 있던 조선소를 운영하며 그들이 가졌던 생산 노하우를 거의 완벽하게 흡수하고 더 나은 방식을 개발할 수 있었던 것처럼 중국과 베트남, 인도네시아도 빠른 시일 안에 그럴 수 있다는 것이다. 우리가 압축 성장한 것처럼 인도와 방글라데시도 압축 성장할 수 있다는 것이다. 압축의 밀도는 과거보다 더 높아질 가능성이 크다. 현재 상황은 지식과 기술을 설계도에 써 놓고 금고에 모신 뒤 잠가둘 수 있던 과거와 다르다. 지식은 이제 독점할 수도 없고 그것의 이전을 막을 수도 없다. 그 속도와 폭은 이전과는 비교조차 할 수 없을 정도로 빠르고 클 것이다.

보통 사람들의 위기

왜 제조업을 계속 이야기하는가? 이곳의 일자리야말로 한국에서 '보통 사람'이 적정한 노력을 통해 가질 수 있으면서도 중산층 이상의 삶을 누릴 수 있는 소득을 보장하던 것이었기 때문이다.

경남 거제의 조선소와 노동자들의 삶에 대해 꼼꼼히 분석한《중공업 가족의 유토피아》에서 저자 양승훈 경남대 교수는 이렇게 썼다. "명문대를 나오지 않아도, 심지어는 대학을 나오지 않아도 땀 흘리며 성실하게 일하면 높은 수준의 임금을 받을 수 있는 직장들이 있었고 지금도 있다. (…) 조선소가 그렇다." 거제에서, 통영에서, 군산에서 문을 닫은 조선소들은 배만 만드는 곳이 아니었다. 성실한 보통 사람들의 꿈도 만드는 곳이었다.

우리 사회 보통 사람들은 누구일까. '인서울' 대학을 다니는 건 아니지만 즐겁게 동아리 활동을 하며 전공 분야를 열심히 따라가고 있는 대학생이다. 대기업이나 공기업에 합격할 정도로 입사 준비를 하지는 못했지만, 관심 분야에 취업도 하고 공부도 하며 여러 해 동안 지식을 쌓은 숙련된 직장인과 자영업자들이다. 부모에게서 부동산을 물려받지는 않았지만, 알뜰히 아끼며 작게는 몇 천만 원에서 운이 좋다면 몇 억 원까지 모아 전세금으로 넣어둔 사람들이다.

1980년대 후반 이후 이들에게는 새로운 꿈이 생겼다. 대기업 노동자가 되어 높은 임금을 받고 가족을 꾸리겠다는 꿈이다. 원청이 아니라 하청으로라도 들어가면 적정한 삶을 살아갈 수 있었다. 고졸 취업준비생도, 토익 500점대의 지방대 공대생도 가질 수 있는 꿈이었다. 좁게는 조선업에서, 크게는 제조업에서 생겨난 기회였다.

이들 기업 대부분이 그 뒤 '샌드위치 프리미엄'을 누렸다. 또한 이들 기업 중 상당수에는 1987~1989년 노동운동의 성과에 힘입어 한국 사회에서 드물게 강력한 노동조합이 있다. 노동조합을 중심으로 꾸준히 단체 임금 협상을 해 온 결과로 제조업 대기업 노동자들은 한국 사회에서 두드러지게 높은 수준의 임금(표6-2)과 직원 복지를 누리게 됐다. 특히 지방 소도시에서 제조업 대기업은 대체로 그 지역 내에서 비교 대상이 없을 만큼 독보적으로 높은 고용 안정성과 고임금을 갖춘 일자리다. 그중에서도 정규직 노동자들은 지역의 중산층을 형성한다. 이런 일자리가 흔들리니, 이는 그 기업에 고용된 개인의 문제나 그 기업의 문제에 그치지 않고, 사회문제가 될 수밖에 없다.

이런 일자리를 가진 사람들이 가졌던 꿈이 있다. '보통 사람이 노력해서 중산층 이상의 삶을 산다'는 꿈이었다. 잘나가는 제조업 대

표6-2   전체 취업자 중위임금 대비 산업별 임금 수준(단위: %)

가운데 100퍼센트를 중위 임금으로 봤을 때, 중위 임금과 비교해서 가장 임금 수준이 낮은 사람들은
숙박 및 음식점업 종사자들이며, 제조업 종사자들은 중위 임금 이상을 받고 있음을 확인할 수 있다.

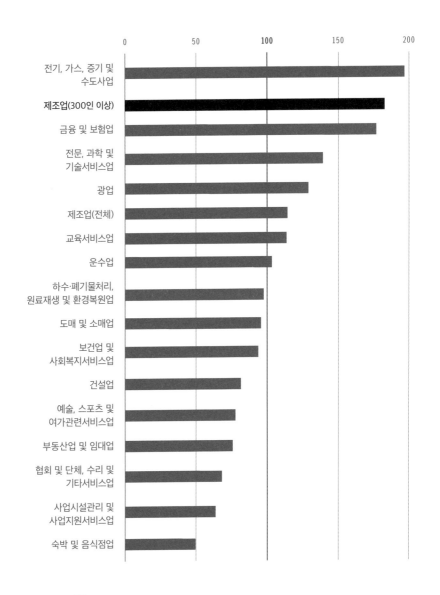

자료: LAB2050[28]

기업 노동자들은 4인 가족을 꾸릴 수 있는 여유를 얻었다. 2000년 안팎의 조선업 호황은 특히 조선 산업 노동자들, 특히 '직영(대기업 정규직)'들에게 그럴 기회를 줬다. 다른 어느 곳에서도 얻을 수 없는 '보통 사람'들의 해방구였다. 지역 토박이들이 적당히 공부하고 적당히 기술을 익혀 이곳에 취업하면 수십 년 일하며 적당한 삶, 그 시대 한국에서 정상적이라고 인정해주는 삶을 살 수 있었다. 그동안은 SKY도 공기업도 그리 부럽지 않았다.

한국 경제는 성공적으로 제조업 노동자의 중산층화를 달성했다. 원청과 하청 사이, 정규직과 비정규직 사이 차이가 있지만 그래도 규모가 큰 제조업 기업에서 일하는 노동자들의 임금은 높은 편이다.

상위 10퍼센트 집단에 드느냐 아니냐는 '4인 가족을 꾸릴 수 있는 여유'라는 관점에서는 치명적 분기점이다. 2019년 물가로 환산하면 한국 성인 중 소득 상위 10퍼센트에 들려면 연간 5500만 원 이상을 벌어야 한다. 그런데 4인 가족 중위 소득이 꼭 5500만 원선이다. 혼자 벌어서 4인 가족을 부양하는 보통 사람의 삶은, 소득 상위 10퍼센트에게만 허락되는 특권이다. 이러한 임금 수준은 점점 더 다가서기 어려운 꿈이 되어가고 있다.

제조업 고용 문제는 그런 보통 사람의 꿈이 무너지는 문제다. 그나마 많지 않던, 지방에서 살던 평범한 사람도 노력만 하면 버젓이 인정받는 삶을 살 수 있는 통로가 사라진다는 문제다. 조선소만의 일이 아니기에 문제가 더 크다. 제조업 고용은 계속 줄고 있다. 사회복지 일자리 등 서비스 부문 고용이 그 자리를 채운다. 그런데 300인 이상 제조업 사업장의 평균 임금은 보건·사회복지 부문의 두 배다. 사회복지 부문에도 서비스 부문 전체에도, 샌드위치 프리미엄도 강력한 노동조합도 없다. 열악한 일자리 상황이 호전될 기미가 보이지 않는다.

우리만의 문제가 아니다. 이 문제는 다른 나라에서도 심각하게 커지고 있다. OECD가 2018년 내놓은 보고서를 보면 대부분 국가에서 중숙련 일자리가 빠르게 줄어들었다. 기술 변화와 자동화는 고숙련이나 저숙련 일자리보다, 공장에서 적당한 정도의 기술을 익혀 일하던 중숙련 일자리를 더 빠르게 퇴출시킨다. 주로 선진국에서 중간 정도의 학력으로 3~4인 가구를 부양하던 사람들이 종사하던 일자리다. 거대한 수렴 국면에서 개발도상국 노동자들은 중산층으로 발돋움하며 선진국의 중숙련 노동자들과 경쟁하게 된다. 결과적으로 어느 선진국에서나 보통 사람이 가질 수 있던 중산층 가구의 삶이 사라지고 있는 것이다. 단기적 불황이 가져온 문제가 아니다. 장기적 흐름이다.

제조업에서의 고용 위기는 한편으로는 산업의 위기이지만, 한편으로는 고용의 전환 과정에서 벌어진 일이기도 하다. 세계 타이어 산업은 계속 무인화의 길을 걷고 있다. 인건비 문제 때문이기도 하지만 안전 문제 때문이기도 하다. 금산, 곡성, 대전에 타이어 공장이 있다. 금산은 2018년 LAB2050이 발표한 〈우리 지역 고용 위기 시그널〉에서 고용 위기가 가장 클 수 있는 지역으로 꼽히기도 했다. 자동차는 전기차 등이 개발되면서 내연기관이 퇴장하는 급변과정을 겪고 있으며, 관련 산업에서 노동의 대대적인 재편이 예고되어 있다. 다른 산업들도 산업 자체의 흥망성쇠와는 독립적으로,

표6-3 OECD 국가들의 숙련도별 일자리 증감 비율(단위: %)

국가를 막론하고 저숙련·고숙련 노동자들의 일자리는 증가하는 반면, 중숙련 일자리는 감소하고 있다.

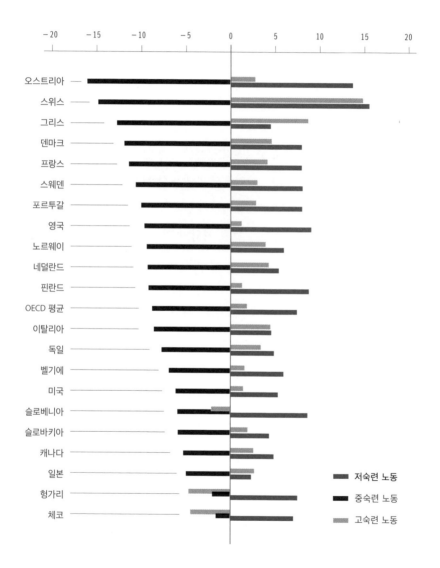

노동의 변화와 고용 구조 재편이 진행되는 중이다.

그나마 가졌던 계층 상승과 소득 안정이라는 한 가닥 희망이 사라진 지금, 보통 사람에게 대안은 없다. 제조업 대기업에는 이제 자리가 없다. 중소기업에 가려니 불안하다. 그러다 보니 대부분 서비스업으로 가는데, 가뜩이나 처우가 열악한 이 영역마저 자동화로 더 불안해지고 있다. 프리랜서로, 독립 노동자로 살자니 보호받지 못한다. 소상공인 자영업자들은 바닥을 모르고 추락 중이다. 사회적 경제에 기대를 걸어봤지만 성장 속도가 느리다. 설 자리가 없다.

재산업화 또는 전환

산업에서 대안을 마련하는 방법이 있다. 인기 있는 길은 재산업화다. 기업을 지원해 어떻게든 다시 살리고, 개발도상국에 나가버린 공장을 유턴시켜 돌아오도록 하는 것이다.

쉽지 않은 일이다. 제조업 대기업을 나가지 않게 하거나 다시 돌아오게 한다는 일 자체가 어렵다. 게다가 국가가 발벗고 나서 산업을 살리는 데까지는 성공한다고 해도, 안정적 고용까지 늘어날 가능성은 높지 않다.

도널드 트럼프 미국 대통령은 중국이 빼앗아간 일자리를 러스트 벨트로 다시 돌아오도록 만들겠다고 외치면서 인기를 얻어 대통령이 됐다. 취임 뒤 그는 중국을 포함한 세계 각국과 무역 전쟁을 벌이고 법인세를 낮추면서 외국 기업이 미국에 공장을 세우도록 요청했다. 최전선에 서서 당근과 채찍을 휘두르며 투자 유치에 나섰다. 그러나 공장이 들어선다고 반드시 과거와 같은 안정적 일자리가 늘어나는 것은 아니다.

중국 푸야오유리 모레인 공장의 예를 들어 보자. GM의 자동차 공장이 운영되던 미국 오하이오 주 모레인에는 2014년부터 푸야오 유리가 세운 세계 최대 자동차 유리 공장이 운영되고 있다. 그런데 이 공장은 세계에서 가장 자동화된 자동차 유리 공장이기도 하다. 푸야오 본사에서는 2만 명의 노동자가 500대의 로봇을 두고 일한다.[30] 노동자 2천 명이 일하는 모레인 공장에서는 400대의 로봇을 두고 운영한다는 계획을 세웠다.[31] 본사 기준 8배 높은 수준의 자동화를 하겠다는 계획이다.

모레인에 있던 GM의 자동차 공장에서 과거에 일하던 노동자는 시간당 30달러의 임금을 받았다.[32] 지금 푸야오 유리 공장에서 일하는 노동자는 시간당 14달러를 받는다. 숙련된 노동이 필요하기는 하지만 그 숫자가 많지는 않고, 미숙련 노동은 과거처럼 많은 보상을 해줄 필요가 없는 것이다. 이런 상황이니 기계가 더 들어와 생산성이 높아질 때마다 고용은 줄어들게 되어 있다. 많이 고용하지도 않을뿐더러 그나마 남은 일자리도 안정적이지 않다.

독일은 '산업 4.0'이라는 슬로건을 내걸고 자동화 기술을 대거 받아들이면서 노동시간을 단축하는 등의 변화를 꾀하며 제조업 강국의 지위를 지켜가려 노력 중이다. 그 대표적인 노력은 스마트 공장이다. 아디다스의 예시를 보자. 아디다스는 개발도상국에 나가 있는 공장을 줄이고 독일에 스마트 공장을 만들어 운영하면서 독일

내 고용을 늘리겠다고 발표했다. 그러나 들어보면 개발도상국에서 수백 명이 할 일에 독일 공장에서는 단 몇 명의 관리자만을 투입하겠다는 계획이다.

한국 정부는 2010년대 초반부터 위기에 시달리고 있는 조선 산업에 끊임없이 공적 자금을 투입하며 반전의 때를 기다리고 있다. 또 2022년까지 3만 개의 스마트 공장을 구축하겠다는 계획을 세워 두고 있다. 쇠퇴하고 있는 산업단지의 중소기업들에 자동화 기술을 보급해 생산성을 높이고 새로운 고숙련 일자리를 만들겠다는 계획이다. 제조업 고용 위기가 일어난 지역에 다시 제조업 일자리 창출 대안을 제시한 것이다.

그런데 스마트 공장은 본질적으로 고용을 줄이게 되어 있다. 제품 생산 기술 향상보다는 공정 기술 혁신이 핵심이기 때문에 그렇다. 기본 방향 자체가 사람의 손을 덜 타면서 생산이 이루어지도록 만드는 것이다. 물론 시간이 오래 지나면 스마트 기술로 기업 경쟁력이 더 강해지고 그에 따라 매출이 크게 늘면서 고용을 늘릴 수는 있다. 새로운 형태의 기계를 만들고 관리하고 보수하는 고숙련 일자리도 늘어날 수 있다. 그런데 이런 일은 한두 해 만에 일어날 수 없다. 여러 해가 지난 뒤에 일어날 일이다. 당장 탈산업화로 사라지는 안정적 일자리들을 메우기에는 역부족이다. 산업을 되살리겠다는 해법이 과거처럼 안정적 제조업 일자리를 보장하는 결과를 가져올 가능성은 낮아 보인다.

제조업 고용 위기에 대응해 엇비슷한 제조업을 되살리려 애쓰는 대신, 산업과 지역을 대대적으로 전환하는 전략도 있다. 스웨덴 말뢰는 조선업이 몰락했지만, 그 뒤 친환경 도시로 탈바꿈했고 바이오 및 게임 벤처기업들이 번성한 신산업의 메카로 전환했다. 스페인 빌바오는 구겐하임 미술관을 유치하고 문화예술과 건축의 도시로 변신을 시도하고 있다.

조선업 도시가 바이오와 게임 산업의 도시로 변신할 정도의 전환을 해내려면, 상당수의 기존 기업이 떠나고 아주 새로운 산업과 기업과 문화가 지역에 들어와야 한다. 사람이 대거 바뀌는 정도의 변화다. 사회 구조에 따라 엄청난 고통이 따를 수도 있다.

이 과정에서 새로운 구조가 자리를 잡는다 해도 지금 공장에서 밀려나는 보통 사람들, 그 중간 일자리의 노동자들이 새로운 벤처기업의 주인공이 될 수 있을까? 50대의 대공장 노동자가 급여가 훨씬 낮고 숙련도는 훨씬 높은 신산업에 뛰어들 수 있을까? 문화예술 부문에 진입할 수 있을까? 가능하다면 시간은 얼마나 걸릴까? 그 시간을 들여 준비할 능력과 여유가 있는 사람은 얼마나 될까?

만만한 일이 아니다. 노동자 개인에게 전환할 의지가 있어야 하고, 그럴 능력도 있어야 하며, 전환에 필요한 지식을 적극적으로 학습할 기회도 가져야 가능하다. 신산업으로 뛰어들기까지는 못하더라도, 사회복지나 서비스 산업 등 새로운 부문에서 일을 할 능력과 의지가 있어야 한다. 이를 도울 수 있는 교육·훈련 과정과 정보도 제공되어야 한다. 짧게는 직업훈련이지만, 길게는 평생 학습 체계가 자리잡고 있어야 한다. 이직자를 바라보는 사회의 시선도 지금보다 훨씬 따뜻하고 유연해져야 한다.

그렇지만 무엇보다 가장 중요한 것은 경제적 여유다. 전환의 기간, 준비할 시간이 있어야 하고, 기간이 1년이든 2년이든 더 긴 시간이든 그동안 생계를 유지할 수 있는 소득이 필수적이다. 부양자라면 더욱 그렇다. 생계 불안이 덜한 상태여야 새로운 일에 대한 학습에도 뛰어들 수 있다. 직장을 다니다 그만둘 때 부담이 덜해야 새로운 일을 두려워하지 않고 시도해볼 수 있게 된다. 특히 전환기의 소득이 불안정해지면 전환에 대한 저항은 더 커질 것이다. 당장 누리는 작은 안정성이라도 지키려는 힘이 세질 것이다. 그럴수록 우리 사회의 구조적 전환 자체가 어려워질 것이다.

제조업 고용이 쇠퇴하는 시기, 구조적 전환으로 가는 징검다리가 필요하다. 안정적인 소득 보장은 그 징검다리에 꼭 필요한 첫 번째 돌이다.

7장

로봇은 정말 일자리를 없애고 있을까

미래 어느 날, 자동차가 독립을 선언한다고 생각해 보자. 나는 자동차를 타고 저녁 약속 장소에 가려 한다. 스마트폰 앱으로 자동차를 부른다. 자율주행차가 스스로 달려서 내 앞으로 온다. 내가 미리 지정해 둔 장소까지 나를 태우고 이동한다. 요금 정산을 카드로 하고 나면 내릴 수 있다. 나는 내려서 목적지인 식당으로 이동한다. 여기까지는 내 관점에서 자동차의 움직임을 정리한 것이다.

자율주행차 입장에서 이 상황을 다시 정리해 보면 어떻게 될까? 집에서 저녁 약속 장소로 가겠다는 콜이 들어온다. 받아야 할지 말아야 할지 결정해야 한다. 알고리즘은 합리적 판단을 위한 데이터를 모은다. 현재 있는 곳에서 그 집까지 가서 저녁 약속 장소로 가면 요금이 1만 원가량 나올 것으로 추산된다. 이동 거리도 대략 계산이 가능하다. 현재 시내 교통 상황을 체크해 보니 기름을 어느 정도 쓸지, 기름값이 얼마나 나올지도 판단이 선다. 과거 데이터를 보니 이 시간 이 장소에서 이보다 나은 콜이 들어올 확률은 30퍼센트 가량밖에 되지 않는다. 종합적으로 판단해 이 콜을 받기로 한다.

　손님을 모셔다 드리고 나서 주유를 하러 간다. 주유소에 가서 기름을 넣는 데 사람은 필요 없다. 자동차 고유의 전자지갑에서 주유소의 전자지갑으로 가상화폐를 이동시키면 된다. 주유를 마쳤다. 이제 밤이다. 낮보다 콜이 드문드문 들어온다. 시내 중심부에서 외곽으로 이동하는 콜이 많다. 지금 다시 운행해야 하는지, 아니면 좀 쉬고 정비하다가 나가야 하는지 계산을 시작한다. 지금은 정비하고 쉬는 게 낫다는 판단이 선다. 정비소로 가서 예약해 둔 엔진오일 교체와 워셔액 보충 서비스를 받는다. 그리고 장기주차장으로 이동한다. 미리 계약해 둔 곳이다. 그곳에서 밤에는 쉬면서 근처의 콜 상황을 체크한다. 그 데이터를 근거로 이후 운행의 최적 경로 가설을 세워 둔다. 콜에 바로바로 대처하기 위해서다.

　손님에게서 돈을 받는 일, 그 돈을 주유나 주차나 정비를 위해 지출하는 일 모두 은행 계좌가 필요 없다. 은행 계좌는 사람이어야 개설할 수 있지만, 블록체인을 기반으로 하는 화폐 거래의 주체는 꼭 사람일 필요는 없다. 돈을 주고받을 수 있다는 신뢰만 있으면 된다. 그 신뢰는 중앙집권적 은행 대신 분권화된 블록체인 시스템이 준다. 따라서 블록체인을 활용해 자동차 명의로 거래를 진행한다. 다행히 계산이 잘 맞아떨어져 계좌가 넉넉하다. 조금 더 모으면 자동차를 한 대 살 수 있겠다. 새끼 자율주행차다. 그러면 나는 사장이 되고, 새 차는 직원이 되는 것일까? 우리는 가족이 되는 것일까? 애매하다.

미래 어느 시점에 자율주행차가 일반화된다면 불가능한 이야기가 아니다. 이미 우버 같은 차량 공유 사업자나 자동차 생산업체들까지도 상상하고 있는 미래다. 자율주행차, 사물인터넷, 블록체인 기술 등이 융합되면 가능한 이야기다. 물론 제도가 뒷받침되어야 하겠지만 기술적으로는 불가능할 것은 없다. 소비자는 정말 편리할 것이다. 운전하기 어렵고 대중교통 이용도 어려운 노약자나 장애인들에게는 그야말로 희소식이다. 그런데 걱정거리가 하나 있다.

이 자율주행차는 사람 일자리 몇 개를 없앴을까? 우선 택시기사 일자리를 없앴다. 자동차 정비공도 사라졌을지 모른다. 주유소와 주차장에 있을 법한 일자리도 없어졌겠다. 더 큰 것들도 있다. 은행이 사라졌거나 크게 축소됐을 수도 있다. 결제를 중개기관 없이 할 수 있다니 말이다. 신용카드도 계속 남아 있을지 어떨지 모르겠다.

자동차 산업은 어떨까? OECD 국제교통포럼에서 2015년 진행했던 연구[33]를 보자. 포럼은 도시교통 시스템을 모두 자율주행차 겸 차량 공유 시스템으로 운영하면 어떻게 되는지 시뮬레이션을 했다. 자가용은 사라지고, 철도와 같은 대규모 수송은 지금처럼 존재하나 버스나 택시는 사라진 상태를 가정했다. 포르투갈 리스본의 실제 교통 데이터를 가지고 연구를 진행했다.

결론은 충격적이다. 24시간 전체를 놓고 볼 때, 차량 대수는 현재의 10분의 1만 있으면 현재의 이동량을 모두 감당할 수 있게 된다. 거리에 주차는 전혀 하지 않아도 된다. 가장 차량 통행이 많은 출퇴근 시간을 기준으로 분석해도, 차량은 현재의 3분의 1만 있으면 된다.

그렇다면 더 이상 자동차를 지금처럼 많이 만들 필요도, 많이 팔 필요도, 많이 고칠 필요도, 이만큼 많이 보험을 들 필요도 없어진다. 자동차를 만들고, 팔고, 고치고, 보험에 가입시키는 것은 모두 각각 거대한 산업이다. 이 각각의 산업에서 일자리가 모두 10분의 1로 줄어든다면? 차량이 줄어드니 미세먼지와 매연도 줄고 환경에도 좋을 테고, 주차를 하지 않아도 되니 도시의 토지 이용을 훨씬 더 쾌적하고 효율적으로 할 수 있을 테고, 도로도 매우 한적해질 테니 모두에게 좋을 것도 같다. 그러나 일자리는 분명하게 줄어들 것이다.

물론 자율주행차라니, 너무나 먼 미래의 이야기처럼 들린다. 당분간은 걱정하지 말고 일자리를 잘 구해 살아가면 되고 미래의 일은 다음 세대에 맡기면 될 것 같기도 하다. 하지만 정말 그럴까?

뉴스 편집자와 경비원

2019년 4월 4일, 포털사이트 네이버는 뉴스 섹션에서 내부 편집자가 하던 큐레이션 기능을 없애는 개편을 단행했다. 네이버 자체 뉴스는 인공지능이 알고리즘에 기반해 자동 추천하는 편집 방식으로 바뀌었다. 사용자 개개인이 그동안 어떤 뉴스를 주로 봤느냐에 따라 각각 다른 뉴스를 보게 되는 것이다. 사람이 편집할 필요가 없어졌다. 인공지능이 그 자리를 메우게 되었으니 말이다. 인공지능은 사람 편집자가 할 수 없던 개인화 서비스까지 제공하게 됐다(언론사가 직접 편집하는 섹션은 언론사에서 사람이 편집해 보낸 그대로 싣는다).

인공지능 추천 알고리즘 '에어스'는 이미 2017년 2월부터 도입되어 시험 운영되고 있었는데, 도입 후 이용자당 기사 소비량이 30퍼센트가량 증가했다. 성과가 나니 전면 도입하게 된 것이다. 네이버 뉴스 큐레이션 팀의 내부 편집자들은 다른 서비스 운영 부서로 옮겨갔다. 사내 게시판에는 뉴스 편집을 하던 직원들이 이제 다른 커리어를 찾아가야 한다는 아쉬움을 담은 인사 글이 올라왔다. 인공지능은 이렇게 사람이 하던 일을 대신하게 되었고, 사람이 수행해야 하는 업무가 줄어들었다. 포털사이트처럼 인터넷이나 소프트웨어를 다루는 곳만 이런 일을 겪게 되는 걸까? 그렇지 않다.

예를 들면 가장 오랜 산업 중 하나인 농업을 보자. 사과 농장에도 인공지능 로봇이 등장하고 있다. 2019년 3월, 뉴질랜드의 한 과수원에는 사과 따는 로봇이 등장했다. 뉴질랜드 최대 식품기업 중 하나인 T&G 글로벌과 미국 기업 어번던트 로보틱스가 협력해 개발한 로봇이다.

농업은 20세기에 엄청난 자동화와 생산성 향상이 이미 이뤄진 영역이다. 1900년 미국 노동인구의 41퍼센트가 농업에 종사했다.[34] 그러나 2019년에는 1퍼센트만 종사하고 있다. 한국의 농민 인구 비율은 1980년에 인구의 30퍼센트에 육박하다가, 2018년에는 5퍼센트로 내려앉았다.

이렇게 엄청난 기계화가 진행되는 가운데에도, 끝까지 기계로 대체하기 어렵던 영역이 있었다. 그중 하나가 사과 따기였다. 잘 익은 사과를 찾아 흠집내지 않고 따는 작업은 높은 숙련도가 요구된다. 게다가 힘들고 까다롭다. 그러나 사과 값을 무한정 높이기는 어려우니 그 일을 하는 사람들에게 높은 임금을 지급하기는 어렵다.

그러니 선진국의 사과 농장은 늘 인력난을 겪는다. 많은 사과가 수확기 이후에도 나무에 그대로 남아 있었다.

이 로봇은 기계화가 어려웠던 그 마지막 일을 대체한다. 레이저로 물체를 식별하고, 머신 비전 시스템으로 사과가 익었는지 여부를 가려낸다. 인공지능 기술을 적용한 것이다. 그리고는 진공 흡착 방식으로 사과를 따낸다.

뉴질랜드는 너무 멀고, 인공지능 로봇은 너무 앞선 기술이라는 생각이 드는가? 그렇다면, 다시 고개를 돌려 우리 동네 아파트 경비원들을 보자.

서울 시내 아파트 경비원들이 하는 일 중 '경비' 업무는 전체 노동시간의 20퍼센트밖에 되지 않는다. 서울시에서 아파트 경비원들을 대상으로 조사한 결과다. 이것은 사실 놀라운 일이다. 경비원은 노동법상 '감시·단속' 업무를 하는 것으로 지정되어 있는 직업이다. 감시하거나 단속하는 일이 주 업무라는 전제 아래, 휴식 시간이나 야근 수당 등이 일반 노동자들과는 다르게 정해져 있다. 그런데 이분들이 실제 하는 일 중 감시나 단속은 매우 적다. 아니, 적어졌다. 무인경비시스템 도입 때문이다.

경비원이 앉아서 지켜야 했던 아파트 입구는 이제 인터폰을 통해 집주인이 문을 열어주지 않으면 들어갈 수 없는 디지털 보안 시스템으로 바뀌었다. 늘 순찰을 돌며 확인해야 했던 주차장과 각 동입구는 이제 CCTV로 경비실에 앉아서 확인할 수 있게 됐다. 과거에는 자동차가 아파트에 들어가려면 일일이 경비원의 확인을 받아야 했지만, 이제는 차량 번호판을 자동 인식해 문을 열어주는 시스템으로 바뀌었다. 이렇게 경비원의 일은 하나둘씩 줄어갔다.

그래서 지금 경비원들은 일하는 시간의 5분의 1만 경비에 투입하고 나머지는 택배물 관리, 주변 청소, 주차 관리, 분리수거 등에 사용한다. 자동화가 진행되던 시기 동안 전자상거래가 늘어 택배 업무 수요가 커지고 쓰레기 배출 관련 규제가 강화되면서 분리수거 업무가 더해지기도 했다. 그래서 경비 업무가 줄어든 만큼 다른 업무량이 늘어 그 차이가 어느 정도 상쇄되기도 했다.

다른 분야도 살펴보자. 마트에 자동 계산대가 점점 늘어나고 있다. 무인 편의점도 자리를 잡고 있다. 미국의 '아마존 고'는 스마트폰에 어플리케이션만 설치되어 있다면, 매장에서 물건을 집어 들고 그냥 나오면 자동으로 결제되는 편의점이다. 시카고, 뉴욕, 시애틀에 여러 점포가 이미 운영 중이다. 계산대에서 줄 서서 기다리는 시간은 아예 사라졌다.

그런데 계산원 일자리도 같이 사라졌다. 2018년 현재 한국에는 계산원이 39만 명 있다. 미국에는 340만 명이 있다. 자율주행차로 운전기사 일자리가 사라진다면, 택시 기사 27만 명, 셔틀버스 운전사 30여만 명이 일단 가장 먼저 영향을 받는다. 미국에는 트럭 운전사, 택시 기사, 버스 기사 등 운전 기사가 350만 명 있다.

그뿐 아니다. 인공지능은 변호사, 의사, 기자 일자리도 없앨지 모른다. 기자를 대신해 사실 관계만 입력하면 자동으로 기사를 써주는 로봇이 등장했다. 금융 기사와 스포츠 기사는 웬만한 기자만큼 잘 쓴다. 변호사 업무를 대신해주는 로봇도 등장했다. 로봇이 사람보다 법률과 판례를 더 많이 암기하고 있는 것은 물론이다. 의사 대신 로봇 팔이 수술을 하기도 한다. 인공지능이 암을 진단하기도 한다. 알파고가 이세돌을 이긴 세기의 대국은 2016년이었다. 그 2년 뒤, 알파고를 이길 수 있는 기사는 이제 없다. 이세돌이 알파고를 한 판이라도 이긴 마지막 인간이 될 가능성이 높다.

미국 MIT의 에릭 브린욜프슨 교수와 앤드루 맥아피 박사는 이 공포의 현실적 근거를 제시했다. 이들에 따르면 미국의 경우 1953년 이후 1999년까지는 생산성과 총 고용은 연평균 2.1퍼센트로 증가율이 같았다. 쉽게 말해 경제가 성장하면 일자리가 늘어났다는 이야기다. 더 좋은 기계를 사용해 사람이 직접 일한 시간 대비 산출량을 늘리면 결과적으로 일자리도 더 늘어났다는 뜻이다.

그런데 1999년 이후 이 패러다임이 바뀐다. 생산성은 똑같이 연평균 2.1퍼센트 늘어났지만, 일자리 증가율은 0.5퍼센트에 그쳤다. 생산성 향상만큼 일자리가 늘지 않는 상태가 되어버렸다. 21세기 들어 본격적으로 기술 발전과 일자리 증가 사이에 탈동조화가 진행되고, 결과적으로 기계와의 경쟁에서 인간이 패배한 모양새가 되고 말았다는 이야기로 이어진다.

LG경제연구원은 2018년 5월 〈인공지능에 의한 일자리 위험 진단〉이라는 제목의 보고서를 낸다. 전국 약 20만 가구를 표본으로 시행된 2017년 상반기 '지역별 고용 조사'를 기준으로 평가한 바에 따르면, 인공지능 발달에 따라 앞으로 대체 확률이 70퍼센트를 넘는 '고위험군' 일자리가 전체 취업자의 43퍼센트인 1136만 개에 이른다고 한다.

지금 존재하는 '업무'들 중 빠르게 사라지는 것들이 이미 눈에 보

표7-1 우리나라 자동화 위험별 취업자 현황

위험군 구분	대체확률	취업자 수(만 명)	취업자 비중
고위험	0.7 이상	1,136	43%
중위험	0.3~0.7 미만	1,036	39%
저위험	0.3 미만	486	18%

자료: 통계청, LG경제연구원

표7-2 직업별 자동화 위험군 비중(단위: %)　　저위험 ▨　중위험 ▨　고위험 ■

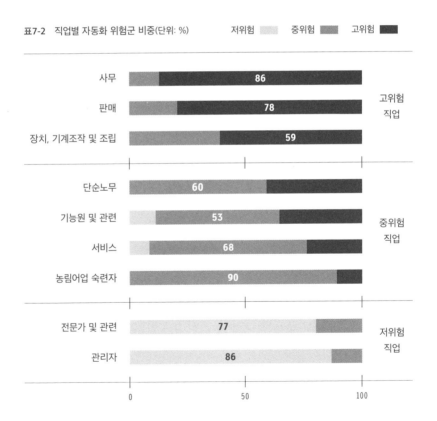

주: 숫자는 각 직업 중 비중이 가장 큰 위험군의 수치

자료: 통계청, LG경제연구원

인다. 다른 기술적 요인도 있지만, 앞으로 다가올 수십 년 동안은 특히 인공지능의 영향이 매우 클 전망이다.

관련된 전망은 속속 나오고 있다. 옥스퍼드 대학의 프레이와 오스본은 앞으로 20년 안에 미국 노동자의 47퍼센트가 자동화로 일자리를 잃을 것이라고 전망[35]했다. 글로벌 컨설팅회사 맥킨지도 비슷한 방법으로 45퍼센트의 일자리가 사라진다고 예측했다. 세계은행은 OECD 가입 국가 전체에서 일자리의 57퍼센트가 자동화의 영향으로 20년 안에 사라질 수 있다고 내다봤다.

이런 전망에는 반론이 있다. 사라지는 일자리도 있지만 새로 생겨나는 일자리도 많을 것이라는 논리다. 이 반론에서는 마차가 사라지고 자동차가 나타나면서 마부 일자리는 없어졌지만 자동차 산업에 더 높은 임금을 주는 일자리가 훨씬 더 많이 생겼다는 점을 예로 든다.

또 하나의 반론은, 사실 직업 하나하나를 들여다보면 기술이 완전히 대체할 수 있는 직업은 거의 없다는 점이다. 기술이 대체하는 것은 직업이 아니라 직무, 즉 특정한 일의 한 단위다. 예를 들어 로봇은 외과의사를 대신해 수술을 할 수 있다. 그러나 수술할 환자의 가족을 만나 가장 좋은 치료 방법이 무엇인지를 상담하고 설득하는 일은 대체하기 어렵다. 외상 환자를 주기적으로 안아 올려 자세를 바꿔주는 일은 로봇이 대체할 수 있을 것이다. 그러나 환자의 표정이나 눈짓을 보고 그에게 필요한 처치를 생각해내는 일은 오랫동안 로봇이 할 수 없는 일일 것이다.

게다가 사람의 역할을 완전히 사라지게 할 것 같은 기술은, 특히 사람의 지적 활동을 대체할 것 같은 인공지능은 아직 등장하기 전 아닌가? 너무 미리 걱정하고 있는 게 아닐까?

애스모글루의 변심

MIT의 대런 애스모글루 교수도 그런 반론을 갖고 있던 경제학자 중 한 명[36]이었다. 2016년 애스모글루와 보스턴 대학의 파스쿨 레스트레포는 〈기계와 인간의 경쟁 Race between Machine and Man: Implications of Technology for Growth, Factor Shares and Employment〉이라는 보고서를 발표한다. 이 보고서는 기계와 사람이 일자리를 놓고 경쟁하고 있다는 주장을 논리적으로 점검한다. 그러면서 '기계가 인간의 일자리를 없앤다'는 주장의 두 가지 문제점을 제시한다.

첫째, 기술이 매우 빠르게 발달한다고 해도, 기업들이 실제 그런 기술이 장착된 기계를 사용한다는 보장은 없다. 비용이 많이 들 가능성이 높기 때문이다.

둘째, 어떤 업종의 일자리가 없어진다고 해도, 다른 업종에서는 늘어나면서 상쇄될 수 있다. 특히 새로운 업종과 여기서 생긴 직업은 기계 때문에 기존 작업을 할 필요가 없어진 사람들을 빨아들이면서 더 성장할 수 있고, 결과적으로 새로운 기계가 가져온 생산성 향상이 전체 고용을 오히려 늘릴 수 있다. 크레인이 등장해 공사장 육체 노동자의 일자리를 줄였지만 크레인을 만들고 다루는 기술자 일자리를 늘렸던 것처럼, 신기술이 줄인 일자리는 소프트웨어와 데이터 분석 전문가 일자리를 늘릴 것이다. 그럴 듯한 이야기다. 하지만 이 보고서는 말 그대로 이론적 사고실험이었다. 실제 데이터로 이런 논리를 검증하지는 않았다.

이듬해인 2017년, 애스모글루는 직접 데이터를 활용해 자신의 논리를 검증해보기로 마음을 먹는다. 하지만 높은 수준의 인공지능은 아직 널리 사용되고 있지 않으므로 실제 데이터가 부족하다. 그래서 일단 사람의 노동을 이미 대체하기 시작한 기술을 토대로 검증하기로 했다. 그 대상은 기업 현장에 빠르게 도입되고 있는 산업용 로봇이었다. 애스모글루는 1990년부터 2007년까지 산업용 로봇이 미국 노동시장에 끼친 영향을 실제 데이터를 가지고 분석한다. 그리고 그는 입장을 바꾼다.

노동자 1000명당 1대의 로봇이 늘어났을 때, 1000명 중 최대 6명이 일자리를 잃었고 임금은 최대 0.75퍼센트가 깎였다. 실제로 1990년부터 2007년 사이에 67만 개의 일자리가 산업용 로봇 도입의 결과로 사라졌다. 제조업만 보면 그렇다.

물론 신기술 도입 때 해당 업종에서 일자리가 줄어드는 것은 그전에도 이미 예측하던 결과다. 여기에 대한 반론도 있다. 다른 업종에서 일자리가 늘지 않겠느냐는 것이다.

그래서 애스모글루는 경제 전체의 변화를 살펴본다. 그런데 로봇은 경제 전체적으로도 일자리를 줄였고, 임금도 낮췄다는 결과가 나왔다. 실제 데이터를 분석해보니 노동자 1000명 당 1대의 로봇이 고용률을 0.18~0.34퍼센트포인트 낮췄다. 여기다 임금도 0.2~0.5퍼센트 낮아졌다. 제조업에서 고용이 줄더라도 논리적으로는 다른 산업에서 일자리가 늘기를 기대했는데, 그렇게 되지 않았다는 것이다. 애스모글루의 보고서는 로봇이 가져올 직접적이고 부정적인 효과를 계량화한 첫 연구인 것으로 보인다.

왜 산업용 로봇의 사용이 새로운 일자리 창출로 이어지지 않았을까? 분명 생산성 향상이 있었고, 노동력의 재배치가 가능했을 텐데 말이다. 그렇게 되었다면 원래의 이론대로 로봇 도입을 통해 생산성이 오르고 일자리도 늘어나는 상황이 되었을 것이다.

생각해 볼 수 있는 원인은 몇 가지 있다.

첫째, 문제는 시간이다. 과거 기술혁신은 천천히 일어났다. 하나의 기술이 전국에, 전 세계에 퍼지려면 최소한 수십 년, 어떤 경우에는 수백 년이 걸렸다. 사람들은 천천히 해고됐고, 천천히 재교육을 받았고, 천천히 새로운 일자리에 투입되었다. 오랜 시간에 걸쳐 벌어진 일이었기 때문에 일자리 감소의 충격이 명확하게 드러나지 않을 수 있었다.

그러나 지금의 기술 변화는 너무 빠르다. 변화가 순식간에 일어나니, 노동자가 하나의 일자리를 떠나 다른 일자리를 얻는 데 필요한 훈련을 받고 적응하는 시간을 시장이 기다려주지 않는다. 기업도 여기 투자하지 않는다.

둘째, 일자리를 잃은 사람들과 새로 생기는 일자리 사이에 미스매칭이 생기고 있다. 사라지는 일자리는 고도의 기술 없이도 얻을 수 있는 중간 숙련도의 일자리가 주축인데, 새로 생기는 일자리는 소프트웨어 개발 등 고숙련 일자리이거나 처우가 열악한 유통이나 사회복지 등 서비스 영역 일자리인 경우가 많다. 애스모글루도 "디트로이트(자동차 산업)에서 10년 동안 일했다면 헬스케어 분야에 취업할 기술이 없다"고 말하기도 했다.

셋째, 기계의 '지능'이라는 요소가 나타났다. 이전에 개발되었던 기술은 대부분 사람이 기계를 작동하고 관리하는 형태로 운영되었다. 그러나 산업용 로봇이 등장하면서 스스로 지능을 갖고 움직이는 무인 시스템으로 운영되기 시작했다. 앞으로 로봇이 점점 더 지능화되면 고용 대체 효과는 더 클 수 있다. 이렇게 로봇은 가상에서만이 아니라 이미 현실에서 고용을 줄이는 요인으로 작용하기 시작했다.

애스모글루의 연구는 산업용 로봇을 대상으로 한 것이다. 인공지능과는 아직 거리가 있는 기술이다. 그래서 이 연구가 인공지능이 인간 노동을 대체하는 상황을 완전히 설명한다고는 할 수 없지만, 기술이 노동을 대체해도 문제는 없다는 기존 논리들을 효과적으로 반박한다. 첫째, 변화가 빠르게 일어나는 상황에서는 새로운 직업이 생겨도 고용 전환은 어렵다. 새로운 작업을 익히고 적응하는 동안의 생계 수단이 없기 때문이다. 둘째, 기술이 직업이 아니라 직무만 대체하더라도 결국은 직업 자체에 영향을 끼칠 수 있다. 기업은 로봇을 중심에 놓고 노동을 재구성할 것이기 때문이다. 당장 해고하지 않는다고 해도 신규 채용을 줄이는 결과가 나타날 수밖에 없다.

아직 인간의 사고력을 대체할 만한 인공지능은 나타나지 않았는데도 고용 대체 효과가 이 정도라면, 이런 추세는 앞으로 더 커질 수밖에 없다. 물론 기술 변화가 궁극적으로 고용을 크게 줄이게 될지에 대해서는 아직 완전한 결론을 내릴 수는 없다. 장기적으로 또는 전체적으로 고용이 늘어날지도 모른다. 하지만 최소한 고용 전환의 과정 중에는 문제가 생긴다. 특히 기존에 수십 년 동안 같은 일을 하던 사람들에게는 그 문제가 더 크다. 그 문제의 핵심은 '자리'의 문제, 즉 소득과 생계의 문제다.

전환에는 수십 년이 걸릴 수도 있다. 그 시간 동안 일자리를 잃은 수많은 사람들의 소득을 어떻게 보장할 것인가. 사회적으로 고민해야 할 핵심적 주제다.

8장

자동화는
죄가
없다

'이 나라는 어떻게 먹고살 것인가?' 식민 지배와 전쟁을 딛고 폐허에서 출발한 한국 사회는 늘 이 질문에서 자유롭지 못했다. 이 사회에서는 생존하기 위해 필요한 최소한의 경제적 부를 만들어내는 일이 세상 모든 다른 가치에 앞서야 했다. 늘 조금만 방심하다가는 무너지고, 굶고, 쓰러지고 말 것이라는 불안이 지배했다.

하지만 최근 10~20년 동안 우리 기업들이 보여준 놀라운 실적은 그 불안을 조금 완화시켜주는 듯하다. 2007년 삼성전자 직원 1명이 만들어내는 부가가치는 1억 3700만 원이었다. 10년이 지난 2016년 3억 8900만 원으로 세 배가 됐고, 2017년 6억 1100만 원으로 다섯 배에 육박하게 됐다. 부가가치란 경제활동으로 한 해 벌어들인 돈 중에서 재료비를 제외한 것이라고 보면 된다. 즉 기업이 기존의 재료에 더해 순수하게 새로 만들어낸 경제적 가치다. 한 나라에서 만들어 낸 부가가치를 모두 합치면, 그게 바로 GDP다.

2017년의 삼성전자 직원 1명은 한국 국민 1인당 평균 GDP의 20배가 넘는 부가가치를 만들어 냈다. 이 정도면 사회 전체의 평균과도 질적으로 다르고, 삼성전자 스스로의 10년 전, 20년 전과도 질적으로 다른 경제활동을 하고 있다고 봐야 한다. 삼성전자 직원 1명이 만들어내는 부가가치는 미국인의 10배, 일본인의 15배나 된다. 2018년 미국의 1인당 GDP가 5만 9000달러, 일본이 3만 8000달러였으니 말이다.

삼성전자는 최근 10년 동안 눈부신 경제적 성과를 내고 있다. 범위를 좀 넓혀 들여다봐도 그렇다. 생산성본부가 낸 〈2018 상장 기업의 부가가치 분석〉 보고서를 보자. 2017년 주식시장에서 거래되는 1417개 상장 기업이 만들어 낸 부가가치는 281조 원이었다. 상장 기업 임직원 1인당 부가가치는 2억 1800만 원이었다. 2007년에 이 수치는 1억 2100만 원이었고, 1997년에는 6030만 원이었다. 10년이 지날 때마다 두 배가량씩 치솟고 있다. 한국 상장 기업들 전체를 봐도 눈부신 성과를 내고 있다는 점을 알 수 있다.

한국 경제, 한국 기업이 이렇게 빠르게 부가가치를 높여 간 배경에는 제조업의 약진이 있다. 한국 경제는 제조업 고부가가치화에 성공했다. 고부가가치화란 생산성이 높아졌다는 의미로, 노동자 1명이 더 많이 생산할 수 있게 되었다는 뜻이다. 생산성이 높아졌다면 고용을 그리 늘리지 않고도, 물건을 더 많이 만들고 팔아 돈을 벌수 있다. 우리나라는 다른 선진 자본주의 국가와는 달리, 최근까지도 전체 부가가치 가운데 제조업이 차지하는 비중이 꾸준히 유지됐다. 다만 제조업 고용 비중은 계속 줄어들었다. 새로운 고용은 대

표8-1 한국 제조업 고용과 부가가치의 성장 궤적(1991년=100으로 환산)

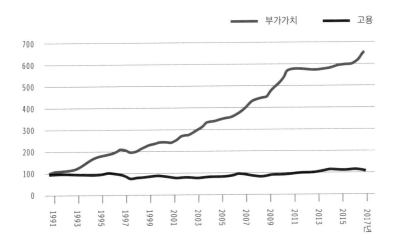

자료: 산업통계분석시스템(ISTANS)

부분 서비스업에서 나왔다. 1999년 이후 2017년까지 새로 늘어난 일자리 중 79퍼센트가 서비스업이었고, 11퍼센트만 제조업이었다.

한국 제조업 전체 부가가치와 고용이 어떻게 변화했는지를 알아보기 위해, 1991년을 출발점으로 삼아 두 수치를 모두 100으로 맞춰 계산했다. 출발점을 같게 만든 것이다. 그리고 그 뒤 2017년까지의 추이를 살펴봤다. 부가가치는 26년 동안 6.6배로 커졌다. 그러나 고용은 거의 늘지 않고 제자리걸음이다.

한국 경제의 특이성은 다른 나라들과 비교하면 분명하게 드러난다. 미국, 독일, 일본 등 제조업 강국들조차 1990년대 이후에는 분

표8-2 주요 국가들의 제조업 고용 및 부가가치 비중 추이(단위: %)

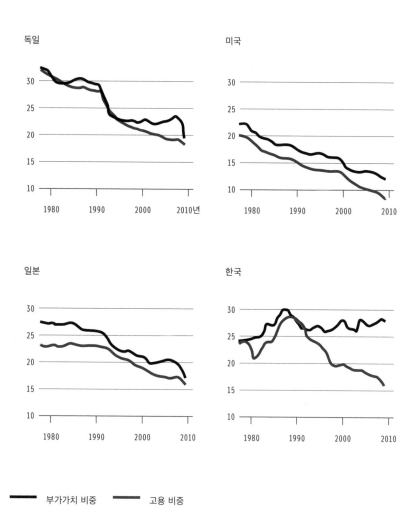

자료: OECD[37]

명하게 GDP에서 제조업 부가가치가 차지하는 비중이 줄고 있다. 고용 비중도 따라서 줄고 있다. 그러나 한국만 다르다. 제조업 부가가치가 GDP에서 차지하는 비중이 1990년대 이후 꾸준히 유지되고 있다. 다만 제조업 고용 비중은 빠르게 낮아지고 있다.

전체적으로 한국 경제는 고부가가치화에 성공한 제조업 부문에서는 일자리 수를 유지하면서, 도소매나 음식숙박업 등 주로 자영업자들이 종사하는 서비스업 부문에서 빠른 속도로 일자리 수를 늘려왔다. 비중 측면에서 보면, 제조업 일자리 비중은 크게 줄고 서비스업의 비중이 늘었다. 제조업 안에서도 1000명 이상 일하는 대기업 일자리가 차지하는 비중은 줄고 300인 미만 중소기업 일자리 비중은 늘고 있다. 잘 버는 일부 수출 대기업의 처우는 더 좋아지고, 나머지 기업에서의 처우는 나빠질 수밖에 없는 구조다.

결국 제조업의 약진은 역설적으로 소득의 편중으로 이어지게 됐다. 제조업이 새로운 가치를 엄청나게 만들어냈고 제조업에 종사하는 대기업들이 그 성과로 막대한 이익을 냈지만, 고용은 늘지 않았기 때문이다. 2017년 제조업 종사자 수는 취업자의 10퍼센트를 조금 넘는다. 하지만 부가가치는 GDP의 30퍼센트이다. 제조업과 나머지 부문 사이에 1인당 창출하는 부가가치 차이가 네 배나 난다. 그런데 고용이 늘어나지도 않는다면, 분배 상황은 악화되는 게 당연하다. 너무 효율적으로 많이 생산하기 때문에 돈을 많이 벌고, 돈을 많이 벌기 때문에 나눌 수가 없게 된다는 기묘한 상황이다. 그런 일이 벌어지는 데 가장 크게 공헌한 누군가가 있다면, 그건 바로 자동화 시스템과 함께 들어온 로봇이었다.

로봇의 부상

한국의 제조업은 로봇과 함께 자랐다. 특히 고부가가치화를 이루고, 수출 대기업에서 상위 10퍼센트 소득 집단이 나오기 시작하던 시기에 산업용 로봇 사용이 세계 최고 수준에 올라섰다. 공장자동화가 널리 확산되면서 도입된 것이다.

제조업 종사자 1만 명당 사용하는 산업용 로봇 수를 산업용 로봇 밀도라 부른다. 한국은 2017년 710대로 세계 최고였다. 세계 평균은 85대였다. 싱가포르는 658대를 사용하고 있었지만, 워낙 제조업 규모가 작아 우리의 비교 대상이 되기는 어렵다. 제조업이 번창하고 있는 독일은 322대, 일본은 308대로 우리나라의 절반도 되지 않는 수준이었다.

어디서 이렇게 로봇을 많이 사용했을까? 자동차 공장이다. 자동차 산업의 로봇 밀도는 종사자 1만 명당 자그마치 2435대. 역시 세계 최고였다. 자동차 강국인 독일의 1162대나 일본의 1158대와 비교해도 두 배 이상이다.

우리 제조업에서 처음부터 이렇게 로봇 활용도가 높았던 것은 아니다. 1998년 제조업 로봇 밀도는 1만 명당 80대 정도로, 일본의 298대와 비교하면 상대가 되지 않았다. 그러나 2010년 일본을 따라잡고 만다. 자동차 산업만 봐도, 2010년까지만 해도 우리는 1만 명당 1239대의 로봇을 사용했다. 7년 사이 두 배로 늘었다. 이제는 다른 나라가 도저히 쫓아올 수 없을 만큼 많은 로봇을 사용하고 있다.

잠깐 과거를 되돌아보자. 1990년대까지만 해도 한국산이라면 성능은 형편없지만 가격이 워낙 저렴해서 구매하는 제품이었다. 2000년대 초반까지만 해도 한국 제조업 제품은 세계 시장에서 저가의 가성비 좋은 제품 정도로 취급됐다. 현대자동차는 2003년 엔진 품질을 입증하겠다며 주요 부품을 10년간 무상 교체해주겠다는 놀라운 카드를 내놓으며 영업을 했다. 그만큼 파격적 조처가 없이는 소비자를 설득할 수 없던 시절이었다. 삼성전자의 휴대폰은 미국과 유럽 시장에서 값싼 대안으로만 취급됐다. 스마트폰조차 애플이 내놓고 나서야 뒤늦게 내놓았다.

1998년 IMF 구제금융 프로그램은 수출 대기업들에게 절호의 기회가 된다. 국내에서 대규모 구조 조정으로 비용을 절감한 뒤, 원화 가치가 폭락한 틈을 타 값싸게 제품을 대거 밀어냈다. 일단 많은 소비자들에게 도달하니 어느 정도의 인지도와 평판을 얻을 수 있었다. 그 과정에서 현대자동차와 같은 과감한 마케팅 전략도 구사한다. 그러다 2000년대 중반 이후 전세가 역전된다. 자동차, 휴대전화, 텔레비전 등 제조업 제품들이 품질도 좋고 가격도 합리적이라는 평을 얻기 시작한다. 한국의 대기업들이 고가 제품을 팔기 시작했고 막대한 이익을 얻기 시작했던 시기다.

산업용 로봇이 급격히 늘어나던 시기는 바로 이 시기와 겹친다. 한국은 제조업이 고부가가치화되는 시점 초기부터 사람 대신 로봇을 고용해 생산을 늘리기 시작했던 것이다.

IMF 구제금융으로 기업에서 사람들이 떨어져 나갔다. 그러다 기업들은 다시 사정이 좋아졌다. 그런데 기업들은 이 사람들을 예전처럼 다시 불러들이지 않는다. 대신 로봇을 들여오기 시작한다. 수

한국은 유독 많은 로봇을 사용한다

표8-3　G20 주요 국가별 제조업 종사자 1만 명당 산업용 로봇 대수(2017년 기준, 단위: 대)

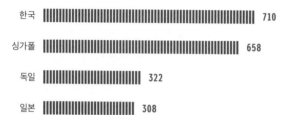

한국　‖‖‖‖‖‖‖‖‖‖‖‖‖‖‖‖‖‖‖‖‖‖‖‖‖‖‖‖‖‖‖‖‖‖　710

싱가폴　‖‖‖‖‖‖‖‖‖‖‖‖‖‖‖‖‖‖‖‖‖‖‖‖‖‖‖‖‖‖‖‖　658

독일　‖‖‖‖‖‖‖‖‖‖‖‖‖‖‖‖‖‖‖　322

일본　‖‖‖‖‖‖‖‖‖‖‖‖‖‖‖‖‖‖　308

스웨덴　‖‖‖‖‖‖‖‖‖‖‖‖‖‖　240

덴마크　‖‖‖‖‖‖‖‖‖‖‖‖‖‖　230

미국　‖‖‖‖‖‖‖‖‖‖‖‖　200

중국　‖‖‖‖‖‖　97

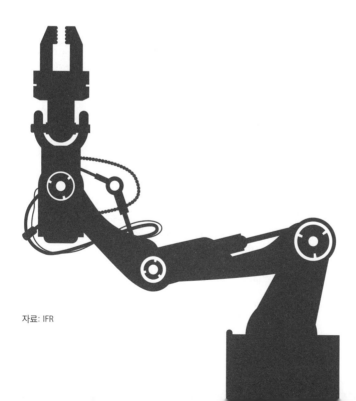

자료: IFR

출 대기업들은 사람의 자리를 로봇으로 채우면서 빠른 성장과 높은 수익성을 동시에 얻어낼 수 있었다.

그런데 들여온 로봇의 종류가 특별하다. 다른 나라는 주로 복잡한 작업을 하는 '다관절 로봇'을 도입했다. 미국, 독일, 일본 등 다른 제조업 국가들의 산업용 로봇 가운데 3분의 2가량이 3차원 운동이 가능한 다관절 로봇이다. 이에 비해 한국은 산업용 로봇 가운데 3분의 2가량이 직교 등만 가능한 단순 로봇이다.[38] 로봇으로 저숙련 노동을 대체하는 데 집중한 것이다.

왜 한국 제조업이 빠른 시간 안에 엄청나게 높은 경쟁력을 갖게 되었는지에 대한 힌트를 여기서 얻을 수 있다. 한국은 이른바 '샌드위치 국가'로 불린다. 선진국과 개발도상국 사이에 끼어 제 몫을 찾기 힘든 나라라는 이야기다. 하지만 놀랍게도 우리나라는 그런 핸디캡을 프리미엄으로 바꿨다.

선진국들은 인건비를 맞출 수 없어 해외로 완전히 내보냈던 저부가가치 단순 공정 상당수를 우리는 국내에 남겼고, 이들 작업 중 상당 부분을 단순 로봇이 맡게 되었을 것으로 보인다. 한국 로봇 밀도의 가파른 증가세, 특히 단순 로봇 중심의 증가세는 그렇게 설명할 수 있다.

물론 저부가가치 공정이나 공장이라고 해서 로봇만으로 운영될 수는 없다. 사람들이 필요했을 것이다. 그 사람들이 바로 불안정한 노동자들이었을 것이다. 불안정·저임금 노동에 대한 문제가 본격적 사회문제로 제기되었던 것도 한국 제조업이 가장 눈부신 성과를 낸 2010년께 이후의 일이다.

한국의 수출 대기업들은 양손에 떡을 쥐고 있었다. 한 손에는 저임금 노동을 대체하는 단순 로봇이, 또 한 손에는 싸게 쓰고 쉽게 내보낼 수 있는 불안정 노동이 있었다. 수십 년 동안 국가와 기업이 함께 진행한 투자로 대기업의 기술력과 브랜드 가치는 높아졌고, 그 결실을 맺기 시작하던 시기였다. 그들에게는 현대 세계경제사에서 어느 누구도 누리지 못했던 빠른 성장과 높은 이익이 주어졌다. 1990년대 이후 제조업 대기업의 고부가가치화는 이런 배경에서 일어났다.

그런데 왜 하필 1990년대 이후 이렇게 빠른 속도로 산업용 로봇이 도입됐을까? 왜 그 이전도 아니고 이후도 아닐까?

1980년대 후반 이후 급격한 임금 상승을 빼놓고는 이를 완전히 설명할 수 없다. 1987년 6월 민주항쟁으로 한국에는 대통령 직선제가 도입됐다. 민주화의 물결을 타고 노동운동도 그 전성기를 맞는다. 1988년 이후 제조업 대기업에서는 민주 노조 운동이 불길처럼 일어난다. 권위주의 정권 아래 오랫동안 억눌렸던 노동자들의 욕구가 민주적 노동조합 설립과 파업을 통한 임금 인상 투쟁으로 분출됐다.

1988년 이후 1996년께까지 노동자 임금은 빠르게 올랐다. 저유가, 저금리, 저달러 가치를 포함하는 '3저 호황'으로 인해 수출 제조업도 몸집을 키웠다. 기름값이 싸니 원가가 절감됐고, 금리가 싸니 금융 비용이 줄었고, 달러가 싸지면서 일본과 독일 수출기업들이 주춤하자 그 틈새를 비집고 성장할 기회를 얻었다. 수출 기업에는 천우신조의 기회였다. 임금이 높아지니 소비가 늘고, 늘어난 수출과 더불어 늘어난 소비도 경제성장의 밑거름이 되었다.

이런 상황에서 기업들은 고민했을 것이다. 기회의 창이 열렸으니 투자에 나서 생산을 늘려 더 많이 팔아야 한다. 그런데 투자하려니 빠르게 높아지는 임금 수준이 마음에 걸린다. 인건비가 이렇게 높아진다면 막상 투자하고 생산해서 많이 판다고 해도 나중에 생각만큼의 이익을 얻지 못할 수 있다.

그 투자를 노동 대신 자본으로 돌리면 어떨까. 같은 제품을 생산할 수 있다면 마다할 이유가 없다. 노동 비용인 임금은 빠르게 오르고 있지만 자본비용인 대출금리는 낮은 수준에서 안정되어 있다면 더욱 그렇다. 투자를 노동 대신 자본에, 즉 사람 대신 기계에 하는 것이 나은 상황이 된다. 산업용 로봇, 특히 제조업 노동자의 노동을 대체하는 로봇의 도입은 합리적 선택이다.

자본주의는 초기 일정한 궤도에 오르기 위해 최소한의 축적이 필요하다. 그 '원시적 축적'을 한국 경제는 1970년대 봉제공장에서 일하던 전태일과 청계천의 여공들이 감당하도록 했다. 산업혁명 초기 노예노동이 자본 축적의 유력한 방법이었던 것처럼, 한국 자본주의 초기에도 이들의 '사실상 노예노동'이 축적의 기반이었다. 1990년대 이후 빠르게 도입된 산업용 로봇이 그들의 뒤를 이었다. 급격한 자동화로 로봇 침투율은 세계 1위에 올랐다. 고부가가치화로 고임금 노동자가 등장했다. 인건비 상승으로 기업은 자동화 투자를 늘렸고, 고용이 크게 늘지는 않으면서 결과적으로 고부가가치화는 더 가속화됐다. 한국은 결국 반도체·조선·자동차 등의 산업에서 경쟁력을 획득했다.

19세기 영국, 21세기 한국

한국 경제가 지난 50여 년 동안 겪은 성장 과정은, 어쩌면 산업혁명 초기 영국의 성장 과정과도 비슷하다. 로버트 앨런은 《세계경제사》에서 당시 영국의 성공 이유를 생생하게 묘사했다. 영국이 산업혁명에서 앞섰던 것은 면직 산업에서의 기술혁신이 영국에서 먼저 일어났기 때문이다. 면직 산업은 1830년 영국 GDP의 8퍼센트, 제조업 일자리의 16퍼센트를 차지하는 주요 산업이었다.

그런데 18세기 초만 해도 영국은 면직 산업의 선진국이 아니었다. 중동 지역의 바그다드에서는 이미 9~10세기에 면직물 붐이 일어났다고 한다. 중국에서는 17세기에 벌써 거의 모든 사람이 면직물 옷을 입었다. 18세기 초에 면직 산업은 세계에서 가장 중요한 제조업이었을 것이다.

당시만 해도 영국은 분명한 후발주자였다. 다만 면직 산업에서 기술혁신으로 생산성이 폭발적으로 높아지고, 이를 기반으로 싼값의 면직물을 수출하며 성장하는 전략은 영국이 가장 먼저 채택했다. 그리고 불과 수십 년 만에 영국은 면직 산업에서 확실한 선진국이 된다.

어떻게 이런 일이 가능했을까? 면직 산업은 천재적인 발명가가 나타나서 인공지능이나 블록체인처럼 놀라운 신기술을 고안해내면서 발전하는 산업이 아니다. 매우 진부한 아이디어를 끈덕지게 실험하면서 사소한 진전을 조금씩 이루면서 혁신이 일어나는 산업이다. 말하자면 '1퍼센트의 영감과 99퍼센트의 노력'으로 이뤄지는 산업이다.

따라서 산업혁명이 왜 영국에서 먼저 일어났는지를 알려면, 왜 영국의 당시 기업가들이 그렇게 많은 시간과 돈을 진부한 아이디어를 실험하느라('99퍼센트의 노력'을 하느라) 쏟아부었는지를 설명해야 한다.

수력 방적기를 만든 리처드 아크라이트, 제니 방적기를 만든 제임스 하그리브스, 두 가지의 장점을 합쳐 뮬 방적기를 만든 새뮤얼 크럼프턴은 산업혁명 초기 기술혁신에 혁혁한 공을 세운 기업가 및 발명가들이다.

당시 기술혁신으로 도입된 기계에는 공통점이 있다. 주로 노동을 절약하기 위해 자본을 더 많이 사용하는 것들이었다. 즉 노동이 비싸고 자본이 싼 곳일수록 기계를 사용하면 이익이었다. 영국이 바로 그런 곳이었다. 노동력의 가격, 즉 인건비가 높았다. 자본, 즉 새로운 방적기에 투자할 유인이 다른 나라보다 높아서 반대로 자본비용은 높지 않았다. 기업가들은 자금을 조달해 꾸준히 투자해 발명에 성공하면 많은 인건비를 절약할 수 있었고 결과적으로 효율성 높은 공정을 만들어 높은 이익을 얻을 수 있었다.

기술혁신의 결과는 제품 가격 하락이었다. 1802년에 비해 1812년의 영국의 면사 가격은 절반으로 떨어졌다. 영국은 싼 가격을 경쟁력으로 면직물 수출에 나선다. 세계 시장에서 기선을 잡기 시작한다.

이후 동력 방직기가 1820년대에 등장해 확산되는데, 이때는 미국에서 더 빨리 확산된다. 1820년대에 이미 미국의 임금이 영국의 임금보다 높아지기 시작했다는 점은 시사적이다. 미국의 독립 뒤,

영국과 노동시장이 분할되면서 미국의 실질임금은 계속 상승했고 결국 영국을 앞질렀다. 1830년대 미국의 실질임금은 영국의 2배가 된다. 그러자 기술혁명의 주도권은 미국으로 넘어간다.

위의 사례에서 보듯, 생산요소 중 노동의 가격이 오르면 인건비를 절약하기 위해 대규모 투자가 일어나고 기술혁신이 일어났다. 이를 통해 산업 경쟁력이 생기고 수출이 늘어났다.

산업혁명 중에는 노동절약적 기술혁신이 빠르게 일어난 국가가 주도권을 잡았다. 임금이 높은 국가일수록 노동 대체 유인이 높아 기술혁신이 빨랐다. 물론 그 전제는, 값싼 원재료를 확보할 수 있어야 한다는 것이었다. 면직 산업의 경우, 미국의 대규모 플렌테이션 농장들이 아프리카에서 데려온 노예들을 부려서 생산한 값싼 면화를 영국에 공급해줬다. 영국에서 석탄을 값싸게 생산할 수 있었다는 점도 강점이었다. 높은 임금과 값싼 원재료, 두 가지 조건이 모두 충족된 영국과 미국이 기선을 잡은 것은 당연했다.

1990년대 이후 한국 경제에 일어난 일도 비슷했다. 임금이 높아지면서 기업에게는 자동화 유인이 생겼다. 유가 등 원재료 가격이 안정됐다. 저금리로 자본비용도 낮았다. 이런 조건이 충족되면서 노동절약적 기술혁신이 빠르게 일어났고, 이때 확보한 높은 생산성을 바탕으로 수출산업이 날개를 폈다. 여기까지는 좋은 소식이다.

하지만 나쁜 소식도 있다. 생산성을 높여 기업은 돈을 벌었지만, 그 돈을 일자리를 늘려 분배하는 길은 막혔다. 이 모든 부를 가져다준 원천, 자동화 때문이다.

부는 커졌지만 분배 길은 막혔다

산업용 로봇은 자동화 시스템을 구성하는 주요 요소이며, 자동화 정도를 보여주는 지표다. 이 기간 동안 산업용 로봇은 고용에 어떤 영향을 끼쳤을까? 7장에서 언급한 대런 애스모글루 방식으로 단순화해 계산해 보자. 애스모글루는 1990년~2007년 미국 제조업 노동자 1000명당 산업용 로봇 1대가 늘어날 때마다 최대 6명이 일자리를 잃었다는 분석 결과를 내놓았다. 한국에서 산업용 로봇이 거의 사용되지 않던 1990년에 견주면, 2010년 한국 제조업이 사용하는 산업용 로봇은 노동자 1000명당 20대 이상이 늘었다. 애스모글루가 계산한 방식을 대입하면 노동자 1000명당 최대 120명, 약 12퍼센트의 일자리가 사라졌을 수 있다는 계산이 나온다. 제조업 노동자 수가 대체로 300만 명 정도였고 그들은 중간 수준 이상의 임금을 받았다는 점을 감안하면, 사라진 일자리는 36만 개 정도로 추산해볼 수 있다.

물론 한국과 미국의 환경이 다르고, 도입한 로봇의 종류가 다를 수 있다. 계산 결과 자체가 다를 수도 있다. 하지만 아무리 정교하게 계산해도, 로봇 도입 없이 부가가치가 커졌다면 늘어났을 일자리가 로봇 도입 때문에 늘어나지 않게 되었다는 사실은 변하지 않을 것이다. 엄청난 고용 감소 효과를 가져왔던 것만은 분명하다. 여기서 한국의 제조업 부가가치가 계속 높아지면서도 일자리 수가 늘지 않았던 이유가 명확히 드러난다. 산업용 로봇을 빼고는 설명할 수 없다.

그 기간 뒤 변화는 더 드라마틱하다. 2010년 이후 2018년까지 제조업 노동자 1000명당 산업용 로봇은 50여 대가 더 도입되어 71대가 된다. 즉 한국에서는 1990년 이후 빠르게 자동화를 도입하고, 엄청나게 많은 산업용 로봇을 도입하면서 제조업 부가가치를 높였다. 그러나 이전이라면 그만큼 일자리가 늘어났을 테지만, 이 기간 동안 일자리 증가 효과는 거의 없었다. 전체 일자리 갯수는 제자리였다. 부가가치를 높인 쪽은 사람이 아니라 자동화와 로봇이었기 때문이다. 이전이라면 늘어난 부가가치는 고용을 통해 다수 노동자에게 분배되었을 텐데, 그 길이 막혀 버렸다.

실제 한국에서 일어난 일을 요약해 보자. 수출 대기업에 산업용 로봇이 집중 투입됐다. 생산성은 높아졌고 정규직 노동자 임금은 올랐다. 그러나 고용은 늘지 않았다. 결과적으로 상위 10퍼센트의 임금 수준은 점점 높아졌지만 나머지 계층과의 격차는 커졌다. 중소기업 일자리도, 소상공인 자영업자도 불안정성이 높아졌다. 서비스업에서는 고용만 늘고 생산성 향상은 느렸다.

서비스업으로 옮겨가는 자동화

한국은행의 2018년 보고서 〈경제활동 참가율 변화에 대한 평가: 핵심 노동 연령층 남성을 중심으로〉는 이런 우려를 체계적으로 전해주고 있다. 1980년 이후 장기적으로 30~55세 남성의 경제활동 참가율이 낮아지고 있으며, 이는 기술 변화에 따라 중숙련 노동에 대한 수요가 감소하고 있기 때문이라는 분석이다. 제조업 자동화 및 로봇 도입 확대와 맥락이 닿는다.

그런데 어떤 이유로 줄고 있는지를 살펴보면 중요한 변화가 있다. 1994년부터 2003년까지의 시기에는 산업구조 변화가 중숙련 일자리를 많이 줄였다. 제조업에서 변화가 컸다. 그런데 최근에는 바뀌었다. 산업구조 변화보다는 산업 내 변화가 일자리를 많이 줄였고, 서비스업에서 변화가 컸다. 서비스업에서의 자동화가 일자리를 줄이는 방향으로 진행되고 있는 것이다.

최근 서비스업에서의 로봇 도입 흐름을 보면 낯선 이야기는 아니다. 카페에는 바리스타 로봇이 등장했다. 정규직-비정규직 사이 갈등이 벌어지고 있던 인천공항공사에는 '로봇 카페'가 새로 등장했다. '키오스크'라고 불리는 무인 주문기는 일상화되고 있다. 롯데리아, 맥도날드, 버거킹 등에서는 절반 이상의 매장이 키오스크를 도입하고 있다.

한편으로는 무인 주문기가 낯설고 불편하다는 소비자들도 있다. 그러나 다른 한편으로는, 점점 더 많은 소비자가 직원 접촉을 선호하지 않게 되기도 했다. 그 이유는 무엇일까? '사람이 사람을 좋아하지 않게 됐다'는 해석도 있다. 하지만 그보다는 '자본주의 발달과 함께 표준화된 서비스에 대한 욕구가 커졌다'는 해석이 더 설득력이 있다.

자본주의는 제조업부터 발달시켰다. 제조업은 공산품을 만든다. 공산품의 매력은 '표준'에 있다. 이 '표준'은 생산자와 소비자에게 모두 매력이다. 생산자는 소품종 대량생산을 하며 생산원가를 낮

표8-4   핵심 노동연령층 남성의 경제활동 참가율 비교(단위: %)

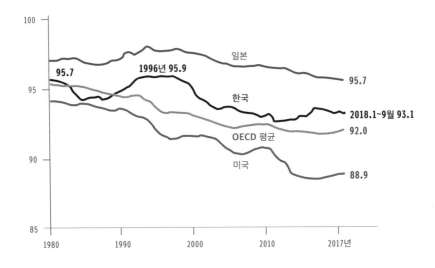

자료: 통계청, OECD

출 수 있다. 똑같은 제품을 소비자가 원한다면 똑같이 더 많이 만들어주면 되고, 그게 기업에게도 이익이다. 소비자는 '나쁜 제품'을 만날 위험을 줄일 수 있다. 한사코 잘 알려진 대기업 브랜드를 사려는 사람들의 심리는 여기 있다. 다수는 '아주 좋은 제품'을 만나는 기쁨을 찾기보다는, '기대와는 달리 아주 나쁜 제품'을 만날 가능성을 줄이는 선택을 한다. 수공업자가 만든 구두는 '세상에서 단 하나밖에 없는 나만을 위한 구두'일 수도 있지만, '세상 누구에게도 맞지 않는 구두'일 수도 있다. 대기업 브랜드 구두는, 한 사람도 완벽하게 만족시키지는 못하지만 모든 사람들을 적당히 만족시킨다.

제조업과 공산품에서 표준화를 거의 완전히 달성한 뒤, 이 추세는 서비스업 쪽으로도 확대된다. 택시를 타면 아주 훌륭한 입담을 가진 기사를 만나 몰랐던 지역의 역사를 알게 되거나 삶의 지혜를 얻게 될 수도 있다. 하지만 정치 성향이 다르거나 사회에 대한 인식이 다른 기사를 만나 입씨름만 하게 될 수도 있다. 그러니 어떤 소비자들은 차라리 '말을 걸지 않는 서비스'를 선호한다. 이 지점을 적극적으로 홍보한 '타다'는 선풍적인 인기를 끌고 있다. 혼자 운영하는 동네 식당 주인은 나만을 위한 밥상을 정성 들여 차려주시기도 하지만, 누구의 입맛에도 맞지 않는 음식을 내놓기도 한다. 그러니 점점 더 많은 소비자가 차라리 늘 표준화된 음식을 내놓는 프랜차이즈 식당을 선호한다.

이런 변화 탓에, 직원 접촉을 줄이면 매출이 늘어나는 사례도 나오고 있다. 미국에서 나온 몇 가지 보고를 보자. 멕시칸 레스토랑 체인 타코벨은 앱을 통한 주문을 도입한 뒤 5개월 만에, 앱 주문을 선택한 소비자들이 20퍼센트 더 비싼 가격의 메뉴를 선택했다는 조사 결과를 내놓았다. 프랜차이즈 레스토랑 칠리스는 태블릿 PC로 주문하도록 방침을 바꾼 뒤 디저트 매출이 20퍼센트 늘었다. 맥도널드의 한 점포에서는 키오스크 도입 뒤 매출이 30퍼센트 늘었다고 했고, 주류 전문점에서는 무인 주문기를 도입한 후 '발음하기 어려운' 술의 매출이 크게 오르고 있다고 한다.[39] 이런 결과들은 표준화된 서비스를 편안하게 생각하는 소비자들이 그만큼 많다는 것을 알려준다. 표준화된 서비스는 사람보다 어쩌면 기계가 더 잘할 수 있는 일이다.

제조업은 그나마 수출을 할 수 있어 로봇 사용량이 늘더라도 전체 고용에 끼치는 영향은 적을 수 있다. 수출 물량이 크게 늘어나면 고용 감소 효과가 상쇄된다. 그러나 서비스업은 주로 내수다. 국내 소비자들이 음식점도 가고 마트도 간다. 고용 감소형 기술이 도입되면 그 영향은 즉각적이다. 우리나라에서 2003년 이전까지 중숙련 일자리 비중 감소는 주로 제조업에서 일어났고, 그 원인은 생산 설비 이전 등 산업구조의 변화 때문이었다. 그러나 그 이후 최근까지는 일자리 감소가 주로 서비스업에서 기술혁신과 산업 내 요인 때문에 일어나고 있다.

우리에게 일어나고 있는 변화는, 미국에서 지난 20년간 겪은 것과 매우 비슷하다. 미국에서도 처음에는 제조업 오프쇼어링으로, 나중에는 서비스업 자동화로 소득 불평등이 심해졌다.

로봇은 죄가 없다

모든 문제는 자동화와 로봇으로부터 비롯된 것일까? 아니다. 로봇은 죄가 없다. 자동화하지 않았다면 사실 그만큼의 부가가치가 만들어지지 않았을 가능성이 높기 때문이다. 부가가치를 높이고 사회 전체가 만들어내는 부의 합을 늘림으로써 로봇은 자신의 몫을 다했다. 일자리를 늘리는 임무는 애초에 로봇의 것이 아니다. 자동화된 방적기를 도입하면서 일일이 손으로 실을 뽑는 가내수공업 시절의 일거리가 그대로 남아 있으리라고 기대하는 것은 비합리적이다. 산업용 로봇을 세계 최고의 속도로 늘리면서 일자리도 그만큼 늘어날 것이라고 기대하는 것도 마찬가지다. 서비스업에서도 로봇이 늘어나면서 창출되는 부가가치는 이전보다 훨씬 커질 것이다.

문제는 고용이다. 이건 사람의 몫이다. 사람은 제도를 통해 소득을 분배한다. 고용과 임금은 그런 제도 중 하나일 뿐이다. 여기서 문제가 생겼다면 사람이 잘못한 것이다. 생산에 문제가 생겼다면, 자신의 몫을 다하지 못한 쪽은 로봇이다. 그러나 분배에 문제가 생겼다면, 자신의 몫을 다하지 못한 쪽은 로봇이 아니다. 사람이다.

앞으로는 어떻게 될까. 산업용 로봇만 봐도, 그 확대 가능성은 여전히 무궁무진하다. 특히 아직 비중이 낮은 다관절 로봇 도입은 늘어날 여지가 크다. 그러니 제조업 경기가 좋아지고 다시 규모가 커진다고 해도, 기업들이 고용을 늘릴 가능성은 낮다. 2000년대 이후 기업들이 보여준 대응 방식을 보면 다음 대응 방식도 예측된다. 자동화 속도는 더 빨라지고, 고숙련 작업도 대체되며, 부가가치는 더 높아지는 제조업의 이후 발전 경로를 그려 볼 수 있다.

서비스업에서의 자동화 가능성도 높다. 사람처럼 움직이는 휴머노이드가 빠른 시일 안에 생활 속에 등장하기는 쉽지 않을 것이다. 여전히 고가 제품일 것이기 때문이다. 하지만 식당의 계산대를 키오스크가 대신하는 것처럼, 단순 업무들은 많은 부분 자동화될 수 있다. 그러면 한국 경제의 고질병처럼 지적되던 서비스업의 낮은 생산성 문제가 해결될 수도 있다.

부가가치를 높인 기업이 다시 대규모로 일자리를 늘려 소득을 분배할까? 그렇지 않을 가능성이 크다. 이미 그런 현상은 제조업 종사자 고령화 현상에서 찾아볼 수 있다. 산업 현장에 20대는 거의 없다. 그들을 공장으로 끌어들이기 위해 투자하느니, 로봇에 투자하는 게 낫다는 판단에서일 것이다. 과거처럼 수출 대기업 대공장에서 대규모로 고용을 늘리는 일은 쉽지 않을 것이다. 결과적으로 시간이 지나면서 중산층 이상 고소득층을 형성하던 고숙련 노동마저 줄어들면서 소득 편중이 더 심해질 가능성이 높다. 상위 10퍼센트 집단의 소득 안정성도 흔들리게 될 것이다.

그럼에도 혁신과 자동화는 멈추지 말아야 한다. 고부가가치화와 생산 증대는 사회 전체가 나누어 가질 수 있는 부를 늘리는 일이다. 생산 현장에서 여전히 비일비재한, 위험하고, 어렵고, 더러운 일은 자동화할수록 좋다. 세탁기와 청소기가 여성을 가사 노동에서 해방시켰다고 하면서, 왜 산업용 로봇은 공장 노동자를 위험하고 어렵고 더러운 노동에서 해방시킬 것이라고 하지 않는가?

문제는 생산이 아니다. 분배다. 더 이상 고용을 통한 분배는 어렵다. 부가가치가 높아질 대로 높아진 제조업에서는 더 그렇다. 제조업이 여전히 생산활동의 중심에 있는 한국에는 완전히 새로운 소득분배를 고민해야 하는 과제가 주어졌다.

'이 나라는 어떻게 먹고살 것인가'라는 질문은 이제 '자동화와 로봇을 통해 만들어낸 거대한 부를 개인들에게 어떻게 나눌 것인가'로 구체화할 때가 됐다.

9장

월급 없이
살 수
있을까

월급은 한 달 동안 열심히 일한 대가로 받는 돈이다. 월급은 나와 내 가족의 생명 줄이다. 그 생명 줄을 이어가기 위해 나는 오늘도 열심히 일한다. 열심히 일하면 더 좋은 성과를 내게 되고, 그 성과로 내가 속한 회사의 이익은 많아지고, 국가의 GDP는 커지고, 소비자의 만족도는 높아진다. 내 월급은 그 성과를 반영해 오를 것이다. 대부분의 한국인이 갖고 있을 법한 이런 생각을 뒤집는 프로젝트가 스웨덴에서 진행 중이다. '영원한 고용eternal employment'이라는 제목으로.

우리 모두는 영원한 고용을 꿈꾼다. 어쩌면 많은 이들이 그토록 원하는 '정규직'의 모습에는 이런 영원함이 포괄되어 있다. 한 곳에 고용되어 평생 동안 먹고 살 걱정 없이 편안하게 일하며 살아가는 모습. 20세기 산업사회의 이상적인 노동자 상이다.

스웨덴 예테보리의 기차역인 코르스바겐 역에서는 우리의 그런 꿈을 보여준다. '영원한 고용' 프로젝트를 통해서다. 오로지 직원한 명을 '영원히' 고용하는 게 이 프로젝트의 내용이다. 이 직원은 풀타임 종신고용이고, 매달 공공 부문 평균 수준인 270여만 원의 월급을 받는다. 노동시간, 휴가, 연금 등도 공공 부문 평균과 같게 책정된다. 월급은 매년 3.2퍼센트씩 오른다. 직원이 은퇴하거나 사임하면 새로운 사람을 다시 영원히 고용한다. 월급은 최소한 120년 동안 지급된다. 이 직원이 해야 할 일은 단 하나다. 아침에 역에 출근해 불을 켜고, 저녁에 불을 끄고 퇴근하는 것이다.

예테보리는 자동차 회사 볼보의 고향이다. 여전히 본사가 시내에 있다. 항구도시인 이 곳은 한때 조선업의 성지이기도 했다. 그래서 예테보리는 사회민주주의 시대 제조업을 상징하는 도시다. 공장으로 출근해 종일 자동차나 배를 만들다가 집으로 퇴근하며, 그 대가로 높은 수준의 임금과 스웨덴의 사회민주주의적 복지 혜택을 누릴 수 있던 노동자의 도시다. 그러나 예테보리는 변했다. 조선업은 한국으로 떠났다. 자동차는 차세대 전기차로 콘셉트를 바꿨다. 그 빈 자리를 첨단 기술과 문화산업이 채웠다. 지금은 스포츠와 음악 등 다양한 문화를 즐길 수 있는 '이벤트 도시'로 자리 잡고 있다. 코르스바겐 역은 이 도시의 한가운데에 있다.

'20세기 공장 노동자'를 상징하던 이 도시에서 왜 이런 엉뚱한 프로젝트가 만들어진 것일까?

사실 '영원한 고용'은 스웨덴 교통부와 공공예술국이 진행하는 공공예술 프로젝트다. 코르스바겐 역 디자인 공모전에 당선된 작품이다. 역을 꾸미는 벽화나 조각을 설치하는 대신, 노동 없는 미래 사회를 상징하는 '비생산적 일자리'를 운영하는 것이 더 나은 디자인이라는 응모작의 취지가 공감을 얻어 당선됐다. 승강장 형광등도 사무실 형광등과 비슷한 것으로 제안됐다. 제안서에는 코르스바겐 역에서의 '일'을 이렇게 정의한다. 미래의 노동을 보여주겠다는 의지를 담은 설명이다.

"직원이 선택하는 것이 무엇이든, 그것이 여기서의 '일'이다Whatever the employee chooses to do constitutes the work."

'일'이야말로 20세기 사회민주주의 체제의 중심을 이룬다. 그 일을 하는 '노동자'를 세상의 중심에 세웠다. 그 핵심은 '매달 안정적으로 지급되는 월급'이었다. 그 소득을 안정시키기 위해 노동조합과 진보적 정당들은 목숨을 걸었다. 어떤 경우 해고가 어려워지도록 만들었다. 어떤 때는 직장을 떠나도 생계를 유지하며 새로운 직장을 찾을 수 있도록 도왔다. 그러나 직장에 속해 있든 아니든, 이 사회의 중심은 '노동자'였다. 고용되어 있거나 고용이 될 예정인 사람이라는 의미에서의 노동자다. 그래서 모든 사람은 사실 '영원한 노동자'였다.

하지만 이런 시대가 지속될지는 스웨덴에서조차 의심받고 있다. 세계의 많은 지역에서 안정된 고용과 정기적인 월급은 특권이 되어가고 있다. '영원한 고용'은 이런 불안의 시대에 과거 역사를 미래에 투사한다. 그것은 과거의 추억일 수도 있고, 탈노동 사회의 비전일 수도 있고, 폐허가 된 사회에 대한 조소일 수도 있다.

프랑스 경제학자 토마 피케티는 《21세기 자본》에서 이미 '영원한 고용'이 보여주고자 하는 시대가 오고 있음을 증명했다. 그는 자본수익률(r)이 경제성장률(g)보다 높은 것이 자본주의의 일반적 경향이라고 했다. 서유럽에서 1930년~1945년만이 예외였다. 만일 그렇다면, 다른 모든 소득증가율은 늘 경제성장률보다 낮다. '영원한 고용' 프로젝트 역시 재단을 세워 기금 운용 수익으로 진행할 예정이다. 영원한 고용은 역설적으로 자본수익률(r)에 기대지 않고는 불가능하다는 이야기다. 아무리 열심히 일해도 노동 몫의 성장률은 경제성장률(g)보다 높을 수 없다는 게 피케티가 지적한 진실이다.

자본수익률이 경제성장률보다 높은 세계에서 노동자의 삶은 어떻게 보장될 수 있을까? 궁극적으로 '노동 없는 고용' 같은 발상만이 노동자의 시대를 이어가게 해줄 수 있는 것 아닐까? 이런 부조리를 보여주는 게 '영원한 고용' 프로젝트의 목적이다.

'영원한 고용'은 결국 월급의 진실을 보여준다. 월급, 즉 임금은 사실 사회 전체가 함께 만들어 낸 부를 나눠 갖는 한 방식에 지나지 않는다. '노력한 만큼의 보상' 또는 '성과에 따른 공정한 월급'이라는 개념은 완전한 환상인지도 모른다. 생산성이 높아질수록 월급의 성격은 점점 더 성과에 대한 보상에서 공유 부의 분배로 변해갈 것이다.

'영원한 고용' 프로젝트는 미래에 고용이라는 제도를 유지하는 것은 가능하지도 않고 바람직하지도 않다고 주장하는 퍼포먼스다. 즉 고용은 결코 영원불변의 제도가 아니라는 속뜻을 지니고 있다. 만일 이 프로젝트의 문제의식을 받아들이고 여기에 피케티의 이론을 덧붙인다면, 이 세계에서는 같은 비용을 들인다면 언제나 자본을 고용하는 편이 노동을 고용하는 편보다 낫다. 자본의 투자수익률이 더 높고, 점점 더 높아질 것이기 때문이다. 결국 고용은 투자

일 수 없으며, 월급은 오로지 이 세계가 만들어낸 것을 나누기 위해서만 존재하게 된다.

실제로 생산에 기여한 몫을 따진다면 노동자는 점점 더 불리해질 수밖에 없다. 노동자는 그 자리에 그대로 있는데 자본은 인공지능으로, 사물인터넷으로, 블록체인으로 힘을 계속 키워간다. 생산은 점점 더 늘어나고 과잉 상태가 되니, 할 일이 없어도 억지로 사람을 고용하지 않고서는 생산으로 얻은 이익을 사람들에게 나눠줄 방법이 사라진다.

고용이란 개인이 조직에 종속되어 지시받는 일을 해주는 방식의 노동과, 그 노동의 대가로 지급되는 임금과, 그 노동에 필요한 환경을 만들어주는 다양한 처우로 구성된다. 노동이 생산에 기여해야 임금도 의미가 있고, 사무실 책상과 컴퓨터든, 망치와 드릴이든, 영어학원비 지원이든 의미가 있다는 전제를 깔고 있다.

그러나 '영원한 고용'은 이를 비웃는다. 생산에 기여하지 않는 노동, 노동 없는 고용이 얼마든지 가능하다는 퍼포먼스다. 미래에는 그런 고용이 일반화될 수도 있다는, 어쩌면 현재도 이미 그럴지도 모른다는 가설을 우리에게 던진다.

흔히 우리는 자본주의 시장경제는 생산에 기여하는 임금노동을 근간으로 만들어져 있다고 믿는다. 그러나 이런 형태는 사실 자연적으로 주어진 것이 아니다. 노동과 그에 합당한 처우가 거래되는 형태의 임금노동은, 자본이 노동을 고용하고 싶고 노동은 자본에 대항할 수 있는 적절한 힘이 있을 때 가능한 특수한 한 형태의 분배구조다. 심지어 자본주의 사회이고 시장경제라고 해서 임금노동이 늘 일반적인 것도 아니었다. 즉 인간이 월급에 매달려 생계를 유지한 것은 역사적으로 얼마 되지 않은 일이다. 자본주의 초기에 벌어졌던 일들을 살펴보면 분명히 알 수 있는 일이다.

자본주의는 노예노동으로 시작됐다

우리는 하루의 특정 시간 동안 노동력을 판매해 생계를 해결하는 것을 당연하게 여긴다. 그 대가로 지급되는 임금은 일의 성과에 따라 공정하게 지급되는 시장 임금이라고 여긴다. 그리고 특히 20세기 이후 고용의 대부분을 차지하는 제조업 노동자의 경우, 기계의 속도와 형태에 맞춰 인간의 활동을 결정하는 것을 당연하게 여긴다. 제조업이 아니더라도, 조직의 속도와 형태에 맞춰 개인의 활동을 결정하는 것이 우리가 생각하는 '노동'의 형태다. 명목상 '일의 성과'로 주어지는 월급은, 실은 그런 비자발성에 대한 대가로 여겨지기 일쑤다.

그러나 18세기, 19세기에는 그렇지 않았다. 전 세계적으로 볼 때, 자신의 노동력을 임금으로 교환하는 사람은 많지 않았다. 노동의 리듬은 기후, 풍습, 자연의 주기를 비롯한 많은 요소들이 결정했다.[40]

역사적으로 인간이 노동을 한 이유는 다른 데 있었다. 인간은 노예처럼 일하도록 강요당했을 때 노동했다. 또 왕이나 종교의 권위에 눌려 억지로 노동했다. 많은 경우, 특히 농민의 경우에는 자신들이 가진 도구와 땅을 이용해 먹고살 작물을 직접 생산하느라 노동했다. 산업혁명 이후, 자본주의가 시작한 이후에도 이는 크게 달라지지 않았다.

자본주의 최초의 산업은 면직 산업이라고 할 수 있다. 산업혁명 최초의 기술혁신은 방직기와 방적기에서 나왔다. 1733년 케이의 플라잉 셔틀이라는 방직기가 개발된 데 이어, 1765년 하그리브스가 발명한 제니 방적기, 1769년 아크라이트가 개발한 수력 방적기, 1779년 크럼프턴이 발명한 뮬 방적기 등 기계식 방적이 영국뿐 아니라 유럽 대륙으로 퍼져나간다. 특히 뮬 방적기는 처음으로 증기 기관을 이용한 방적기였다. 생산성은 폭발적으로 높아진다.

따라서 여기 필요한 재료, 면화 수요도 폭발한다. 면화 공급만 제대로 된다면 면직 산업에서 생산의 대폭발이 일어날 수 있는 상황이 됐다. 그런데 면화 채취는 노동집약적인 작업이어서 노동력 동원 능력이 경쟁력을 좌우했다. 폭발적인 수요에 가장 효과적으로 대응할 수 있던 제도가 노예제였다. 노예를 사올 수 있던 아메리카의 플랜테이션 농장주들은 작물의 생육 상황에 맞춰 노동력을 무제한으로 착취하며 변화하는 수요에 적기 대응할 수 있었다. 가혹한 감독 체제도 필수였다.

그 첫 모델은 프랑스의 식민지인 생도맹그(아이티)의 면화 플랜테이션이다. 1770년에 카리브해 지역 전체에서 생산된 면화의 56퍼센트가량이 프랑스령 섬에서 생산됐다. 그 대표적 지역인 생도맹그에는 1784~1791년 8년 동안 25만 명의 흑인 노예가 수입된다.

미국도 본격적으로 뛰어든다. 미국의 초대 대통령 조지 워싱턴은 면화가 "미국의 번영에 무한한 결과를 가져올 것"이라며 "남부

플랜테이션 농장주들이 관심을 가질 만한 가치가 있다"고 말하기도 했다.

이후 미국의 플랜테이션 농장주들은 노예를 끊임없이 데려왔다. 사우스캐롤라이나 주는 북서부 카운티의 노예 인구 비중이 1790년 18퍼센트에서 1820년 39퍼센트로, 1860년에는 61퍼센트로 높아진다. 조지아 주의 노예 인구는 3만 명에서 6만 명으로 두 배 늘어난다. 면화 생산량은 1790년 68만 킬로그램에서 1820년에는 7500만 킬로그램까지 늘었다.

미국의 플랜테이션은 풍부한 토지 자원과 아프리카로부터 대규모로 수입하고 조직한 노예들의 노동에 기반해 놀라운 생산성 향상을 이루었다. 어쩌면 이는 초기 산업혁명 시기 노동의 본질을 보여준다. 수요에 맞는 유연한 대응, 이게 자본주의적 노동의 출발점이었다. 그걸 가능하게 한 것이 노예제, 즉 강제 노동이었다.

미국에서 면화를 공급하지 못했다면 면사와 면직물의 대량생산이라는 기적은 나타나지 못했을 것이다. 값싼 면화가 유럽 전역에 빠르게 확산되지도 못했을 것이다. 산업혁명과 쌍을 이루는 직물 부문에서의 소비자 혁명은 플랜테이션 노예제에 기반을 두고 있었다. 또한 플랜테이션을 통해 자본주의는 최초로 노동자들에 대한 포괄적 통제에 성공한다. 이는 이후 자본주의 대공장 운영에 중요한 참고가 되기도 한다.

이처럼 당시 자본을 소유한 사람들이 방대한 노동력을 동원하는 유일한 방법은 노예제였다. 자본주의는 임금노동과 함께 시작된 게 아니다. 노예노동과 함께 시작됐다. 자본주의 최초의 노동자는 월급쟁이가 아니라 노예였다. 종주국 영국은 노예제 자본주의를 기반으로 글로벌 산업 생태계를 짰다.

산업혁명이 한창이던 유럽 본토에서는 어땠을까? 사실 산업혁명 뒤 공장이 속속 들어서면서 유럽에서도 아메리카의 목화밭에서처럼 엄청나게 많은 노동력이 필요해졌다. 기계 도입으로 생산성이 수백 배나 높아졌는데도, 기계를 가동하기 위해 필요한 노동력의 수요는 계속 커졌다. 생산성이 높아지자 면제품 가격이 떨어졌고, 그래서 수요가 엄청나게 늘어났고, 따라서 더 많은 기계와 이 기계를 돌릴 수천 명, 수만 명, 수십만 명의 사람이 더 필요해졌다.

이렇게 노동 수요가 커진 반면, 사람들을 기업에 출근해 일하도록 만들기는 무척 어려웠다. 그 오랜 세월 동안 맞거나 죽을 위협을 받아야 겨우 하던 일을 자발적으로 출근해 수행하도록 해야 했다. 또 가족 단위로 할 일을 결정하고 살아가던 사람들을 거대한 기계의 톱니바퀴 가운데 하나가 되어 실과 옷감을 만들도록 해야 했다. 보통 어려운 게 아니었다. 그래도 자본가들은 사람들을 설득하기도 하고, 유혹하기도 하고, 그들에게 강요하기도 하면서 그들이 수백 년 동안 이어온 삶을 포기하고 새로 출현한 공장 노동자 계급에 합류하도록 유도해야 했다.

사실 자본가들에게는 쉬운 길이 있었다. 사람들이 공장으로 모여들기 전까지, 자본가들이 가장 익숙한 대규모 생산은 노예제 플랜테이션이었다. 이미 아프리카인 수백만 명을 납치해 노예로 만들고 그들의 방대한 노동력을 동원해 아메리카 대륙에서 플랜테이션 경제를 구축한 경험을 지니고 있었기 때문이다. 그러니 대규모 노동력이 필요하다면 아메리카에서 성공적으로 운영 중이던 플랜테이션을 유럽으로 들여오기만 하면 됐다. 차마 유럽인을 노예로 쓸 수 없다면, 아프리카 노예를 유럽으로 들여오기만 하면 됐다. 본질적으로 대규모 플랜테이션을 운영하는 메커니즘은 대규모 공장을 운영하는 메커니즘과 크게 다르지 않았다.

그러나 유럽에서는 그런 일이 벌어지지 않았다. 시민혁명과 계몽주의 덕이다. 높아진 시민의식이 반영되어 노예제는 대부분 국가에서 아예 법적으로 금지됐다. 아프리카 노예들을 데려올 수도 없었고, 지역 주민을 노예로 만들 수도 없었다.

대신 '최대의 이윤'을 위해 자본가들은 국가의 폭력과 손을 잡았다. 사실 산업혁명 초기의 공장에서 고용주들은 노동자에게 매질을 하고, 벌금을 물리기도 했다. 특히 근로계약을 어기면 국가가 나서서 처벌하는 법률을 제정했다. 영국, 미국, 프랑스, 프로이센, 벨기에 등이 모두 그런 법을 시행했다. 1823년의 주종법은 "고용 노동자들이 노동계약을 위반할 경우, 영국의 고용주들은 최대 3개월까지 그들을 교정소에 보내 중노동을 시킬 수 있다"고 되어 있었다. 1857~1875년에 잉글랜드와 웨일스에서만 매년 1만여 명의 노동자가 '계약 위반' 혐의로 피소되었고, 그들 중 많은 이가 징역형을 선고받았다. 19세기 프로이센에서는 "허가나 법률적으로 정당한 사유 없이 직장을 이탈하거나 직무 유기 등으로 유죄가 인정된 장인과 조수, 공장 노동자들에게는 20탈러의 벌금형이나 24일의 구금형을 내린다"고 했다.

그 흔적은 비교적 현대까지 남아 있었다. 1867년 영국에서 노동

계급에 속한 많은 사람이 투표권을 얻었을 때, 노동조합은 노동자들의 계약 파기에 따라 부과되는 변상액 한도를 제한하도록 정치인들을 압박했다. 독일의 경우 1918년 혁명 이후에야 노동자들의 계약 파기를 범죄로 간주해 처벌하는 관행이 종식되었다. 노동자들이 떠나고 싶을 때면 언제든 직장을 떠날 수 있는 것은, 수십 년에 걸친 투쟁의 결과로 얻은 성과다.

생산에 필요한 노동력을 동원할 때, 인신 구속을 통해 강제로 동원하는 노예제를 운영할 것인지, 정당한 임금과 인간적인 노동환경을 제공하는 임금 고용을 운영할 것인지, 그 중간 어디쯤에 있는 제도를 운영할 것인지는 전적으로 그 시대에 살던 사람들이 선택했다. 어떤 경우 권력자가 자본가와 손을 잡고 특정한 제도를 선택했다. 어떤 경우에는 노동자들이 집단행동을 벌이거나 정치권력과 손을 잡고 특정한 규칙을 만들어냈다. 중요한 것은 그 어떤 경우에도 그것은 '자연적으로' 또는 '원래부터' 존재하지는 않았다는 것이다. 모든 것이 인위적으로 만들어졌다. 무엇이 옳은지, 누가 힘이 센지에 대한 질문이 매우 중요했다. 소득과 생산방식은 시장에서 자연적으로 가장 효율적인 방식을 찾아 정해진 게 아니다. 다양한 정치과정을 거쳐 규범적으로 정해졌다.

공무원이 자영업자라면

검사가 월급 대신 자신이 기소한 피의자가 유죄 판결을 받을 때마다 성과급을 받는다면 어떨까? 외교관이 고정된 공무원 월급을 받는 대신, 다른 나라와 조약을 맺을 때마다 외국 정부에서 '선물'을 받아 생활한다면 어떻게 될까? 이상한 부패 국가처럼 여겨지는가? 20세기 초까지의 미국이 그랬다.

우리는 임금제도가 자연적 질서라는 선입견을 갖고 있다. 특히 고정 급여를 매달 지급하는 방식이 영원불변인 것처럼 여기곤 한다. 피고용인에게 노동의 대가라며 매달 월급을 지급하는 제도 역시 누군가 어느 시점에 고안해 낸 제도일 뿐이라는 점은 종종 잊는다. 임금제도가 자본주의의 자연적 질서라는 생각은 분명 신화일 뿐이다. 현대 자본주의 사회에서 '고용과 고정급 지급'이 가장 강력하게 작동하는 영역은 공무원 사회다. 대부분 선진국에서 직업 관료들은 신분이 평생 보장되고 성과와 상관없이 고정된 평생 소득을 입직 순간 보장받는다. 그러나 이는 오랜 전통이 아니었다. 당연히 자연적 질서도 아니다. 인위적으로 형성된 질서다. 미국 공무원 보수의 변천을 보면 알 수 있다.

현재 미국 공무원의 합법적인 소득은 월급으로 이뤄져 있다. 하지만 18세기만 해도 공무원이 고용이 보장되고 고정된 월급을 받는다는 것은 이상한 일로 여겨졌다. 20세기 초까지도 미국의 법은 공무원이 월급뿐 아니라 업무 성과에 따라 돈을 벌 수 있는 다양한 방법[41]을 인정했다.

판사들은 자기들이 맡은 소송 건마다 돈을 청구했다. 지방검사들은 자신들이 기소한 범죄자들이 유죄 판결을 받을 때마다 돈을 벌었다. 세무서 직원들은 그들이 발견한 탈세액의 일부를 받았다.

해군 장교들은 그들이 포획한 선박 가치의 일부와 그들이 침몰시킨 화물선의 적 선원들에 대한 포상금을 받았다. 민병대들은 인디언을 포로로 잡거나 전리품을 챙겼다. 경찰은 도둑맞은 재산을 찾아주거나 어떤 사건의 용의자를 체포하면 보상을 받았다. 간수들은 수감자에게 다양한 특권을 허용하면서 수수료를 받았다. 교도소 관리자는 수감자의 노동으로 생산된 것 중 일부를 가져가기도 했다. 이민자의 시민권 취득을 결정하는 이민국 소속 공무원은 매 신청 건마다 돈을 받았다. 참전 용사의 수당 취득 여부를 결정하던 의사도 마찬가지였다. 외교관들 또한 조약 체결 여부에 따라 외국 정부에서 '선물'을 합법적으로 받을 수 있었다.

앞의 예시에서 보듯, 공무원의 소득은 고정된 임금이 아니었다. 제공한 서비스와 달성한 성과에 따라 달라졌다. 당시 보수에는 촉진 수당과 포상금의 두 가지 종류가 있었다. 촉진 수당은 이민 신청을 받아준다거나, 어떤 활동을 승인해준다거나 하는 노동에 대해 건당으로 수당을 책정해 지급하는 방식이었다. 즉 해당 서비스의 대상자가 원하고 필요했던 서비스를 제공하고 그 대가로 받는 보수였다. 포상금은 범죄 용의자를 체포한다거나 세금 횡령을 포착한다거나 하는 일의 대가로 받는 보수였다. 즉 해당 서비스의 대상자는 싫어하는 서비스를 제공하고 그 대가로 받는 보수였다. 두 경우 모두, 결과가 나온 만큼만 소득이 지급됐다. 공무원들은 자영업자처럼 이윤 동기에 따라 움직였다.

하지만 18세기 말부터 이 시스템은 차차 바뀐다. 20세기 초에는 완전히 고정된 월급제도가 도입된다. 이전과는 달리 이윤 동기에

월급, 즉 임금은 사실 사회 전체가 함께 만들어 낸 부를

나눠 갖는 한 방식에 지나지 않는다.

'노력한 만큼의 보상' 또는 '성과에 따른 공정한 월급'이라는 개념은

완전한 환상인지도 모른다.

따라 일하는 방식이 사라진 것이다.

왜 월급 형식으로 바뀌었을까? 이는 직업적 안정성을 위해서라거나 상명하복 시스템을 정착시키기 위해서가 아니었다. '규범적 정당성' 때문이었다. 1800년대 초 이후 미국 입법부의 선출직 정치인들은 공무원이 이윤 동기에 따라 일하게 만드는 보수 지급 방식에 윤리적으로 문제가 있다고 지적하기 시작했다. 그러면서 변화가 생긴다. 공무원이 일을 더 잘하기 위해 필요한 것은 이윤 동기보다는 이해관계로부터의 자유로움이라는, 관료제에 대한 현대적 생각이 힘을 얻었다. 또한 공무원이 시민에게 서비스를 제공하는 것은 이익을 얻기 위해서여서는 안 되며, 그것을 의무로 받아들였기 때문이어야 했다. 정치를 움직이는 힘은 '정당성'이라는 믿음이 확산됐다.

이해관계자들이 늘어나면서 이런 정당성을 지키면서 동시에 이윤 동기에 입각한 공무원 보수 체계를 유지하기가 어려워졌다. 예를 들어 이민서류 통과 건수를 바탕으로 보수를 받던 공무원을 보자. 통과를 쉽게 많이 시켜주면 이 공무원에게는 이익이다. 그러니 쉬운 이민 절차가 도입되게 된다. 그런데 처음에는 모두가 이민을 오면서 큰 문제가 없다가, 시간이 흐르면서 먼저 들어온 이민자 그룹이 새로운 이민자가 너무 많이 들어오면 경쟁이 너무 심해져서 자신들의 일자리와 사업 등의 이익이 침해된다고 주장하며 반이민적 성향을 띠게 될 수 있다. 실제로 이들이 중심이 되어 이민 담당 공무원 업무의 정당성에 문제를 제기한다.

업무만 잘 처리하고 보상을 받으면 되는 직업 공무원들과 달리,

선출직 정치인들은 유권자의 표를 얻으려면 자신들이 한 의사결정의 정당성을 인정받는 것이 중요했다. 그래서 결국 입법부가 주도해 공무원의 보수를 월급제로 바꾼다.

월급은 영원하지 않다

자본주의 체제 아래서 일에 대한 보상이 정해지는 방식은 대체로 이렇다. 자본이 먼저 가장 효율적으로 생산할 수 있는 고용 방식을 정한다. 사람들은 여기에 덧붙여 사회적으로 정당성을 인정받을 수 있는 방식이 어디까지인지를 따진다. 두 가지 욕구가 만나는 지점에서 보상의 분배 방법이 나온다. 이렇듯 노동에 대한 보상의 결정 과정에는 경제적 요구와 정치적 요구, 두 가지가 모두 작동한다. 현대 사회에서 그 두 가지 과정은 자본주의적 과정과 민주주의적 과정이다. 두 개의 스크리닝 과정을 거쳐 국가는 사회 전체적으로 생성된 부를 누구에게, 얼마나, 어떤 방식으로 나눌 것인지를 정한다. 개별 노동자가 일을 해서 만들어내는 성과가 얼마나 되느냐는 애초부터 임금의 본질 중 아주 작은 일부 요소에 지나지 않는다. 그것도 20세기 산업사회, 한 세기 남짓 동안 존재했던 논리였을 뿐이다.

산업사회가 지나가버린 21세기에는 어떤 일이 벌어지고 있을까? 자본은 이제 노동자를 생산 현장에서 밀어내고 있다. 그러나 노동자는 여전히 생계를 유지하기 위한 소득이 필요하다. 민주주의는 노동의 신성함을 존중하며 고용을 보호해 이들의 생계를 유지해주려 한다. 노동을 원하지 않는 자본주의와 노동자의 생계를 보호하려는 민주주의는 충돌하고 있다.

　분명한 것은, 이제 월급은 영원할 수 없다는 사실이다. 영원한 월급은 '영원한 고용', 즉 노동 없는 고용이라는 우스꽝스러운 형태로만 존재하게 될 것이다. 우리 사회가 만들어낸 부를 모두에게 분배하는 새로운 방식이 필요하다. 그렇지 않다면, 우리 모두는 코르스바겐 역에 고용되어야만 살아갈 수 있게 될지 모른다.

3

전환의 시대, 국가의 역할

10장

왜
어떤 노동은
다른 노동보다
더, 혹은
덜 보호받는가

"저는 'N잡러'입니다."

"'N잡러'가 뭔가요?"

"한 직장에서 주 5일 일하는 게 아니라, 시간을 쪼개 여러 가지 일을 동시에 하면서 사는 사람입니다."

"어떤 일을 하시나요?

"홍보와 행사 기획도 하고 글도 쓰고 방송도 합니다."

"어떻게 그렇게 되셨나요?"

"재미있는 일을 모두 다 하다 보니 그렇게 되었어요. 돈벌이가 되는 일도 하고, 그렇지는 않지만 의미 있다고 생각되는 일도 하고요."

"너무 좋으시겠어요."

"재미는 있습니다. 그래도 경제적으로는 불안합니다."

"왜 불안하죠?"

"노후 대비를 하려면 국민연금도 가입해야 하고, 건강보험도 직장에서 가입해야 유리한데 그게 어렵고요. 갑자기 일이 끊기면 실업 급여를 받을 수도 없고요. 어디 가서 호소할 데도 없고요."

나와 대화를 나누던 그는 영락없는 미래의 노동자였다. 자신이 선택한 만큼의 일을, 자신이 선택한 시간만큼만 한다. 한 장소에서 일하는 대신, 모든 장소에서 일한다. 한 회사에 얽매이지 않고, 여러 회사를 위해 일한다. 부당한 지시를 하는 회사와는 바로 인연을 끊을 것이다. 일과 삶을 유연하게 배합한 하루를, 일주일을 보낼 것이다. 4차 산업혁명 시대의 인재상이다.

그러나 현재로 눈을 돌리면, 4대 보험과 노동 3권을 누리지 못하는 불안정 노동자였다. 또한 평생 한 직장에서 도제식으로 훈련받으며 능력을 익힌 선배 세대와 달리, 떠돌아다니며 이 일 저 일을 하면서 어떻게 하면 자신의 역량과 전문성을 키울 수 있을지 고민하는 청년이었다.

우버와 긱스터, 고용 없는 노동

이렇게 일하는 사람이 먼저 나타났던 미국으로 눈을 돌려 보자. 소프트웨어 개발자 커티스[42]는 회사가 지긋지긋했다. 사내 정치는 심해지기만 했다. 결재 라인은 길고 비효율적이었다. 자율성이 전혀 없는 문화도 참기 힘들었다.

그러던 어느 날 그는 '긱스터'라는 소프트웨어 제작 플랫폼을 알게 됐다. 직무 수행에 필요한 능력을 채팅으로 검증받은 뒤, 주어지는 프로젝트를 함께하게 됐다. 정치도 결재도 없는 체제가 매력적이었다. 실력으로만 승부하면 되는 세계라고 여겨졌다. 스타트업 프로젝트에 참여해 돈도 벌고 보람도 느꼈다. 결국 그는 퇴사를 결정한다. 퇴사하는 날, 그는 사무실에서 공짜 간식을 챙겨 떠난다. 자유인이 되어 플랫폼에서 일을 선택해 수행하며 살기 시작한다.

플랫폼에서는 일만 잘하면 점수가 오르고 더 나은 조건으로 일할 수 있게 됐다. 그는 평가 알고리즘의 선순환을 통해 승승장구했다. 한 프로젝트에 매여 있지 않아도 되니 자유로워졌다. 일하는 양도 일할 시간도 스스로 선택하면 됐다. 안정적 생계유지도 가능하다는 사실을 이미 확인한 터다.

그러나 그는 얼마 지나지 않아 다시 회사에 취직한다. 일론 머스크의 스페이스X였다.

유급휴가가 없어서, 국가의 부름을 받아 재판에서 배심원 역할을 하는 날이라도 일을 빠져야 하면 무급휴가를 쓰는 셈이 되어버린다는 점을 알게 되었을 때 한번 실망했을 것이다. 작업에 필요한 컴퓨터나 소프트웨어를 추가로 구입할 때, 본인 계좌에서 돈이 빠져나가야 한다는 사실에 다시 좌절했을 것이다. 간식을 자기 돈으로 사기 위해 카트를 밀고 마트를 돌아다니면서, 더 짜증을 냈을지 모른다. 다행히 스페이스X는 플랫폼에서 수행한 프로젝트 경력을 인정했다. 그것을 바탕으로 다시 회사원이 될 수 있었다.

단테[43]는 사정이 달랐다. 우버가 기세를 올리며 사업을 확장하던 로스엔젤레스에 살던 단테는 이 도시에 사는 2만 명의 우버 기사 중 한 명이었다. 그는 자동차에서 자는 홈리스이기도 했다. 로스

엔젤레스에서는 2000대가 넘는 자동차가 홈리스들의 잠자리로 사용된다. 10년 만에 50퍼센트나 늘어났다. 이들이 우버를 통해 좀 더 많이 일할 기회를 가진 것은 사실이지만, 홈리스는 여전히 홈리스였다.

단테는 우버 운행으로 월 1200달러(130만 원)를 번다. 그리고 의료용 대마초를 배달하면서 2600달러(290만 원)를 번다. 그런데 우버를 통해 자동차를 빌려 쓰는 데 1000달러(110만 원)를 지출한다. 여기다 기름값과 창고 비용 같은 필수 생활비로 또 1000달러(110만 원)가 나간다. 1800달러(200만 원)로 한 달을 지내야 하는데 빚도 있다.

뭔가 계산이 맞지 않는 것 같은 상황이다. 하지만 단테는 현금이 없고 돈을 빌릴 신용등급도 낮아 이 일을 하는 것 이외에는 대안이 없었다고 한다. 저축을 할 수도 없고 빚도 줄지 않는다.

"내 돈을 아끼기 위해서는 내 차에서 잘 겁니다." 그는 자동차에서 사는 것 이외의 길을 선택할 수 없었다.

플랫폼을 통해 일하다 회사로 돌아가는 길을 선택한 커티스. 플랫폼을 통해 일하다 자동차에서 거주하며 그곳을 벗어나려 안간힘을 쓰는 단테.

이들을 취재한 영국 신문 〈가디언〉이 홈리스 기사에 대해 질문하자, 우버는 이렇게 답했다.

"사람들은 우버를 통해서 언제, 어디서, 얼마나 운전할지를 스스로 결정합니다. 우리는 우버와 함께 운전하는 것이, 당신이 어떻게 일할지를 선택하는지와 무관하게 보상이 있는 경험이 될 것을 확실히 하는 데 집중하고 있습니다."

우버 기사는 300만 명이다. 그러나 우버가 직접 고용한 직원은 173개국에 2만 2000여 명에 지나지 않는다. 2019년 뉴욕증권거래소에 상장하면서 사업보고서의 '사업상의 위험'란에 우버는 '300만 명 우버 기사가 직접 고용으로 전환되는 일'을 기재했다.

스마트폰이나 앱, 데이터처리 기술은 소비자에게 더 효율적으로 서비스를 제공할 수 있는 기회를 제공한다. 플랫폼 경제는 그래서 가능해졌다. 하지만 플랫폼을 이용해 일하는 사람에 대한 보호는 아직 정착되지 못하고 있다. 전통적 방식의 고용이 노동 3권과 사회보험을 통해 국가의 보호를 받는 것과 대조적이다.

커티스는 결국 회사원으로 되돌아갔다. 단테는 홈리스 상태에서 벗어나지 못했다. 나와 이야기를 나눈 'N잡러'는 재미도 있고 수입도 좋은데 여전히 불안을 겪는다. 이들이 겪는 어려움은 분명 제도가 제대로 갖춰지지 않은 탓이다.

왜 어떤 노동은 다른 노동보다 덜 보호받는가

사실 보호받지 못하는 사람들은 플랫폼 경제 종사자만이 아니다. 대규모 사업장에서 안정적으로 고용된 '정규 노동'이 아닌 다른 사람들은 제대로 보호받은 일이 없다. 한 방송작가는 임신을 했다는 이유로 프로그램에서 쫓겨나게 되었다고 호소했다. 방송작가는 대부분 방송사나 제작사가 직접 고용하지 않는다. 프로그램 단위로 움직인다. 그런데 프로그램은 성과에 따라 종종 개편된다. 형식과 내용이 달라지기도 하고, 아예 사라지고 새로 생기기도 한다. 개편 때마다 시청자에게 무엇을 전달할지를 먼저 정하고, 그에 맞게 누가 어떤 일을 맡아야 할지를 중심으로 진용을 다시 짠다. 프로그램 제작진은 PD가 정점에 있는 벤처기업과 같다.

매일 방송이 나가고 매일 평가를 받으니, 방송은 유연하게 진화해 간다. 일하는 사람의 능력도 금세 드러난다. 결국 일 잘하는 사람, 특정 형식과 내용에 가장 잘 맞는 작가들을 중심으로 팀이 끊임없이 재구성되기 마련이다. 어쩌면 유연하고 창의적으로 움직여야 하는 4차 산업혁명 시대에 가장 잘 맞는 조직 형태처럼 보인다. 그러나 그 이면에는 출산조차 보호할 수 없다는 구멍이 있다.

그 작가가 안정적인 기업에 다녔다면 출산 전후 3개월 동안은 유급 출산휴가를 다녀올 수 있었을 것이다. 웬만한 직장인이었다면 그 뒤 1년 동안 육아휴직을 할 수 있었고, 육아휴직 수당까지 받았을 것이다. 공립학교 교사였다면 육아휴직을 3년 동안 할 수 있었을 것이다. 그리고 나서도 아무 걱정 없이 일터로 돌아올 수 있었을 것이다. 물론, 그 작가의 남편도 비슷한 권리를 누릴 수 있었을 것이다.

동네 중국음식점은 몇 년 전 배달을 접고 홀에서만 음식을 제공하기 시작했다. 주인에게 물었다.

"왜 배달을 중단하셨나요?"

"배달하던 아이가 오토바이 사고가 나서 다쳤는데, 몇 백만 원을 물어줘야 했어요."

"산재보험을 가입하면 되지 않나요?"

"그렇게까지 지출하면서 더 버는 돈도 없고요. 그걸 관리할 능력도 없어요."

산재보험을 들 생각도 하지 않은 사업주가 국민연금과 건강보험을 챙겼을 리 없다. 하루아침에 배달을 접고 내보낼 수 있는 사람들이니 고용 안정성도 있었을 리 없다. 휴가든 뭐든 그 직원이 누려야 할 모든 권리는 주인 마음대로였을 것이다. 퇴직금이나 제대로 챙겨줬는지 모르겠다. 배달 앱이 나오기 전의 배달원의 처지는 오히려 더 열악했다. 보장을 받지 못하는 것은 물론이고, 주문조차 한 사업주에게 의존적이었으니 말이다.

물론 음식점 주인 본인도 마찬가지다. 자영업자이니 출산휴가도 육아휴직도 없다. 국민연금도 건강보험도 오롯이 본인 책임이다. 개인택시 기사도 스스로 사업주다. 오롯이 혼자 모든 위험을 감수하고 책임져야 한다.

괜찮은 대학을 나와서 다니던 안정적 회사에서 부품처럼 살기를 그만두고, 수입을 희생하며 꿈을 찾아 창의적인 예술가로 변신한 사람이라면 어떨까? 독립적으로 일하는 디자이너와 작가와 소프트웨어 개발자는 어떨까?

출산휴가와 육아휴직도 당연히 없지만, 잠시 일을 쉬고 나면 다시 돌아오기는 정말 어려울지 모른다. 혼인과 출산을 경험하면서 자신의 선택을 후회할 가능성도 높다. 우리의 불안정 노동은 늘 그 자리에 있었다. 플랫폼 출현 이전이라고 다르지 않았다.

그들은 모두 일하는 사람이다. 그들이나 '정규 노동자'들 모두 자본주의 체제를 떠받치는 같은 노동자들이다. 그들의 노동도 경제성

우리 사회는 왜 어떤 출산은 다른 출산보다 더 지원하고,

어떤 노후는 다른 노후보다 더 보장할까?

왜 이른바 '정규 노동'에 종사하는 이들의 삶만을

차별적으로 지원할까?

장에 기여하고, 그들이 낳은 아이도 미래의 노동자이며 국민이다.

그러나 그들에게는 회사원이라면 기업에서 절반을 내주는 반값 국민연금도, 반값 건강보험도 없다. 노후는 자기 돈으로 오롯이 부담해야 한다. 일하다 다쳐도 산업재해 보상을 받을 수 없고, 일이 끊어져도 실업 급여는 없다. 안정적 직장에 다닌다면 국가가 제도적으로 보장하는 권리를 대부분 누리지 못한다.

물론 자녀 대학 학자금을 대신 내주는 사람도 없다. 명절 때 들려주는 선물과 상품권도 없다. 휴가 때 지급되는 휴가비도 없다. 직장 동아리에 주어지는 취미생활 지원금도 없다. 물론 복지 포인트도 없다. 이 모든 것이 오로지 개인 책임이다. 안정적인 직장에 다닌다면 기업이 해주는 것들이다.

우리 사회는 왜 어떤 출산은 다른 출산보다 더 지원하고, 어떤 노후는 다른 노후보다 더 보장할까? 왜 이른바 '정규 노동'에 종사하는 이들의 삶만을 차별적으로 지원할까?

'공장 자본주의 시대'의 유산과 변화하는 환경

20세기 자본주의는 공장으로 노동자를 모으기 위해 정규 고용 중심의 사회정책을 도입했다. 노동자를 위한 보호 장치를 만들면서 정당성과 경제성장이라는 두 마리 토끼를 다 잡았었다. 노동자'만'의 권리를 인정(노동 3권)한 것과 노동자'만'을 위한 복지(사회보험)를 만든 것이 핵심이다.

그 이유는 새로운 가치의 원천이 생산수단인 대규모 자본과 정규직 노동자가 만나는 물리적 장소인 '공장'에 있어서였다. 노동자가 공장에 모이게 하고, 그들이 떠나지 않도록 하는 게 이윤을 높이는 중요한 방법이었다.

그런데 이런 복지 제도는 특이하게도, 정규 노동자의 가족까지 보호해줬다. 예를 들면 직접적으로 기계를 돌리지 않는 노인과 어린이와 배우자들에게도 건강보험을 통해 의료를 보장해줬다. 이는 사회보험이 노동자 개인의 위험을 나눠갖기 위한 제도를 넘어서서, 사회 전체를 포괄하고 조직하는 역할을 맡았기 때문이다. 이 모든 조처는, 노동자들을 공장에 묶어두고 기계를 안정적으로 가동하기 위해서였다.

그런데 이때 '노동자의 권리'들은 매우 배타적이었다. 조직화된 소수의 노동자 집단만이 혜택을 받았다. 아르바이트, 소상공인, 전업주부, 문화예술가 같은 집단은 이런 혜택에서 체계적으로 배제됐다. 결과적으로 20세기의 정규 고용 중심 복지국가가 들어선다. 자본 쪽에서 이윤을 독점적으로 가져가는 대신, 사업상의 위험도 먼저 가져가도록 틀을 짰다. 노동자들은 본인뿐 아니라 가족의 생계 위험까지도 줄여주는 제도를 얻어냈다.

단순화하면 '자본가와 노동자'가 '노동자 아닌 일하는 사람들'의 몫까지 먼저 차지하도록 설계한 게 20세기 자본주의/복지국가 체제였다. 보호받는 정규 노동이 공장의 기계를 둘러싼 채 고속성장의 스크럼을 짰다. 유럽은 이런 시스템을 기반으로 20세기 빠른 경제성장과 복지국가를 함께 이뤘다. 정규 고용 중심의 사회정책은 이런 시대의 유산이다.

하지만 이 시스템이 작동하지 않는 영역이 점점 커지고 있다. 산업의 작동 방식이 바뀌고 있기 때문이다. 이제 새로운 가치가 나오는 장소는 더 이상 노동자들이 둘러싼 공장의 기계가 아니다. 모두의 집이고, 지역이고, 가상의 인터넷 공간이다. 사람들은 모든 곳에서 원하는 시간에 일하고 소비한다. 그리고 거기서 나오는 데이터가 빅데이터 시대의 새로운 가치를 만들어낸다.

그러니 자본은 더 이상 노동자를 공장으로 불러들이려고 하지 않는다. 오랜 시간 붙잡아둘 이유도 사라져 간다. 오히려 노동자는 흩어질수록 좋다. 기업에 묶여 있는 것보다 느슨하게 연결되어 있는 것이 낫다. 그게 자본에게 더 높은 이윤을 가져다주기 때문이다.

다른 한편에서는 기업이나 공장에 매이지 않은, 매이고 싶지 않은 노동자들이 많아진다. 20세기 자본주의 체제에서는 '잉여 인간' 취급을 받던 사람들이다. 일보다 삶을 중시하는 파트타이머들, 통제받지 않고 일하고 싶어하는 지식 노동 프리랜서들, 한 기업에만 속하는 것을 거부하는 N잡러들, 자신이 하던 무급 노동의 가치를 찾고 싶어하는 전업주부들, 시장에서 완전히 보상받지 못하는 노동을 하고 있는 비영리 사회활동가들이 그들 중 일부다.

자본 쪽에서도 노동 쪽에서도, 변화의 동기는 커졌다. 문제는 20세기에 만들어 둔 사회제도에는 이런 변화가 전혀 반영되어 있지 않다는 점이다.

전통적 해법은 작동하지 않는다

그럼 어떤 해법이 있을까. 지금까지 우리 사회에서 제시하고 있는 해법은 두 갈래다.

첫 번째 전통적 해법은 '고용주 찾기'이다. 20세기에 국가와 협력해 정규 고용 보호를 지원했던 자본을 끌어들여 어떤 방식으로 일하는 사람이든 그 고용주를 찾아 법적 책임을 지우는 방식이다. '비정규직의 정규직화' 흐름은 이 해법을 투사하고 있다. '우버가 기사를 직접 고용하라'는 주장도 마찬가지다.

그러나 '고용주 찾기'는 점점 어려워지는 게임이다. 책임 있는 고용주가 사라지고 있기 때문이다. 예를 들어 플랫폼을 이용하는 디자이너에게 고용주를 찾아주는 일은 거의 불가능하다. 불과 며칠짜리 일을 맡기는 디자인 발주자들을 고용주로 간주해도 그들이 보호를 제공할 여건이 되지 않는다. 거래하는 플랫폼을 고용주로 여기면 플랫폼은 작동을 멈출 것이다. 실시간으로 일거리를 찾을 수 있게 해주는 시스템도, 원하는 만큼의 일을 지시받지 않고 할 수 있게 해주는 시스템도 작동을 멈춘다.

앱을 통해 들어온 음식 주문을 음식점 주인이 받아 동네 배달업체에 전달한 뒤, 그 주문을 배달한 기사가 있다고 치자. 이 배달기사의 고용주는 누구인가. 누가 이 사람의 노후와 건강과 실업 위험을 책임져야 하고 책임질 수 있는가. 기업이 대규모 공장을 소유하고 노동자를 부리며 생산하던 시대와는 전혀 다르다.

그러다 보니 싸움은 계속 이어지는데 문제는 해결되지 않는다.

이런 노동자들은 플랫폼 경제가 활성화하기 이전에도 고용주로부터 체계적으로 배제되던 이들이다. 디자이너도 배달기사도 원래 어떤 보호도 받지 못했었다. 그들의 고용주 찾기는 수십 년간 진행됐지만, 성과는 미미하다. 자본도 노동도 적극적이지 않은 방식은 성과를 내기 어렵다.

두 번째의 전통적 해법은 '자격 제한'이다. 고용주를 찾아주는 대신, 이런 노동자들을 사업자로 간주하고 진입장벽을 높게 쳐서 경쟁자들이 못 들어오게 해준다. 이들에게는 작은 독점 이익이 생긴다. 이른바 '지대rent'이다. 그 지대를 근거로 살아가도록 해준다. 노동자는 삶을 보장해주는 기업은 없지만 대신 경쟁이 덜한 곳에서 사업자로 살아갈 권리가 생겼다고 느낀다.

개인택시에서 변호사까지, 이발소에서 어린이집까지 이러한 사례는 많다. 개인택시의 경우를 보자. 손님이 줄면 바로 그날 수입이 줄어든다. 개인택시 기사라면 4대 보험도 퇴직금도 본인 부담이다. 자본의 비용과 위험을 노동이 오롯이 떠맡은 모양새다. 국가는 개인택시 기사들에게 고용을 제공하는 대신 사업면허제도를 운영하고 경쟁을 제한해 수입을 지켜준다. 물론 그럼에도 시장이 변동하면 그 위험은 오롯이 기사들의 몫이다. 고용주를 찾아주는 것과, 보호 없이 시장에서 경쟁하도록 하는 것 사이의 중간 해법이라고 할 수 있다.

산업구조가 크게 변화하지 않고 유지될 때, 그리고 독립 사업자가 사회의 핵심이 아니라 주변부의 소수일 때는 이런 해법도 작동할 수 있다. 하지만 산업구조가 격랑에 휘말리면 이 구조는 지속되기 어렵다. 커지는 사업상 위험을 노동자들이 부담하게 되기 때문이다.

게다가 '자격 제한' 솔루션은 폐쇄성 문제도 안고 있다. 다른 사업자가 들어오지 못하게 되어버린다. 국가가 '파워포인트 디자인 면허'를 발급하고 무면허 디자인을 금지하면 어떻게 될까. 배달기사 자격증을 주고 수량을 제한한다면 어떻게 될까. 소비자에게도 새로 진입하려는 사람들에게도 재앙이 될 것이다.

전통적 해법은 더 이상 작동하지 않는다.

국가의 책임

공은 다시 국가로 돌아간다. 산업혁명 시대 국가는 새로운 노동을 조직하고 수용하는 데 적극적 역할을 했다. 어느 시기에는 자본의 이해관계를 받아안으며 형법을 통해 강제 노동의 실행자로 나섰다. 다른 시기에는 노동의 이해관계를 받아들여 노동 3권과 사회보험의 수호자로 나섰다. 나라마다 사회적 맥락에 따라 서로 다른 모델을 받아들였고, 정권의 정치적 성향에 따라 다른 정책을 추진했다.

그러나 어느 시기에도 선진 자본주의 국가들은 '공장과 노동자의 만남'이라는 핵심을 포기하지 않았다. 그런 방향을 지켜간 국가들이 이른바 선진국이 됐고 그들 중 복지국가도 나왔다. 강제 노동과 정규직 고용 중심의 사회정책은 규범적으로는 정반대인 것 같지만, 한편으로는 같은 지향점을 갖고 있다. 그러나 그 지향점은 이제 허물어졌다.

그렇다면 이제 새로운 지향점을 국가가 기획해야 할 때가 됐다. 새로운 생산자들, 즉 흩어져 일하는 사람들과 그들을 연결하는 플랫폼으로서의 기업이 평화롭게 만나도록 설계도를 내놓아야 한다. 그 핵심은 '정규 고용'의 틀 바깥에 있는 사람들을 적극적으로 보호하는 사회정책을 기획하는 것이다.

프리랜서 디자이너의 노동은 왜 노동이 아닌가. 배달기사의 노동은 왜 보호받지 못하는가. 자영업자의 출산은 왜 국가가 보호하는 출산이 아니어야 하는가. N잡러의 사회보험은 왜 본인이 고민해야 하며, 우버 기사와 소비자가 만들어내는 데이터에서 나오는 이익은 왜 모두 우버가 가져가는가.

이미 두 가지의 굵직한 제안이 나와 있다. 하나는 국가가 보장하는 기본소득 제도이다. 다른 하나는 국가가 보장하는 완전고용 제도이다.

기본소득 제도는 《21세기 기본소득》의 저자 반 파레이스가 체계적으로 제안하고 있다. 국가가 모든 개인에게 정기적으로 현금 소득을 지급하는 제도다. 이런 방식을 통해 전업주부건, 아르바이트건, 프리랜서건, 잠시 쉬는 사람이건 생계 고통을 최소화하고 자유롭게 노동할 수 있게 하자는 제안이다.

국가가 보장하는 완전고용 제도는 토마 피케티의 멘토인 앤서니 앳킨슨이 《불평등을 넘어》에서 제안했다. 국가가 '최후 고용주' 역할을 해서, 누구든 국가에게 고용을 요구하면 의무적으로 고용해주는 제도다. 이런 방식을 통해서 모든 사람이 정규 노동자가 받는 것 같은 최소한의 보호를 받을 수 있도록 하자는 제안이다.

두 가지 제안 모두 토론할 여지가 있지만, 공통점도 있다. 모든 사람에게 소득을 보장하든 고용을 보장하든, '정규직과 비정규직', 또는 '취업과 미취업' 사이에 깊게 패인 경계선은 허물어야 한다는 점이다. 결국 최소한의 생계를 위한 소득과 인간다운 삶을 위한 사회보장을 국가가 모든 사람에게 제공하는 것이 미래 노동정책의 핵심이라는 이야기다. 20세기 국가가 경제성장과 복지국가를 동시에 이룬 시스템을 만들어냈듯이, 21세기 국가도 새로운 패러다임에 따라 새로운 시스템을 만들어내야 한다는 이야기다.

11장

아이폰은
애플이
만들지 않았다

"제가 어려움에도 계속 전진할 수 있었던 것은, 제가 하는 일을 사랑했기 때문입니다. 여러분들도 사랑하는 일을 하세요. [⋯] 위대하다고 믿는 일을 하세요. 아직 찾지 못했다면 계속 찾으세요. [⋯] 갈증을 지닌 채로, 바보 같은 채로 지내세요."

애플의 창업자 스티브 잡스는 2005년 스탠퍼드 대학 졸업식에서 축하 연설을 했다. 그 내용은 참석한 졸업생들뿐 아니라 전 세계의 수많은 청년에게 감동을 선사했다. 연설 영상은 십 수 년이 지난 지금도 많은 이들이 시청하며 공유한다.

대학을 자퇴하고 자신이 창업한 기업에서 쫓겨나면서도 전진을 멈추지 않은 그의 진심 어린 이야기가 감동을 주었을 것이다. 유려하면서도 겸손하게 쓴 연설문의 문장과 표현이 감동을 더했을 것이다. 하지만 그가 창업한 애플이 세계 최고의 기업이 되었다는 점을 빼놓고 그 감동을 모두 설명할 수는 없을 것이다.

1976년 스티브 잡스, 스티브 워즈니악, 로널드 웨인이 창업한 애플은 PC인 애플 컴퓨터로 사업을 시작해 아이팟, 매킨토시, 아이폰, 아이패드, 에어팟에 이르기까지 세상에 없는 제품을 내놓으면서 열광적 팬을 만들어냈다.

2007년 아이폰과 아이팟 터치를 내놓으면서 애플은 중요한 전환을 맞이한다. 이후 5년 동안 순매출액이 4배 이상으로 치솟는다. 이를 기반으로 2011년 애플은 미국 증시 시가총액 1위 기업으로 올라서면서 세계 최대 기업 반열에 오른다. 그 뒤 지금까지도, 시가총액으로나 이익으로나 세계 최대 규모의 기업 자리를 넘나들고 있다. 잡스가 스탠퍼드 대학에서 연설한 2005년 이후 2018년까지 애플의 순이익을 모두 합하면 3863억 달러(약 440조 원)가량이다.

애플은 혁신의 아이콘이다. 스티브 잡스의 연설에서도, 혁신에서 중요한 것은 연구개발 자체뿐 아니라 혁신적 사고방식과 전문지식을 넘어선 모험 정신이라는 점을 강조한다. 소비자가 원하는 제품을 내놓는 것이 아니라, 소비자가 생각지도 못한 앞서가는 제품을 내놓는 게 애플의 정신이다. 그 정신이 위대한 기업을 키웠다.

이 모든 혁신은 애플 스스로 만들어낸 것일까? 아니다. 사실 국가 예산이 엄청나게 투입되어 핵심 기술이 만들어졌다. 애플은 마지막에 상품으로 만들어 멋지게 발표했을 뿐이다. 어쩌면 갈증을 지닌 채로 위험을 무릅쓰고 될지 안 될지 모르는 혁신적 기술에 투자했던 것은, 애플이 아니라 국가였다.

아이폰은 애플이 아니라 미국이 만들었다

마리아나 마주카토 영국 서섹스 대학 교수는《기업가형 국가》에서 '왜 애플과 구글은 유럽에서 나오지 않고 미국에서 나왔는가?'라는 흥미로운 질문을 던진다. 미국 실리콘밸리에는 기업가 정신과 혁신이 넘쳐나서? 위험을 감수하며 투자하는 벤처캐피털과 창고에서 시작해 인생을 불태우는 젊은 기업가들이 있어서? 유럽에는 그런 정신과 사람이 없어서 신기술과 신산업이 없는 것인가?

마주카토의 연구 결과는 이런 통념을 전면 부정한다. 아이폰이 등장하기까지는 엄청난 직간접적 정부 지원이 이뤄졌다는 게 그의 결론이다. 정부 지원은 기업의 창업과 성장 초기의 직접적 주식투자, 국가의 돈으로 이뤄지는 연구과제 및 군사기술 개발에 대한 접근권 부여 그리고 세계 시장에 진출하도록 돕는 세금 및 무역정책 등의 형태로 이뤄졌다. 그중 핵심은 국가의 돈으로 이뤄지는 수많은 대형 기술 연구개발이었다. 특히 국가가 지원하고 애플이 사용한 기술은 대부분 투자 위험이 큰 것들이었다. 혁신을 위해 위험을 감수하고 미지의 세계에 뛰어들어 돈과 시간을 퍼부은 곳은 애플이 아니었다. 미국 정부였다.

애플은 2005년 핑거웍스라는 기업 및 창업자들이 보유한 다수의 특허를 매입한다. '아이제스쳐 넘패드'라는 감전식 터치스크린 기술의 기초 기술을 개발한 기업이었다. 핑거웍스의 창업자는 델라웨어 대학의 웨인 웨스터맨과 존 엘리어스였는데, 이들은 국립과학재단과 중앙정보부의 지원을 받아 뇌신경 시스템을 연구했다.

그때 연구한 기술을 토대로 창업한 기업이 핑거웍스였다. 이 기술은 이후 아이폰의 스크린 멀티터치 기능의 심장과도 같다. 정부의 연구개발 자금이 국립과학재단과 중앙정보부를 통해 대학으로 가서 기반 기술을 만들어낸 뒤, 성공이 확인된 시점에서 애플이 투자해 가져간 셈이다.

멀티터치 기술은 아이폰에 장착된 순간 수십억 달러(수조 원) 가치의 기술이 됐다. 애플은 그 기술을 값싸게 손에 넣을 수 있었다. 물론 연구개발에 투자할 때 반드시 감수해야 하는 실패 위험도 짊어지지 않았다. 초기 연구개발 투자 비용도 실패 위험도 모두 국가가 짊어졌다.

2001년, 아이팟 1세대가 세상에 나타났던 때로 시계를 되감아 보자. 이 새로운 휴대용 음악 저장 기기는 소비자가 카세트 테이프나 CD를 넣지 않고도 수천 개의 노래를 가지고 다니며 들을 수 있게 해주었다. 시장을 장악했던 소니의 워크맨과 디스크맨은 금세 시장에서 퇴출될 운명이 됐다. 아이팟은 휴대용 음악 저장 기기 시장을 뒤흔들었을 뿐 아니라, 음반 시장 전체를 뒤흔들었다. 드디어 카세트 테이프 모양이든 CD 모양이든, 음악을 음반으로 내놓는 관행이 내리막길을 걷기 시작했다. 사람들은 이제 음악을 파일로 다운로드받아 듣기 시작했다. 심지어 그 파일에 돈을 내기까지 했다. 음악인들은 마침내 음반 대신 음악을 팔 수 있게 됐다.

이 성공은 애플과 스티브 잡스를 유명하게 만들었다. 사람들은 혁신적 아이디어와 단순한 디자인의 미학에 열광했다. 작고 흰 기기 안에 든 세련된 기술들을 칭송했다. 그러나 그 기술 하나하나에 들어 있는 국가의 지원은 알지 못했다.

아이팟 1세대의 핵심 기술은 뭐니뭐니 해도 마이크로 하드드라이브다. 1천 곡의 음악 파일을 손바닥보다 작고 얇은 아이팟에 모두 넣을 수 있도록 한 기술이기 때문이다. 10~15곡밖에 넣지 못하는 CD 따위는 단숨에 퇴출되게 만든 힘이었다.

마이크로 하드드라이브를 가능하게 한 기술이 거대자기저항 기술이다. 유럽의 과학자 페테르 그륀베르크와 알베르 페르가 개발에 기여한 기술이다. 이들의 연구 역시 미국 연방정부 에너지부로부터 상당한 지원을 받았다. 연구 결과는 기초연구 수준을 넘어 상품화 가능한 수준까지 다가갔다. 이들과 다른 연구원들은 1980~1990년대에 다양한 국가 지원 연구 과제를 통해 하드디스크 장치의 데이터 저장 용량을 크게 늘렸다. 알베르 페르와 페테르 그륀베르크는 거대자기저항을 개발한 공로를 인정받아 2007년 노벨 물리학상을 수상하기도 했다.

이 기술을 일찍 손에 넣게 된 애플이 아이팟을 먼저 내놓을 수 있었다. 역시 비싼 연구개발 투자를 할 필요도, 실패 위험을 감수할 필요도 없었다.

미국에서 신산업을 구성하는 주요 기술은 대부분 미국 정부가 주도한 투자로 개발됐다. 아이폰의 주요 기술을 더 살펴보자. 마이크로칩, 인터넷, GPS, 터치스크린은 미 국방부와 방위고등연구계획국, 중앙정보국의 작품이다.

마주카토는 아예 애플의 아이팟과 아이폰이 나오는 과정에서 어떤 핵심 기술들이 필요했으며 이 기술들의 개발을 국가의 어느 기

아이폰을 스마트하게 만든 것들

표11-1 정부의 투자가 만들어낸 아이폰

인터넷(국방고등연구기획국)

마이크로칩(국방고등연구기획국)

GPS
(국방부/해군)

액상크리스털
디스플레이
(국립보건원/
국립과학재단/
국방부)

시리(국방고등연구기획국)

리튬-이온 배터리(에너지부)

터치스크린(에너지부/국립과학재단/중앙정보국)

자료: 마리아나 마주카토의 자료를 저자가 재구성

관이 지원했는지를 그림 하나에 요약했다.

이 기술들은 개발 당시에는 미래가 불확실했다. 특히 초기에는 연구개발 결과가 나올지 여부조차 알기 어렵다. 그런 시기에 정부가 위험한 투자를 감행했다. 애플은 초기 투자의 불확실성이 걷힌 뒤, 연구 성과를 지닌 사람을 채용하거나, 특허를 사거나, 기업을 인수하여 그 기술을 활용해 제품을 만들었다. 아이팟, 아이폰, 아이패드의 초기 개발 비용은 모두 국가가 댄 셈이다.

물론 정부가 좀 더 직접적으로 관여한 경우도 있다. 구글이다. 1994년, 웹 검색 도구가 최초로 만들어지기 시작했다. 네트워크와 네트워크를 모두 연결한 '인터넷'이 모두에게 유용한 도구가 되려면 정보를 찾을 방법이 있어야 했다. 스탠퍼드 대학 학생 2명은 웹의 목차를 수동으로 만들어 보여주는 '야후'를 창업했다. 라이코스와 웹크롤러 같은 초기 검색 엔진도 등장했다.

이 시기에 스탠퍼드 대학에서는 국립과학재단이 지원하는 디지털도서관프로젝트DLI가 시작됐다. 대학원생들 중 한 명이 자금을 지원받았는데, 정보의 총집합소로서의 웹에 큰 관심을 보이며 연구를 시작했다. 그 사람이 나중에 구글을 창업한 래리 페이지였다.

래리 페이지는 링크에 주목했다. 어떤 사람이 특정한 웹주소를 링크로 건다면, 그건 그 사람이 그 주소의 정보를 신뢰한다는 점을 나타낸 것으로 볼 수 있다는 점에 착안했다. 래리 페이지는 결과적으로 웹페이지들이 링크를 나누며 연결되어 있다는 사실을 활용해 검색 순위를 정하는 논리를 개발했다. 래리 페이지는 곧 DLI 프로젝트에 참여한 또 다른 스탠퍼드 대학원생인 세르게이 브린과 합류했다. 브린은 당시 국립과학재단 펠로우로 선정되어 장학금을 받고 있었다.

페이지와 브린은 함께 그들의 스탠퍼드 학생 사무실에서 시제품을 만들었다. 이 프로토 타입은 '백럽BackRub'이라는 DLI 프로젝트 지원금으로 산 장비로 운영했다. 그들은 아이디어를 발전시켜 '페이지랭크'라는 검색 결과 순위를 매기는 방식을 개발해 논문을 썼다. 1997년 후반, 닷컴 시대가 번창하기 시작하던 때, 페이지랭크 방식을 사용한 검색 엔진은 당시 나온 다양한 방법 중 괜찮은 것으로 검증되고 주목받기 시작했다. 이듬해 페이지와 브린은 투자금을 확보했고, 장비를 스탠퍼드 캠퍼스에서 친구의 차고로 옮긴 뒤 주식회사 구글을 창업했다.

세계 최대 인터넷 기업 구글은 그렇게 시작됐다. 미국 정부 연구 자금을 받아 새로운 검색 방법을 연구하던 수많은 연구자 중 한 명이, 자신이 연구하던 방법의 유효성이 검증되자 뛰쳐나와 사업화한 것이다. 국가가 위험을 떠안고 자금을 투자해 기술의 초기 연구개발 불확실성을 제거해준 뒤, 기업이 그 기술을 가지고 상업화에 나선 경로다.

시장 vs 국가라는 미신

국가의 기술 기업 지원은 꼭 대단한 연구개발에만 한정되는 것은 아니다. 넷플릭스 역시 흥미로운 사례다. 지금은 세계에서 가장 주목받는 인터넷 기반 방송이 되었지만, 초기 넷플릭스는 동네 비디오 가게와 경쟁하는 기업이었다.

1997년 창업한 미국 기업 넷플릭스는 인터넷으로 DVD 대여 신청을 하면 빨간 봉투에 담아 우편으로 보내주는 서비스를 주로 제공했다. 그 봉투에 DVD를 다시 넣어 봉한 뒤 우편함에 다시 넣기만 하면 반납이 됐다. 우표를 붙이지 않아도 반납할 수 있어 비디오 가게에 다녀오는 일보다 훨씬 간편했다. 그 편리한 우편 서비스 덕에 짧은 시간 안에 비디오 가게와 전면전을 벌일 만큼 성장하게 된다. DVD 우편 대여는 인터넷 스트리밍이 확산되면서 줄기 시작하지만, 2016년까지도 500만 명이나 사용하는 등 계속 주요 서비스로 남았다. 게다가 이익률이 50퍼센트나 되는 사업이어서 넷플릭스가 현금에 목마르지 않게 해주는 좋은 기반이었다.

결국 블록버스터 비디오라는 전국 비디오 가게 체인이 2010년 파산 신청을 하면서 넷플릭스의 전성기가 열린다. 그 뒤 넷플릭스는 인터넷 스트리밍을 중심으로 한 미디어로 변신한다. 이제 괜찮은 영화와 드라마가 영화관이나 공중파 방송 대신 넷플릭스를 통해 개봉되고 공개된다. 케이블TV 생태계는 통째로 흔들리고, 영화 배급사와 방송사들이 뒤늦게 인터넷 기반 스트리밍 서비스에 뛰어들게 됐다.

이 흥미로운 스토리의 이면에 미국 정부가 어떤 역할을 했을까? 미디어 정책과 규제를 통해 수많은 역할을 했을 것이다. 그러나 그중 가장 결정적이었던 것은, 우편료 지원이었다. 넷플릭스가 오랜 기간 캐시카우로 삼았던 DVD 우편배달 서비스는 '왕복 우편'이라는 미국 우체국USPS의 서비스를 이용하고 있었다. 우표를 붙이지 않고 간편하게 반납할 수 있게 해주는 서비스였다. 이 서비스는 사실상 넷플릭스만을 위한 요금제였다. 서비스 사용량의 97퍼센트를 넷플릭스가 점유했다.

특히 USPS는 손상된 봉투 등을 우체국 직원들이 처리하고 있으며, 이 일을 하느라 연간 2000만 달러(220억 원) 이상을 더 지출하게 된다는 불만을 표시하면서 요금 인상을 시도하기도 했다. 인상이 이뤄졌다면 넷플릭스 이익은 3분의 2가 줄어들 것이라는 분석이 증권가에서 나오기도 했다. 캐시카우를 잃어버린 넷플릭스는 오늘날의 위상에 이르지 못하게 되었을지도 모른다. 그러나 결국 요금은 유지된다.

무명의 넷플릭스는 USPS로부터 연간 수백억 원의 지원을 받으면서 DVD 우편배송 서비스를 성공시킨 셈이다. 이를 기반으로 전세계 방송·미디어 산업을 뒤흔드는 기린아가 됐다.

사례는 끝이 없다. 인터넷, 지피에스, 터치스크린은 미 국방부와 방위고등연구계획국과 중앙정보부의 작품이다. 애플의 개인비서 솔루션 시리도 방위고등연구계획국에서 나온 것이다. 테슬라의 전기차 기술은 미국 항공우주국의 프로젝트를 통해 본격화한 것이다. 미국 바이오 산업의 신물질과 신약의 75퍼센트가 국립보건원 연구실에서 나왔다. 아주 혁신적인 기술은 대부분의 경우 가장 위험한 초기 단계의 연구는 국가의 돈으로 진행한다. 그 단계가 끝나 기술 개발이 성공하면, 그제서야 기업이 뛰어들어 그 기술을 상업화하고 마케팅한다. 그게 미국이 구글과 애플을 탄생시켰던 배경이라는 게 마주카토 교수의 설명이다.

한국 경제도 이런 경험을 갖고 있다. 조선·철강·자동차 등 중화학공업도, 통신 서비스도, IT 벤처기업도, 경제개발계획을 세우고 시디엠에이CDMA에 투자하며 초고속인터넷망을 전국에 깔았던 정부가 없었다면 불가능했을 것이다. 정부가 불확실한 기술에 투자하며 기회의 창을 열었다. 정부가 씨를 뿌린 뒤 안정적으로 자라기 시작하면 기업들이 그다음 단계에 뛰어들어 꽃을 피우고 열매를 따서 챙긴 셈이다. 시장에서 기업들이 혁신적인 일을 하고 국가는 기업들이 하는 일을 방해나 하지 않으면 다행이라는 고정관념은 미신일 뿐이다.

문제는 그 다음이다. 기업은 위험이 상당 부분 제거된 상태의 기술을 받아들고 상당한 이익을 얻는다. 그 이익은 사회 전체에 어떤 방식으로 분배될까? 가장 위험한 투자를 했던 국가는 어떤 방식으로 투자금을 회수할까? 국가의 주인인 국민에게는 어떻게 나누어질까?

여기에 대한 전통적 대답은 있다. '기업이 일자리를 창출해 그들에게 나누어주면 된다.' 시장의 해법이다. 하지만 이제는 이 길이 점점 좁아지고 있다. 1982년 세계 최대 기업이던 자동차 회사 제너럴모터스는 당시 657만 명을 고용했다. 2017년 세계 최대 기업이던 애플은 12만 3천 명, 2위이던 구글은 8만 8천 명을 고용했을 뿐이다. 기술혁신은 과거와 같은 일자리 중심의 분배 시스템을 깨뜨리고 있다.

애플은 누구나 앱을 개발해 아이폰 앱스토어를 통해 팔 수 있게 만들어두어서, 수십만 명의 새로운 고용이 창출되었다고 주장한다. 그러나 앱 개발자 중 상당수가 개인이나 사실상 독립사업자로, 경제적 불안정이 극심한 사람들이 상당수다. 이들의 삶을 주 40시간 노동에 정년과 두둑한 연금까지 보장됐던 고임금의 제너럴모터스 노동자들의 삶과는 비교할 수 없다.

또 다른 전통적 해법을 보자. '세금을 더 거두면 된다.' 하지만 쉬운 일이 아니다. 아이폰은 대만 기업 폭스콘의 중국 공장에서 만든다. 세금도 중국에서 낸다. 한국 소비자가 구글의 플레이스토어에서 앱을 구매하면 싱가포르에서 매출이 잡힌다. 매출조차 파악하기 어려우니 세금을 거두기도 어렵다. 방법을 새로 찾아야 한다.

어쨌든 세금은 기업에 대한 처벌이 아니라는 관점을 명확히 할 필요가 있다. 세금은 회수다. 국가가 먼저 나서서 기업의 리스크를 대신 짊어진 데 대한 대가를 받는 것이다. 이 대가는 모두에게 분배되어야 한다.

사실 애플의 이야기는 연구개발 전반에 적용되는 이야기다. 기술 발전은 인류가 축적한 지식의 결과물이다. 어떤 기술혁신이든, 어떤 기술 제품이든, 오랜 기간 수많은 투자와 실패를 거쳐 그 수준에 다다른 것이다. 그러므로 그 지식이 상품화되어 소득이 생긴다면, 그 소득이 마지막에 가공해 판매한 기업의 이익으로 돌아가고 그 기업의 주주들에게만 귀속되는 것은 옳지 않다. 어떤 방식으로든 그 이익은 위험한 투자를 도맡았던 국가에 배당으로 되돌려주는 것이 맞다. 그리고 국가는 국민에게 다시 소득으로 되돌려주는 것이 맞다.

역사를 돌아보면, 국가가 기술혁신 과정에서 어떤 역할을 하느냐에 따라 수십 년 또는 수백 년 동안 그 후손이 겪을 운명이 달라지기도 했다. 18세기 러다이트 운동이 확산될 때, 영국은 혁신적 발명을 한 기업가들을 보호하며 동시에 노동자들의 임금을 높이는 조처를 취했으나 프랑스는 주저하며 시간을 보냈다. 그 뒤 수십 년 동안 영국의 기술이 프랑스를 앞섰고, 산업혁명의 주역이 됐다. 1930년대 일찍이 복지국가 체제를 구축한 스웨덴과 북유럽 국가들은 노동을 중심으로 한 제조업의 혁신을 이끌어내는 데 성공했다. 그들은 20세기 제조업의 주역이 됐고 21세기에도 복지국가와 시장경제를 동시에 효과적으로 운영하는 사회로 추앙받는다.

기술혁신이 일자리를 없앨 수 있다. 기존 질서를 뒤흔들 수 있다. 그러나 두려워하고만 있을 필요는 없다. 새롭게 만들어지는 부를 어떻게 사회가 배당할 수 있을지 고민하고 방법을 찾아야 한다. 그 방법을 찾을 수 있다면, 미래가 두렵지만은 않을 것이다.

12장

"모두에게 1년에 천만 원씩 나눠드릴 수 있습니다"

내가 도착한 시외버스 터미널 주변 네거리는 요양병원 간판으로 둘러싸여 있었다. 마중 나온 군청 공무원은 내게 말했다. "여기가 이 군의 메인 스트리트, 주도로라고 보시면 됩니다." 전국에서 인구 소멸 위기 지역 1위를 다투는 곳이라는 사실이 실감났다. 워낙 고령자와 아픈 사람이 많은 지역이니, 주도로에 요양병원 광고판이 가득한 게 당연했다. 그곳은 경상남도 남해군이었다.

남해군은 한국에서 가장 먼저 인구가 사라질 인구 소멸 지역으로 꼽히는 곳이다. 한 해 700여 명이 사망하고, 100여 명이 태어나는 지역이다. 전체 인구는 한 때 20만 명에 이르렀으나, 지금은 4만 명대가 되었다. 노인은 많아지고, 아이는 태어나지 않고, 청년은 떠나는 곳이다.

그런데 뜻밖이었다. 터미널에서 멀지 않은 군청에 도착해 공무원 500여 명이 모인 대강당의 무대 위에 서는 순간, 밝고 힘찬 기운이 나를 덮쳤다. '인구가 줄어 소멸되는 지역이 되지 않고 오히려 청년이 돌아오는 지역'을 만들고 싶으니 이에 관한 강의를 해달라는 요청을 받고 방문한 터였다. 그런데 소멸되어 가고 있다는 지역에 이렇게 밝은 기운이 가득 차 있다니?

강의를 시작하려는 순간, 그 기운의 실체가 무엇인지 깨달았다. 그들은 젊었다. 강의장의 5분의 1가량이 20~30대로 보이는 젊은 공무원들로 들어차 있었다. 군청에서 한 걸음만 걸어나가도 거리에서 발견할 수 없는 에너지가 철철 넘쳤다. 지역은 고령화되어 생기를 잃는데 군청은 에너지가 넘친다. 지역은 소멸해가고 있다지만 군청은 인력도 늘고 의욕도 커져가고 있었다.

젊은 공무원들이 인구 소멸 지역으로 들어오는 것은 좋은 일이다. 그들의 소득은 안정적이다. 정년은 보장된다. 활력이 넘친다. 지역의 느린 삶을 만끽하면서, 동시에 소멸 지역의 회복을 위해 헌신할 수도 있다.

문제는 그런 지위에 있는 젊은 사람은, 그 지역에는 오직 그들뿐이라는 데 있다. 친구를 찾으려고 해도 군청 안에서, 배우자를 찾으려고 해도 군청 안에서 찾게 된다. 거리로 나서면 고령자와 복지 대상자를 주로 상대하게 된다. 경제적 안정성도, 지식 수준도, 문화적 수준도 자신보다 높은 주민을 만나기 쉽지 않다.

군청은 지역 내 어떤 기업보다도 크고 안정적이고 효율적이며, 지식 수준도 높고 기술적으로나 문화적으로나 앞서가는 젊은 인재가 모여 있는 곳이다. 그게 바로 대강당에서 내가 느낀 낯선 희망의 기운이었다.

한 지역에서 가장 앞서가는 인재들이 군청 건물 안에 모여 있는 지역은, 어떤 방식으로 운영될까? 이건 희망적인 일일까, 절망적인 일일까?

현실로 다가온 지방 소멸

한국의 지방은 사라지고 있다. 이상호 한국고용정보원 연구위원은 〈고용 동향 브리프〉 2018년 7월호에 '한국의 지방 소멸 2018'을 발표했다. 전국 228개 시·군·구, 그리고 더 쪼개어 3463개의 읍·면·동 인구를 분석했다. 분석에는 《지방 소멸》의 저자 마스다 히로야가 개발한 지방 소멸 지수를 사용했다. 지방 소멸 지수를 산출하는 공식은 다음과 같다.

지방 소멸 지수 = 20~39세 여성 인구 수 ÷ 65세 이상 인구 수

지역에 젊은 여성 인구가 많을수록 신생아 출생 가능성이 높으니 인구가 늘어날 가능성이 높아지고, 노인 인구가 많을수록 인구가 줄어들 가능성이 높아진다는 점에 착안해 만든 지수다. 이 숫자가 작을수록 인구가 줄어들 가능성이 높고, 클수록 인구가 늘어날 가능성이 높다.

이상호 연구위원은 1.0을 기준으로 삼아 분석했다. 젊은 여성 인구가 노인 인구보다 적다면 그 지역은 인구학적 쇠퇴 위험이 커졌다고 판단했다. 그리고 0.5를 넘지 못하면, 즉 젊은 여성 인구가 노인 인구의 절반이 안 된다면 소멸 위험에 이미 진입한 단계로 분류하면서 '극적인 전환의 계기가 생기지 않는다면 소멸 위험이 크다'고 판단했다.

2018년 6월 현재 남해군의 인구는 4만 4000여 명, 그중 65세 이상 인구는 1만 9000여 명이다. 그런데 20~39세 여성 인구는 2800여 명이다. 지방 소멸 지수는 0.179였다. 0.2를 넘지 못했으니, 사실상 이미 소멸이 시작된 곳이라고 봐도 될 정도다. 젊은 사람은 이곳에서 썰물처럼 빠져나간다. 젊은 여성은 할 수만 있다면 빠져나가는 지역이다. 5년 전에 견줘 20~39세 여성 인구는 700여 명이 줄었다. 전체 인구는 4만 7500여 명에서 4만 4300여 명으로 줄었다. 고령자들만 남았다. 65세 이상 인구는 600여 명이 늘었다.

지방 소멸 지수 0.2를 넘지 않는 군은 남해군 이외에도 경북 의성군, 전남 고흥군, 경북 군위군, 경남 합천군, 경북 청송군, 경북 영양군, 경북 청도군, 경북 봉화군, 경북 영덕군, 전남 신안군 등 10개가 더 있다. 이들을 포함해 소멸 위험 단계에 진입한, 즉 소멸 지수가 0.5를 넘지 않는 기초자치단체(시·군·구)는 전국 228군데 중 89군데였다.

이 지역들은 빠르게 소멸하고 있다. 의성군의 20~30대 여성 인구는 5년 동안 20퍼센트 이상 줄었다. 65세 이상 인구는 늘어났다. 고흥군에서도, 군위군에서도, 봉화군에서도, 합천군에서도 양상은 비슷했다. 젊은 층은 줄고 고령자는 늘어난다. 즉 고령자는 빠져나가지 않고 젊은 층은 썰물처럼 빠져나가고 있다.

표12-1　2018년 6월 시군구 기준 소멸 위험 지역 현황(단위: 명)

시도명 / 시군구명	2013년 7월				2018년 6월			
	전체 인구	20-39세 여성인구	65세 이상 인구	소멸 위험 지수	전체 인구	20-39세 여성인구	65세 이상 인구	소멸 위험 지수
경북 의성군	56,531	3,826	19,181	0.199	53,166	3,112	20,567	0.151
전남 고흥군	70,837	4,897	24,384	0.201	66,284	4,108	25,521	0.161
경북 군위군	24,125	1,613	8,135	0.198	24,386	1,522	9,008	0.169
경남 합천군	49,958	3,649	16,421	0.222	46,538	2,935	17,145	0.171
경남 남해군	47,522	3,563	15,346	0.232	44,386	2,845	15,931	0.179
경북 청송군	26,395	1,881	8,067	0.233	25,874	1,642	8,921	0.184
경북 영양군	18,262	1,325	5,705	0.232	17,482	1,137	6,074	0.187
경북 청도군	43,747	3,321	12,987	0.256	43,171	2,913	15,008	0.194
경북 봉화군	33,962	2,539	10,117	0.251	33,177	2,171	11,012	0.197
경북 영덕군	40,255	3,107	12,362	0.251	38,381	2,617	13,248	0.198
전남 신안군	44,157	3,122	13,362	0.234	41,960	2,778	14,022	0.198

이런 지역들에서 유일하게 유입되는 젊은 인구가 바로 군청에 있다. 공무원 시험에 합격해 새로 출근하는 청년들이다. 고령자는 차례대로 은퇴하고 젊은 층이 들어와 조직을 떠받치는 정상적 순환이 일어나고 있는 지역의 거의 유일한 조직이다.

전국 지방자치단체들을 보면, 공무원 숫자는 오히려 늘어나고 있다. 대부분 군 지역에서 인구가 이미 줄어들고 있는데 말이다. 지방자치단체 소속 지방직 공무원 수는 2008년 27만 명에서 2013년 29만 명, 2018년 33만 명까지 늘었다. 군청, 읍사무소, 면사무소 소속 공무원만 따져도 2013년 5만 7000여 명에서 2017년 6만여 명까지 늘었다.

젊은 인재가 계속 유입되면서 전체 인원이 늘어나는 조직이 유능하면서도 힘을 갖는 것은 당연하다. 권력이 없다고 해도 이런 조직은 지역에서 주목받고 영향력을 확보할 수 있을 것이다. 지방자치단체는 상당한 권력을 갖고 있는 행정기관이니 말할 것도 없다. 남해군청 대강당의 기운이 젊고 활기찬 데에는 이런 이유가 있었다.

그런데 이런 기관이 돈도 갖고 있다면 어떻게 될까? 그것도 지역 소득의 상당 부분을 갖고 있다면?

유능하면서 힘이 있고 돈까지 가진 조직, 지방정부

"군 예산을 그냥 나눠드리면 1인당 연간 1000만 원도 드릴 수 있습니다." 군 공무원의 이야기는 충격적이었다. 사실이라서 더 그랬다.

지방 소멸 지수가 가장 낮은 의성군의 2019년 예산은 5500억 원이다. 인구는 2019년 5월 현재 5만 2000여 명이다. 군청이 예산을 군민 개인에게 똑같이 나누어 주면 1인당 연간 1000만 원이 넘는다.

의성군은 마늘과 컬링으로 유명한 지역이다. 원래 유명하던 마늘과 마늘 가공제품이 잘 팔리던 데다, 컬링으로 유명세를 타면서 소멸 위험 지역 중에서는 꽤 소득이 높은 편이다. 2016년 기준 1인당 지역총생산GRDP는 2300만 원을 넘었다. 전국 평균만큼 성장했다고 넉넉하게 가정하면 2019년에는 2500만 원을 넘겼을 것이다.

그런데 군청 예산이 1인당 1000만 원이라는 것은 어떤 의미일까? 지역의 경제활동 전체를 통틀어 만들어낸 부가가치의 40퍼센트가 군청에서 직접 나왔다는 뜻이다. 이 지역에서 도는 돈 100만 원 중 40만 원은 군청에서 직접 지급된 것이다. 군청의 지출이 간접적으로 끼치는 경제 효과는 빼고 봐도 그렇다.

독립적으로 예산을 수립하고 집행하는 한국의 지방자치단체는 광역과 기초로 나뉘어져 있다. 특별시·광역시·도가 광역자치단체이고 시·군·구가 기초자치단체다. 군청은 기초자치단체다. 따라서 군청 예산은 지방정부 예산 중 일부다. 실제 지방예산은 광역단체와 기초단체 예산을 합쳐야 전체 규모를 알 수 있다.

예를 들어 의성군은 광역단체인 경상북도 소속 기초단체다. 의성군 예산도 의성군에서 사용되지만, 경상북도 예산도 의성군에서 사용된다. 경북 예산 중 얼마가 의성군에서 집행되는지 아주 정확하게 파악하기는 힘들다. 하지만 추정할 수는 있다. 경북 예산이 경북도민 전체에게 골고루 집행된다고 가정해 추산하는 것이다. 즉 의성군이든 영양군이든 경북 소속의 시·군·구라면, 주민 1인당 같은 액수의 예산이 그 시·군·구에 배정되었을 것이라는 가정이다.

이런 가정 아래 지방정부 예산을 추정해 봤다. 경북 영양군은 2019년 1인당 1955만 원의 예산을 쓴다. 전북 진안군과 경북 울릉군은 2000만 원을 넘긴다. 1인당 1500만 원을 넘기는 지역은 부지기수다. 1인당 1000만 원을 넘기는 지역이 전국 225개 기초자치단체 가운데 78개나 된다. 물론 여기는 중앙정부에서 지출하는 예산은 통째로 빠져 있다. 영양군은 지역총생산의 78퍼센트를, 진안군은 74퍼센트를, 보성군은 73퍼센트를, 장수군은 71퍼센트를 지방정부가 직접 썼다.

물론, 현실에서는 주민들에게 그냥 돈을 나눠주는 일은 생기지 않는다. 지방정부는 이 돈을 어디에 어떻게 쓰고 있을까?

김주수 의성군수는 정책 혁신가다. 새로운 정책을 끊임없이 내놓는다. 농림부 차관까지 지냈던 중앙정부에서의 행정 경험이 뒷심이 됐을 것이다. 의성군수로 두 번째 맞은 임기에서는, 그가 낸 아이디어 중 상당수가 실제 실행이 되기 시작했다. 혁신적 정책들이 소멸 위험이 전국에서 가장 높다는 지역을 들썩이게 만들고 있다.

경북 의성군은 최근 25억 원 예산을 들여 2층 높이의 출산 통합지원 센터를 세웠다. 10여 명의 상근 직원이 근무하는 시설이다. 시설 관리나 청소나 안내 역할을 하는 계약직 직원은 제외한 숫자다. 이곳에서는 예비 엄마들을 위한 임산부 건강관리 교실도, 아이들을 위한 영유아 발레 교실도 열린다. 장난감 도서관에서는 새것 같은 장난감을 빌려준다. 카페와 놀이방이 합쳐진 2층 공간은 대도시

표12-2 　지역내총생산GRDP에서 지방정부 지출이 차지하는 비율

	소멸 지수	인구 (2019년 5월) (명)	1인당 지역내 총생산 (2019년) (천 원)	1인당 지방정부 지출 (천 원)	지방정부 지출/ 지역내 총생산
경북　영양군	0.196	17,162	24,889	19,554	78.6%
전북　진안군	0.238	25,814	26,767	20,036	74.9%
전북　장수군	0.252	22,722	25,787	18,397	71.3%
전남　구례군	0.248	26,357	21,966	14,815	67.4%
경북　울릉군	0.375	9,768	32,178	20,591	64.0%
경남　남해군	0.183	44,106	22,021	14,054	63.8%

자료: 통계청[45]

의 웬만한 키즈 카페보다 넓고 깨끗했다. 그리고 이 서비스는 모두 무료다. 카페 커피머신에서 내리는 커피까지도.

　내가 방문한 평일 낮 시간에는 한 명의 엄마가 아이를 데리고 시설을 이용하는 중이었다. "프로그램에는 보통 15명가량이 참석하죠. 카페에는 하루 30여 명이 찾아오고요." 자리를 지키던 직원의 대답이었다. 의성군에서 태어난 신생아는 2017년 221명이었다. 찾는 사람이 적은 것은 어쩌면 당연하다.

출산 통합 지원 센터 바로 옆에는 영남제일병원이 있다. 이곳에는 전문의 1명이 근무하는 산부인과가 있다. 이 병원에는 연간 2억 원의 예산이 투입된다. 아직은 분만실이 없지만, 앞으로 설치할 예정이다. 그만큼 예산도 추가 지원 예정이다.

꼭 1킬로미터 떨어진 장소에서는 반려동물 문화센터를 열기 위해 준비가 한창이다. 예산 120여억 원을 투입해 준비 중이다. 30년 전 폐교된 뒤 버려져 있던 초등학교 건물에는 딸기 스마트팜 창업팀을 입주시키고 주거와 토지 등을 지원할 예정이다. 청년 일자리 사업에도 팀당 1억 원씩을 준다. 의성군에서 지방정부가 지출하는 1인당 1360만 원의 예산이 이런 사업의 기반이다.

엄태항 봉화군수도 의성군수 못지않은 정책 혁신가다. 군수실에서 만난 그는 앉은 자리에서 자신의 정책 아이디어를 끊임없이 쏟아냈다. 가장 놀라웠던 것은 그가 첫 번째 군수로 부임했던 2000년대 초반에 내놓은 아동 수당 제도였다.

당시 경북 봉화군은 최초로 아동 수당을 도입했다. 아동 수당도, 무상 보육도, 양육 수당도 없던 때였다. 지자체 단위 복지는 많지 않아 중앙정부에서 조정하지도 않던 시절이었다. 액수도 점점 올라 2019년 현재 첫째는 10만 원, 둘째 15만 원, 셋째 25만 원, 넷째 30만 원을 매달 5년간 지급한다.

그뿐만이 아니다. 봉화군수는 모든 가정에 월 200만 원씩의 소득을 보장하겠다고 나섰다. 태양광 패널 설치에 투자하면 지원해주고 소득을 얻도록 해주겠다는 생각이었다. 아예 군민 모두의 소득을 지방정부가 보장하는 체제로 만들겠다는 이야기다. 물론, 1인당

1570만 원의 지방정부 예산이 이런 대담한 기획의 뒷심이다.

지역은 이렇게 몸부림치고 있다. 봉화와 의성뿐 아니다. 인구 소멸 지역은 대부분 아이를 낳게 하겠다며, 부모를 위하겠다며, 청년이 돌아오게 하겠다며, 귀촌을 활성화하겠다며 다양한 사업을 펼치고 있다. 각종 지원금을 지급하고, 농업과 어업을 살리겠다고 나서며, 복지 정책을 집행하고, 도로와 건물과 생활 인프라를 정비하고 운영한다. 여기에 돈을 쓴다.

그러다 보니 생각하지 못했던 상황이 펼쳐진다. 지역에는 군청을 빼면 그만큼의 예산과 역동성을 가진 조직이 없다. 그러다 보니, 지역은 군청이 없으면 어떤 일도 할 수 없는 체제로 점점 변해간다.

귀촌을 하겠다며 지역으로 내려간 베이비붐 세대 어른들은, 시간이 오래 지나지 않아 군청으로부터 주거 지원과 사업 지원금을 받으러 나선다. 작심하고 인생을 바꾸겠다며 지역으로 내려간 청년들은, 얼마간 자기들끼리 고군분투하다 결국 군청 사업을 따라다닌다. 문화예술인의 주요 경제활동은 군 주최 행사를 돈을 받고 위탁받아 진행하는 게 된다. 작가와 디자이너의 주요 경제활동은 돈을 받고 정부 홍보 매체를 만들어 납품하는 게 된다. 식당은 공무원들을 주요 고객으로 삼아야 유지되고 성장할 수 있다.

그러나 누구도 이들에게 자립심이 없다며 손가락질할 수 없다. 그 지역들은 이미, 국가의 예산이 없으면 운영되지 않는 지역들이기 때문이다. 지역 전체 총생산의 절반 이상을 군이 직접 집행하는 곳에서, 이 예산을 노리지 않고 어떻게 사업을 한단 말인가.

정착해 살 집을 구하는 데도, 아이를 낳는 데도, 아이를 키우는 데도, 창업하는 데도, 물건을 만드는 데도, 물건을 홍보하고 파는 데도, 어느 한 군데도 지방정부가 개입하지 않고서는 활동이 이루어지기 어려워진 곳들이다.

한국 사회의 상당수 지역은 이미 공무원과 국가 예산을 빼면 굴러가지 않는다. 생존을 위해 반드시 필요한 인프라를 유지하는 데 뿐만이 아니다. 창업이나 반려동물이나 출생 지원 같은 영역도 정부가 없으면 진행될 수 없는 구조다.

상수도를 보자. 수돗물은 경북 의성군에서나 서울 강남구에서나 전남 고흥군에서나 성남시 분당구에서나 똑같이 잘 나온다. 하지만 비용은 다르다.

수돗물을 만들어내는 데 들어가는 원가를 보면, 서울시는 제곱미터당 702원이다. 의성군에서는 2275원이 든다. 꼭 세 배 차이다. 전국 평균은 제곱미터당 860원이다. 그런데 수도요금은 서울이 566원, 의성이 783원이다. 차이가 훨씬 작다. 수도요금 전국 평균은 701원이다.

하수도는 어떨까. 인구가 몰려 있는 경기도 수원시는 하수도 원가가 물 1제곱미터당 624원이다. 전남 영암군 하수도는 원가가 1제곱미터당 4514원이다. 물론 주민에게 그 비용을 모두 청구하지는 않는다. 요금 현실화율이 수원시 하수도는 68퍼센트, 영암군 하수도는 10퍼센트다.

수도 공급 원가가 높은 지역의 물값과 하수처리 비용은 국가가 보전해주는 구조다. 정부가 개입해 원가가 비싼 지역과 싼 지역 사이 균형을 맞춰주지 않으면, 전국 여러 지역, 특히 사람이 드문드문

사는 소멸 위험 지역에서는 물조차 마음 놓고 마시고 버릴 수 없다. 물과 하수도뿐 아니다. 사실 모든 사회 인프라가 그렇다. 고령화와 인구 감소가 진행되는 지역에서는, 비용이 점점 더 비싸질 수밖에 없다. 개인이 그 비용을 부담하면서 살 수는 없다. 국가가 나서서 자원을 분배해야 살아갈 수 있게 된다.

소멸 위험 지역에서 시작된 문제는 이들 군의 문제만은 아니다. 이상호 한국고용정보원 연구위원은 2018년 보고서에 "소멸 위험 지역은 도청 소재지, 산업 도시, 광역 대도시로 확산되는 양상"이라고 썼다. 기존 농어촌 지역은 귀농하는 중고령층 인구가 유입되고 있다. 그럼에도 청년 인구 유출이 너무 빨라서 점점 더 인구가 줄어들며 축소된 상태의 균형을 찾아가고 있다. 조선업, 자동차업 같이 지방 도시에 대규모 공장을 갖고 있던 제조업이 위기를 겪으면서 새로운 양상이 추가되기도 했다. 지역 산업 기반이 붕괴하면서 인구 유출이 시작된 도시들이 생기고 있는 것이다. 특히 일자리 전망이 나빠지니 청년층은 이런 지역에서 버틸 이유가 점점 줄어든다. 부산과 같은 광역 대도시에서도 원도심이 쇠퇴하고 정주 여건이 나빠져 청년층이 유출되고 있으며, 그에 따라 소멸 위험이 커지고 있다고 같은 보고서에서는 지적하고 있다.

상당수 중소도시에서는 이미 인구 감소가 본격화하고 있다. 전북 정읍·김제·남원, 충남 공주, 경북 영주·상주·문경, 강원 태백 등 중소도시에서는 1996년 대비 20퍼센트 이상 인구가 줄었다. 인구 감소로 인한 구조적 변화가 예상되는 지역이 군 단위의 농촌 지역에만 그치지 않으리라는 사실을 보여주는 수치다.

국가가 없으면 소득도 없는 사회

소멸 위험 지역, 인구가 줄어드는 지자체가 운영되는 모습을 보면 경제와 사회의 운영방식에 대한 우리의 고정관념이 상당 부분 깨지고 만다. 소득은 '기업이 노동자를 고용해 임금을 지급하면 생기는 것'이라는 게 통념이다. 그 '정당한' 소득 중 일부를 우리는 세금으로 납부하는 것이다. 그 세금은 고용되어 있는 사람들 이외에 일자리가 없는 빈곤층의 생존을 위해 다시 분배하는 것이다. 그래서 그들이 저항하며 사회를 불안하게 만들지 않도록 하는 것이다. 이게 소득과 세금과 분배에 대한 우리 사회의 고정관념이다.

그런데 아직도 우리가 살아가는 지금 시대의 경제가 이런 모습이라고 믿고 있는가? 앞에서 살펴본 지역들에서는 이런 원리가 전혀 적용되지 않고 있는데도?

이 지역들에서 소득은 지방정부가 지출하는 예산으로 시작된다. 그 돈은 어디서 왔을까? 세금이다. 그런데 세금은 내가 모르는 기업 중 이익을 많이 낸 기업, 내가 모르는 사람 중 돈을 많이 번 사람이 내는 것이다. 그 세금은 우리 중 일자리가 없어 불쌍한 사람을 위해 쓰는 것이 아니고, 여기 사는 우리 전부를 위해 써야 하는 것이다. 워낙 비중이 크고 잘 써야 하니 수준 높은 공무원들이 많이 있어야 한다. 주민들은 소득을 얻으려면 많은 경우 공무원들과 좋은 관계를 유지하고 공무원들이 이해하고 지지하는 활동을 해야 한다. 대략 이게 앞서 살펴본 지역들에서 관철되는 원리다.

이미 우리나라의 여러 지역에서 경제는 이렇게 '국가가 없으면

표12-3 2017년 대비 2047년 지역별 생산 연령 인구(15~64세) 증감률(단위: %)

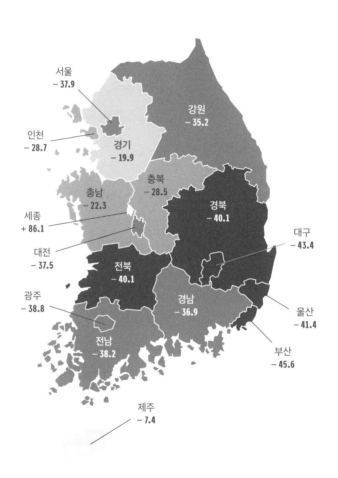

서울
－ 37.9

인천
－ 28.7

강원
－ 35.2

경기
－ 19.9

충북
－ 28.5

충남
－ 22.3

경북
－ 40.1

세종
＋ 86.1

대전
－ 37.5

대구
－ 43.4

전북
－ 40.1

광주
－ 38.8

경남
－ 36.9

울산
－ 41.4

전남
－ 38.2

부산
－ 45.6

제주
－ 7.4

자료: 통계청

개인의 소득도 없는 사회'로 운영되고 있다. 그리고 그런 지역은 점점 더 많아지고 있다.

이런 구조를 어떻게 봐야 할까? 누군가는 국가가 지배하는 계획경제체제라며 손가락질할 것이다. 누군가는 사회가 주민들의 삶을 보장하는 복지국가의 한 형태라며 옹호할 것이다. 하지만 어느 쪽에 동의하든 간에 피할 수 없는 진실이 있다. 우리는 국가가 소득분배의 상당 부분을 도맡는 구조, 그런 미래를 향해 이미 달려가고 있다는 점이다.

소멸 위험 지역의 특징은 이제 대한민국 전체의 특징이 되어가고 있다는 점이 중요하다. 의성군의 65세 이상 고령자 인구는 38.7퍼센트(2018년)이다. 통계청 추계에 따르면, 한국 사회 전체의 65세 이상 고령 인구는 2045년에 37.0퍼센트가 될 것으로 예상된다. 25년 뒤면, 대한민국은 의성군이 된다. 우리는 모두 소멸 위험 지역에서 살아갈 준비를 하고 있어야 한다.

미래 어느 시점에는 일부 지역이 아니라 한국 사회 전체가 소멸 위험 지역의 구조로 변화할 가능성도 크다. 인구구조 변화를 보면, 피하기 어려운 미래라는 점이 명확해진다. 생산 연령 인구는 30년 동안 전국 대부분 지역에서 40퍼센트가량 줄어든다. 그만큼 고령자 인구 비중이 높아진다. 한국 사회 인구구조는 거의 정확하게 소멸 위험 지역의 인구구조가 된다.

생각을 뒤집어야 생존하고 성장할 수 있다. 고용되어 노동으로 생계 소득을 벌어들이는 사람은 절반밖에 되지 않을 것이다. 나머지는 다른 방식으로 살아가야 한다. 그들도 일을 하고 가치와 행복을 찾아 살아갈 것이다. 그러나 국가의 적극적 분배 기능 없이 노동소득으로 생계비를 충당하기는 어려울 것이다.

이제 문제는 국가가 소득분배에 적극적으로 나서야 하느냐 아니냐가 아니다. 선택의 여지가 없다. 오로지 남은 문제는, 국가가 어떤 방식으로 분배하도록 하느냐다.

13장

소득을 어떻게 분배해야 하는가

2019년 8월 13일, 서울 봉천동의 한 아파트에서 42세 엄마와 6세 아들이 숨진 채 발견됐다. 요금 미납으로 물이 끊겼는데도 소식이 없어 방문한 수도 검침원이 악취가 나자 관리인에게 알려 발견할 수 있었다. 경찰은 사망 뒤 두 달쯤 지난 시점이었던 것으로 추정했으며, 집안에 식료품이 없던 것으로 미루어 굶주림으로 사망했을 가능성이 있다고 판단했다. 연초 1만 4000원이던 통장 잔고는 5월 0원이 되어 있었다.

우리나라에는 국민기초생활보장제도가 있다. 소득과 자산이 없는 사람들에게 최소한의 생계 급여와 의료 급여, 주거 급여를 지급하는 제도다. 실업자에게 지급하는 실업 급여도 있다. 아동에게 지급하는 다양한 복지 혜택도 있다. 이런 복지 혜택이 필요해도 받지 못하는 이들을 위해 '복지 사각지대 발굴 관리 시스템'도 마련되어 있다. 특히 아동을 보호하기 위한 'e아동행복지원시스템'도 있다. 그러나 이들 모자에게는 그 어느 것도 작동하지 않았다.

우선 기초 생활 생계 급여를 보자. 생계 급여는 소득이 거의 없는 사람에게 지급되지만, 일정 수준 이상의 소득이 생기면 끊기고, 다시 받기가 쉽지 않다는 점이 문제였다. 이 엄마는 생계 급여 지급 대상이었지만 아르바이트 등으로 벌이가 생겨 2013년에 지원이 끊겼다. 2018년 12월에 다시 신청했지만, 부양해 줄 남편이 없다는 사실을 입증하지 못해 탈락했다. 엄마는 한참 전 이혼했고, 전 남편은 중국에 가 있었다. 통장 잔고도 바닥나가는 상황에서 중국에 가서 증빙서류를 받아올 방법은 없었다.

실업 급여는 어땠을까? 실업 급여는 고용보험에 가입해 보험료를 내야 지급받을 수 있다. 그런데 고용보험은 보통 괜찮은 직장에 정규직으로 다녀야 가입하게 된다. 사망한 엄마는 비정규직 일자리를 얻었던 2013년에 고용보험에는 가입하지 않았다. 제대로 근로계약을 맺지 않아 가입 대상이 아니었을 수도 있고, 본인이 고용보험료가 부담되어 가입하지 않았을 수도 있다. 어쨌든 실업 급여 제도는 이 가정을 보호할 수 없었다.

정부는 이런 상황에 대비한 시스템도 갖추고 있다. 실제 복지가 필요한데 제도에 접근하지 못하는 사람들을 보호하려는 복지 사각지대 발굴 관리 시스템이다. 2015년 이후 정부는 단전, 단수, 가스 공급 중단, 건강보험료 체납 등 14개 공공기관의 27개 정보를 모아서 개인의 상황을 지켜볼 수 있게 했다. 개인 정보 침해 논란도 있을 수 있지만, 그런 논란을 감수하고라도 어려운 사람을 찾아 돕겠다는 뜻으로 만들었다. 문제는 이 가정에게는 이 시스템이 어떤 도움도 주지 못했다는 점이다. 그렇게 수많은 데이터를 분석해 경고하도록 했는데도 소용이 없었다.

이 시스템에서는 대표적으로 가난한 사람들의 월세 체납 데이터를 감시한다. 공공임대주택 월세가 3개월 이상 밀린 경우 정부 담당자가 찾아가 상담과 조사를 하도록 되어 있다. 이 가정은 2009년 서울주택도시공사로부터 임대아파트를 얻었다. 그러나 월세가 너무 밀려 2017년 계약 해지 조처를 당했다. 16만 4000원인 월세는 발견 당시 16개월치가 밀린 상태였다. 당연히 문제가 심각했다.

그럼에도 이 가정은 위기 가구로 분류되지 않았다. 그 아파트는 '재개발임대' 유형이어서다. 정부는 영구임대, 국민임대, 매입임대로 정보 수집 대상 아파트를 한정했다. 이곳에 취약 계층이 더 많이 산다는 이유였다. 이 모자가 살던 아파트는 아무리 월세가 밀려도 생계 문제가 있을 가능성이 정부에 통보되지 않는다

정부는 가난한 사람들의 전기요금 정보도 수집한다. 한국전력공사는 전기료를 3개월 이상 체납한 사람의 정보를 복지부에 통보해야 한다. 그런데 이 가정은 전기요금을 16개월간 내지 못했는데도 정부는 알아차리지 못했다. 그 임대아파트에서 전기료는 관리사무소가 관리비와 함께 걷어 한꺼번에 냈다. 따라서 개별 가정의 전기료 체납을 확인할 수 없었다.

기초 생활 수급에서 탈락한 사람들도 위기 가구로 분류하지만, 여기도 해당되지 않았다. '최근 1년 내에' 수급 자격을 잃은 사람만 관리하기 때문이다. 엄마는 수급 자격을 잃은 뒤 남편과 중국으로 갔다가 현지에서 이혼하고 아들과 함께 돌아왔다. 그새 이미 몇 년이 지나 정부의 관리 시스템 바깥으로 나와 있었던 것이다.

별도로 운영되는 e아동행복지원시스템도 작동하지 않았다. 이 시스템은 가난한 집안 아이들의 건강검진, 예방접종, 학교 출결 상황 등의 정보를 분석해 분기별로 읍·면·동 주민센터에 넘긴다. 그리고 주민센터 공무원이 가정을 방문해 조사한 뒤 필요한 복지 서비스를 제공하도록 한다는 시스템이다. 이 시스템은 전국에서 2만 명의 아동을 선별했다. 그러나 사망한 아들은 이 시스템의 분석 결과 그 2만 명에 들지 않았다. 소득 0원의 한부모 가족인데도 그랬다.

국가는 실패하고 있다. 최소한 가난한 사람을 골라내어 그들만 집중적으로 지원하겠다는, 선별적 복지에서는 그렇다.

선별 복지의 필연적 사각지대

국가마다 정도의 차이는 있지만, 대체로 산업사회 복지의 기본 틀은 선별적 복지다. 복지 제도는 전통적으로 국가가 재정에서 현금을 지원하는 공적부조, 일하는 동안 내고 일하지 않는 동안에 혜택을 받는 사회보험, 의료 등의 사회 서비스로 나뉜다. 이 중 특히 현금을 지급하는 공적부조는 가난하며 도와줄 사람이 없고 일할 능력이 없다는 사실이 입증된 사람들에게 선별적으로 제공된다. 사회보험은 가입자에 한해 혜택을 제공하며, 특히 실업 급여의 경우 구직 노력이 입증되어야만 지급된다. 사람은 기본적으로 취업을 통해 소득을 얻고, 그 소득으로 본인과 가족의 생계를 스스로 해결해야 하고, 국가는 노동 능력이 부족한 사람이나 일자리를 얻으려 노력하고 있으나 여의치 않은 사람에게 한정해 소득을 제공해야 한다는 원칙이다.

이런 원칙을 따르는 대표적인 제도가 빈곤층을 선별 지원하는 생계 급여 지급이다. 우리나라는 국민기초생활보장제도에 따라 일정한 소득 이하를 버는 가구는 국가가 최소한의 소득을 보장해준다. 그 액수는 2019년 기준으로 1인 가구는 50만 7000원이고, 4인 가구는 138만 원이다. 그 이하를 버는 가구의 소득을 정부가 나머지 액수만큼 채워주는 방식이다.

실업 급여를 지급하는 고용보험, 노령연금을 지급하는 국민연금, 건강보험, 산업재해보험 등 4대 보험이 또 다른 축이다. 4대 보험은 고용되어 직장에 다니는 사람은 필수적으로 가입하게 되어 있고, 고용보험, 국민연금, 건강보험은 회사 쪽에서 절반 이상을 내준다.

빈곤 문제가 불거질 때마다 정부가 늘 '더 촘촘한 정책으로 맞춤형 복지를 하겠다'고 이야기하는 것도 같은 맥락에서다. 가난한 사람들을 선별해 지원하겠다는 이야기다. 그래서 가난한 사람들을 상대로 온갖 개인 정보를 수집한다. 그러나 정작 문제가 생겼을 때 시스템은 종종 작동을 멈춘다.

시스템이 작동을 멈출 때 가장 큰 문제는 도움이 필요한 사람이 도움을 받지 못하게 된다는 것이다. 복지 사각지대 문제다. 사각지대가 생기는 이유는 여러 가지가 있다. 우선 예산과 인력의 제약이 있다. 필요한 사람을 선별해 지원한다고 하지만, 사실은 예산 범위 안에서 현행 사회복지 담당 인력이 관리 가능한 지원 대상자 수를 정해 두고 선별하는 게 일반적이다. 지원이 꼭 필요한 사람이라도 경계선을 정해 두고 끊어내야 한다. 이때의 기준은 그 사람의 필요가 아니다. 예산과 인력의 제약이다.

근본적으로는 가난한 사람을 완벽하게 선별하는 일은 원래 불가능하다. 아무리 최첨단 데이터 분석 기법을 동원하고 개인 정보까지 공유하며 찾아내려 해도 어렵다. 삶의 다양성이 높아지고 경제활동의 변화가 커지고 있어서다.

대부분 노동자가 공장에서 일하던 산업사회에서 사람에게는 고정된 생애 주기가 존재했다. 학생 때 준비해서, 청년이 되면 풀타임으로 취업하고 장년기까지 승진하며 일하다 정년퇴직을 하면, 자기 사업을 차리거나, 자녀의 부양을 받으며 노후를 보냈다. 그러나 이제 고정된 생애 주기는 무너지고 있다. 취업해 일을 하다가 퇴사하고 프리랜서로 일하거나 전업 육아를 하다가 다시 취업하는 경우도 잦다. 평생 개인사업자로 기업들과 단기적인 계약만 맺으며 일하는 경우도 많다. 고정된 사무실 없이 온라인 쇼핑몰 등 다양한 플랫폼을 이용해 물건이나 재능을 팔며 생계를 이어가는 사람도 많다. 노년까지 일하는 경우도 많고, 청년이라도 파트타임으로 일하며 원하는 문화예술 활동을 벌이는 경우도 있다.

예전과는 달리 일도 삶도 단계를 밟아 올라가는 게 아니라 단속적으로 이어진다. 이런 사회에서 일하려 노력하는 사람과 그렇지 않은 사람, 일할 능력이 있는 사람과 없는 사람을 정확히 구분하기란 거의 불가능하다. 어려운 사람이 따로 있는 게 아니라, 같은 사람이 끊임없이 변화된 상황을 맞기 때문에 더 그렇다.

2019년 5월, 경기도 의정부에서 일어난 비극도 변화된 상황에 맞춘 제도가 부족해서 벌어진 것인지 모른다. 50대 아빠와 40대 엄마와 18세 딸이 집에서 숨진 채 발견됐다. 늦잠을 잔 14세 아들이 일어나 사망한 이들을 발견했다. 아빠가 엄마와 딸을 살해하고 스스로 목숨을 끊은 것으로 경찰은 추정했다. 이들이 극단적 선택을 한 것은 아빠의 사업 실패와 억대의 빚 때문이었다. 목공예점을 운영하다 실패한 뒤, 아빠는 나이가 많다는 이유로 구직에 계속 실패했다. 엄마는 파트타임으로 일하며 가족의 생계를 꾸려가려 했지만 역부족이었다.

엄마가 계속 돈을 벌고 있는 한, 이들은 생계 급여 대상자가 될 수 없었을 것이다. 사업을 하다 실패한 아빠가 실업 급여를 받기도 어려웠을 것이다. 삶은 나락으로 빠져들고 빚은 늘어만 가는데, 이들을 보호할 수 있는 제도는 없었다.

무능력자라는 낙인

선별 복지의 두번째 문제는 복지 대상자에게 '사회 무능력자'라는 낙인을 찍는다는 점이다. 불가피하게 받는 사람의 존엄성을 침해하게 된다. 수혜자는 스스로 가난을 입증해야 하고, 공무원은 속여서 세금을 낭비하는 사람이 아닌지 의심하고 검증해야 하는 구도가 만들어진다. 모든 아이들에게 주는 무상 급식은 모두의 권리가 되지만, 일부 아이들에게 주는 무상 급식은 가난해서 얻어먹는 공짜 밥이 되어버린다.

복지 사각지대를 없애기 위해 만든 복지 사각지대 발굴 관리 시스템부터가 낙인 효과의 출발점이다. 부자는 정보를 내주지 않아도 된다. 가난한 사람만이 자신의 가난을 입증하기 위해 개인 정보를 모두 내줘야 한다. 나는 동의한 적도 없는데, 사회복지 담당 공무원이 문을 두드리고 '몇 달째 전기요금을 안 냈는데 괜찮으냐'고 묻는다.

2019년 어린이날에 경기도 시흥에서 비극적 사건이 일어났다. 30대 부부가 네 살, 두 살인 아이 둘을 살해하고 세상을 떠났다. 빚 7000만 원 때문에 괴로워하다 극단적 선택을 하고 말았다.

전문가들은 '어린이가 있는 경우 도움받을 길이 분명히 있고, 전화 한 통화만 했다면 그런 극단적 선택을 하지 않을 수 있었을 것'이라고 말한다. 그러나 절박한 상황에서는 차분하고 합리적인 판단과 대응이 어렵다. 조금만 상처를 주는 이야기를 들어도 울분을 토해내게 된다. 그리고는 곧 스스로에게 부끄러워하며 방안으로 꼭꼭 숨게 된다.

무언가 도움을 청하는 일조차도 부끄럽게 만드는 우리 사회에서는 신청하는 절차가 복잡하면 절박하게 필요한 사람일수록 신청하고 심사받기를 포기하게 된다. '사지 멀쩡한 사람이 정부 돈을 타 쓴다'는 손가락질, 즉 낙인 효과를 두려워해서다.

낙인 효과를 두려워하지 않는 사람들, 즉 능력 있는 사람들이 오히려 혜택을 더 많이 받는다. 실업 급여에서 사실상 그런 효과가 나타나고 있다. 괜찮은 직장에 다니다 퇴사했고 더 나은 곳으로 옮길 능력도 있는 사람들은, 퇴직하면서 전 직장과 잘 이야기해 실업 급여를 타낼 수 있는 조건을 만들어 낸다. 몇 달간 그 돈과 퇴직금으로 여유 있게 지내면서 다음 커리어를 준비하기도 한다. 그러나 정작 너무나 불안정한 고용 상황에 처해 있는 사람들은 고용보험 가입도 하지 않은 경우가 많은데다 가입했다고 해도 실업 급여 수령을 망설인다.

이미 한국 사회는 낙인 효과 논쟁을 한번 거쳤다. 2010년대 초반 벌였던 학교 무상 급식 논쟁이었다. 그때 우리 사회는 '가난한 아이들만 무상 급식을 하면 그 아이들을 낙인 효과로 차별받게 만든 것'이라는 합의를 이루고 무상 급식을 도입했다.

선별 복지의 세 번째 문제는 일을 하거나 소득이 생기면 지원이 줄거나 끊기게 된다는 점이다. 따라서 한 번 복지 대상자가 되고 나면 소득 활동을 포기하는 편이 유리하다. 특히 대부분 선별 복지 수혜자들은 한번 복지 대상자에서 빠지고 나면, 노동 능력이 있다는 점이 입증되기 때문에 나중에 일이 잘못되어 다시 소득이 줄어도 복지 대상자로 되돌아오기 어렵다는 두려움을 갖게 된다.

마지막으로 선별 과정에서 생기는 비용을 무시할 수 없다. 복지 대상자를 찾는 공무원도 있어야 하고, 자신의 상황을 속여 급여를 타가는 수혜자를 잡아내는 공무원도 있어야 한다. 급여를 받는 사람들 역시 자신의 경제 상황을 입증하는 데 시간과 에너지를 쏜다. 선별 조건이 까다롭고 들어가는 문이 좁을수록, 선별 비용은 더 커지고 담당 공무원은 힘이 더 세진다.

한국보건사회연구원은 2018년 1월 소득 상위 10퍼센트 가정의

누구도 비굴하게 살지 않고 당당하게

생계를 유지하도록 하는 가장 좋은 방법은 아예 처음부터

누구나 구분하지 않고 소득을 보장해주는 것이다.

아동을 제외하고 매달 10만 원의 아동 수당을 지급한다면 행정 비용이 얼마나 드는지를 집계했다.[46] 그 결과 선별 작업을 할 공무원 충원 비용, 신청자의 불편 비용, 금융재산조사 통보 비용 등을 합하면 770억 원~1150억 원이 추가로 든다고 분석했다. 상위 10퍼센트 아동에게 수당을 지급하는 데 추가로 드는 예산은 1800억 원이었는데, 이를 지급하지 않기 위해서 드는 행정 비용이 3분의 2나 될 수 있다는 분석이었다. 그러느니 모두에게 다 주는 게 낫겠다는 여론이 확산되었고, 결과적으로 아동 수당은 애초 안이었던 선별 지급 대신 모든 가정에 보편적으로 지급하는 정책으로 재탄생한다.

소득이 우리를 자유케 하리라

국가가 소득을 분배하되 조건 없이 나누어준다면, 더 많은 사람들이 자유롭게 자기가 원하는 일에 뛰어들 수 있다. 다양한 삶의 가치를 추구하게 될 것이다. 위험을 감수하며 창업에 뛰어들 수도 있게 될 것이다.

오래전 세계적인 문필가 버지니아 울프가 겪었던 경험이 힌트가 될 수 있다. 1918년 2월 6일, 울프에게 엄청난 두 가지 일이 동시에 일어난다. 하나는 영국에서 여성 참정권이 인정된 것이었다. 이날 영국 여성에게 최초로 투표권, 즉 정치적 자유가 주어졌다. 그런데 같은 날 울프는 경제적 자유도 얻게 된다. 울프가 이날 편지를 받았는데, 숙모가 돌아가시면서 매년 500파운드씩의 유산을 남겨 주셨다는 내용이었다. 평생 안정적으로 글 쓰는 데만 전념할 수 있을 만큼 충분한 돈이었다. 그 전까지 울프는 생계를 위해 유치원 교사나 글쓰기 과외 같은 다양한 일을 하느라 글 쓰는 일에 전념할 수는 없었다.

나중에 버지니아 울프는 "사실 내가 위대한 작가가 될 수 있었던 것은 투표권을 얻은 것보다 매달 수표를 받게 된 것이 훨씬 더 중요했다"고 말한다. 경제적 자유의 의미가 그만큼 크다.

울프는 1929년 낸 저서 《자기만의 방》에서 이렇게 회고한다. "그당시의 쓰라림을 기억하건데, 고정된 수입이 사람의 기질을 엄청나게 변화시킨다는 사실은 참으로 놀라운 일이더라고요. 이 세상의 어떤 무력도 나에게서 500파운드를 빼앗을 수 없습니다. 음식과 집, 의복은 이제 영원히 나의 것입니다. 그러므로 노력과 노동만 끝나는 것이 아니라 증오심과 쓰라림도 끝나게 됩니다. 나는 누구도 미워할 필요가 없습니다. 아무도 나에게 해를 끼칠 수 없으니까요. 또 누구에게도 아부할 필요가 없습니다. 그가 나에게 줄 것이 없기 때문이지요. 이렇게 하여 나는 스스로 인류의 다른 절반에 대해 아주 미세하나마 새로운 태도를 취하게 되었음을 알게 되었습니다."

유산은 조건 없는 고정된 소득이다. 그 소득이 확보되었을 때, 울프는 비로소 창작 활동에 전념해 위대한 작가로 올라설 수 있게 됐다. 이렇게 조건 없는 소득은 자유롭고 창조적인 활동의 기반이 된다. 만일 울프가 받게 된 돈이 유산이 아니라 실업 급여였다면, 구직 활동을 하느라 창작 활동에 전념하지는 못했을 것이다.

울프처럼 유산을 받지 못한, 그러나 울프처럼 시인을 꿈꾸는 청년이 우리 사회에 있다고 해 보자. 그가 시를 쓰는 동안 소득이 없더라도 실업 급여를 받을 수는 없다. 구직 활동 조건을 넘어설 수 없기 때문이다.

부모와 함께 가구를 이루어 살고 있다면, 본인은 생계비 지원이나 주거비 지원 대상일 수도 없다. 개인이 아니라 가구 단위로 복지 제도가 짜여 있기 때문이다.

등단 시인이 되고 싶었는데 기회가 없었다면, 직업훈련 지원제도는 소용없는 일이었을 것이다. 좋은 시인이 되도록 도와주는 직업훈련은 존재하지 않는다. 현재의 직업훈련은 오직 취업해서 노동자가 되도록 하는 게 목적이다. 좋은 시를 써서 다른 이들의 인정을 받으면서 문화 수준을 높이겠다는 욕구는 정책적으로 인정받지 못한다.

고용률을 높이겠다는 일자리 정책도, 성장률을 높이는 기업 투자 촉진도, 가난한 사람을 돕겠다는 취약 계층 복지 정책도 이 사람에게는 가 닿을 수 없다. 막막하고 답답한 일이다.

이 사람에게 필요한 것은 자유롭게 활동할 수 있는 최소한의 생계 대책과, 시를 쓰고 함께 나눌 수 있는 동료 시인들과, 그 시를 발표할 수 있는 지역사회의 작은 무대 정도일 것이다. 그 정도만 있어도 그는 자신의 삶이 인정받고 지지받는다고 느낄 수 있다. 그러나 실업 급여, 생계 급여, 직업훈련 같은 현재의 조건이 달린 제도들은 그를 거절할 수밖에 없다. 그는 좌절할 수밖에 없다.

그래서 이 모든 것이 가능하려면 소득이 안정되어야 한다. 공무원이 되지 않아도 살아갈 수 있도록, 개인의 소득을 조건 없이 보장해주는 분배 시스템이 갖춰져 있었다면 그의 삶은 많이 달라졌을 수도 있다.

소득 불안은 시인의 발목을 잡는다. 어쩌면 시인뿐 아니라 수많은 잠재적 혁신가들의 꿈을 눌러앉힌다. 모두가 공무원시험으로 몰려가게 만든다.

보편적 소득분배를 향한 시도들

사실 유럽과 미국에서는 이런 고민을 갖고 있었다. 복지 제도가 크게 발달한 유럽 국가들은 선별적 복지 탓에 빈곤이 오히려 고착화되는 복지 함정 문제와, 복잡한 복지 제도를 운영하기 위한 행정 비용 상승 문제에 대한 고민이 많았다. 상대적으로 복지 제도가 미흡하고 시장 원리를 중시하는 미국에서는 주로 사각지대를 없애기 위한 방법에 대한 고민이 많았다.

궁극적으로 선별적 소득분배의 문제들을 한꺼번에 해결할 수 있는 제도는 보편적 기본소득제다. 보편적 기본소득제는 모든 사람에게 정기적으로 조건 없이 현금을 지급하는 제도다. 이 액수가 생계를 해결할 만큼 충분하다면, 선별적 분배의 모든 문제는 사라지게 된다. 생계를 부분적으로 해결할 수 있는 정도의 액수라면, 문제는 완전히 해결되지는 않아도 완화될 수는 있다.

따라서 선별적 복지의 문제를 해결하기 위한 보편적 소득분배 제도 도입 제안이 끊임없이 이어진다. 이 가운데 일부는 실현되거나 실험되고 있기도 하다. 핀란드는 2000명을 상대로 2년 동안 매달 70여만 원(560유로)을 조건 없이 지급하고 그 결과를 연구하는 기본소득 정책 실험을 시행했다. 이탈리아에서는 기본소득제를 공약으로 내건 오성운동이 연정을 통해 집권하기도 했다.

미국에서는 1963년 흑인 민권운동가 마틴 루터 킹이 '빈자들의 행진'에서 인종 및 노동 여부와 관계없이 기본소득을 지급하라는 요구를 제출했다. 1968년 미국 경제학자 제임스 토빈, 폴 새뮤얼슨, 존 갤브레이스 등은 국가에 의한 소득 보장을 청원하기도 했다. 1969년 리처드 닉슨 대통령은 마이너스 소득세 형태로 가구당 연간 1600달러를 보장하자는 안을 냈었고, 1972년 대선에서 민주당 후보였던 조지 맥거번은 1인당 연간 1000달러의 기본소득 공약을 내걸기도 했다. 결과적으로 이런 공약들은 무시되거나 철회됐다.

그러나 미국 알래스카 주에서는 실제로 1967년 발견한 석유 자원에서 얻은 수익 중 일부를 '알래스카 영구 기금'으로 조성해 주민 전체에게 조건 없이 골고루 배당하고 있다. 1976년 주 헌법을 개정하면서 이 제도를 시행한 알래스카는 전 세계에서 보편적 기본소득제와 가장 가까운 제도를 운영하고 있는 셈이다.

한국에서도 아동 수당은 보편적 소득분배 제도로 운영되고 있다. 2019년 현재 모든 아동에게 매달 10만 원씩 지급한다. 물론 7세 이하 아동에게 한정적으로 지급된다는 한계는 있다.

사실 어려운 이들의 소득을 보장해주는 가장 좋은 방법은, 모두가 똑같이 나누어 받되 많이 벌면 세금을 많이 내도록 하는 것이다. 누구도 비굴하게 살지 않고 당당하게 생계를 유지하도록 하는 가장 좋은 방법도 아예 처음부터 누구나 구분하지 않고 소득을 보장해주는 것이다. 이렇게 되면 의욕 있는 사람이 복지 혜택을 받으려 일부러 소득 활동을 안 하는 문제도 생기지 않을 것이고, 선별과 감독을 위해 공무원과 행정 비용이 늘어나는 문제도 줄어들 것이다.

어렵더라도 그 방향으로 가야 사회 수준이 한 단계 높아진다. 국민들이 '많이 거두어 많이 나눠주자'는 원칙에 합의만 하면 된다.

14장

'거의 완벽한 복지국가' 핀란드의 새로운 실험

"핀란드는 거의 완벽에 가까운 복지국가입니다. 보편적 복지에 가까운 서비스가 제공되고 거의 모든 사람에게 소득 보장이 이뤄집니다." 핀란드 기본소득 정책 실험 책임자인 올리 캉가스 박사의 목소리는 여유로우면서도 자신감에 차 있었다. 왜 핀란드가 조건 없는 기본소득을 2000명에게 2년간 지급했는지를 설명하면서 그는 이렇게 입을 열었다.

그 순간 나는 핀란드 저널리스트 아누 파르타넨이 쓴《우리는 미래에 조금 먼저 도착했습니다》라는 책을 떠올렸다. 핀란드에서는 모든 개인이 국가에 얼마든지 의존할 수 있도록 강력한 복지 제도를 갖춰 둔 반면, 미국에서는 개인의 자유와 독립을 내세우며 개인 삶에 대한 국가의 보편적 지원을 꺼린다. 그런데 이 책에서 저자는, 역설적으로 핀란드의 개인은 미국의 개인보다 훨씬 더 자유롭고 독립적이며, 미국의 개인은 핀란드보다 훨씬 더 의존적인 삶을 살고 있다고 말한다.

아누 파르타넨은 미국인 남편과 결혼해 미국으로 이사한다. 북유럽에서 보던 미국은 자유, 개인적 독립, 그리고 기회의 나라였다. 그런데 미국에 도착해 사는 과정에서 깜짝 놀란다. 미국인의 삶에서 자유, 개인적 독립, 그리고 기회가 송두리째 빠져 있다는 사실을 발견해서다.

점점 더 많은 미국인들이 경제적으로 생존하기 위해서 배우자, 부모, 직장 상사에게 의존하며 살아가고 있었다. 이런 삶에서 오는 스트레스 때문에 많은 미국인 친구들은 불안에 시달리고 있었다.

아이들은 부모에게 전적으로 의존하고 있었다. 유아 때부터 부모가 데리고 다니며 교육시켰다. 부모가 아이의 학교 숙제를 상당 부분 대신해주기도 했다. 부모들은 아이의 대학 입시에 세세하게 관여했다. 대학생이 된 뒤에도 아이들은 부모에게 수업료와 생활비를 의존했고, 심지어 문자와 통화로 부모에게 매일 보고하며 묶여 있기도 했다.

그런데 부모가 노인이 되면 상황이 뒤집혔다. 미국 노인들은 자식에게 의존하지 않고는 생존할 수 없었다. 중년의 성인들은 엄청난 돈과 시간을 들여 나이 든 부모의 삶을 돌보는 일에 압도당했다.

그뿐 아니다. 부부 사이의 경제적 의존성도 컸다. 미국에서는 은연중에 '남자는 돈을 잘 벌어야 한다'는 전제가 작동했다. 다이아몬드 약혼반지가 그 상징이었다.

얼마 지나지 않아, 파르타넨은 이 모든 것이 제도화되어 있다는 사실을 알게 된다. 부부 사이의 의존은 국세청이 제도화했다. 미국 국세청은 부부가 소득을 합산해 하나의 단위로 소득 신고서를 제출하면 세금 감면 혜택을 준다. 결혼은 일종의 금융 합병 행위였다. 결혼이 사랑의 약속이 아니라 경제적인 협약이라니? 이해할 수 없었다.

하지만 미국의 현실은 그랬다. 결혼에서 가장 중요한 일은 재정 상태 점검이었다. 학자금 대출은 얼마나 지고 있는지, 의료보험을 유지할 수 있는지를 확인해야 했다. 출산 비용을 낼 수 있는지를 꼼꼼히 따지고 출산해야 낭패를 보지 않는다. 출산 비용을 보장하지 않는 의료보험도 많기 때문이다.

다른 제도도 마찬가지다. 미국 대학생은 막대한 학비를 지불해야 하지만, 무상교육이 원칙인 핀란드의 대학생은 학생 수당에 임대료 보조금까지 받을 수 있다. 쉽게 독립해 살 수 있다. 미국 노인은 자식에게 의존해야 하지만, 핀란드 노인은 두둑한 연금에 노후 걱정 없이 자유와 독립을 즐긴다. 부부가 되어도 당연히 세금도 각자 내고 복지혜택도 거의 각자 받는다. 그래서 핀란드에서는 돈 때문에 사랑하고 돈 때문에 함께 산다는 것은 상상할 수 없는 이야기다. 이런 나라에서 사람들은 사랑하기 때문에 사람을 만나고 함께 산다. 결혼해야 세제 혜택도 받고 집값도 아끼고 외식비도 아낄 수 있어서가 아니다.

경제활동도 마찬가지다. 핀란드에서 사람들은 무언가를 만들어내며 가치와 보람을 느끼기 때문에 일한다. 월급에 목을 매야 하기 때문이 아니다. 그리고 더 많이 아는 기쁨을 위해, 알게 된 지식을 일에 쓰는 보람을 위해 배운다. 성적을 잘 받고 학위를 가져야 취업을 할 수 있어서가 아니다. 사람들은 자기가 잘하는 일, 하고 싶은 일을 한다. 실패의 위험을 고려할 필요 없이 창업을 한다. 기업은 직원들과 그 가족의 생계를 모두 책임지겠다는 부담을 내려놓고, 일의 내용만을 따져 정당한 대가를 지급한다. 생계를 볼모로 일어나는 기업과 개인 사이의 주종 관계도 사라진다.

어려운 이야기가 아니다. 목적 그대로의 삶을 사는 것에 대한 이야기다. 돈이나 권력 때문에 하는 선택이 아니라, 선택하는 대상 그 자체를 사랑하기 때문에 하는 선택에 대한 이야기다. 더 나은 인생에 대한 이야기다.

거의 완벽한 복지국가

핀란드의 복지 서비스는 원칙적으로 거주자 모두에게 보편적으로 제공된다. 영주권만 있다면 핀란드 국민과 같은 복지 혜택을 받을 수 있다. 복지 제도는 두 단계로 두텁게 짜여 있다.

첫 단계로는 취업하지 않은 사람들에게 기본적인 사회안전망을 제공하고 소득을 보장한다. 한 번도 취업하지 않은 사람들도 대상이다. 복지가 발달했다는 유럽 국가들 중에서도 특히 더욱 두터운 현금 복지가 제공된다.

현금 복지는 40종류나 된다. 현금 복지는 예를 들면 기본 질병 수당, 기본 실업 급여, 기본 사회 복귀 수당 등 대상과 형태에 따라 매우 다양하고 촘촘하게 주어진다. 전업주부라도 아프면 상병수당이 나온다. 대학생조차 주거 급여 대상이다. 부모가 잘 사는지 아닌지를 따지는 경우는 거의 없다. 분배의 기본 단위를 가구가 아니라 개인으로 보기 때문이다.

둘째 단계로는 취업한 사람들에게 소득과 연계된 복지를 제공한다. 연금 등의 사회보험이 그것이다. 특히 핀란드는 소득이 높은 사람들에게는 높은 소득만큼 제한 없이 소득 연계 복지를 제공한다. 일반적으로 복지가 잘 되어 있는 나라라도 국민연금 같은 사회보험에서는 고소득자에게 일정한 급여 상한액을 정해 둔다. 그래서 취업 상태일 때 아주 많은 돈을 번다고 해서 연금까지 너무 많이 받아가지는 않게 한다. 그런데 핀란드에는 그 상한액이 없다. 고소득자는 연금도 그만큼 많이 가져가게 된다.

요약하자면 저소득층에게는 너그러운 현금 복지를 제공하면서, 고소득자에게도 많이 번 만큼 많은 혜택을 받도록 제도를 설계해 운영하고 있는 것이다. 또한 이들 복지 급여의 지급 단위는 원칙적으로 개인이다.

핀란드는 사회 전체의 성평등 수준이 높고 임금과 자산의 불평등도가 낮다. 한편으로 계층 이동성은 크다. 즉 부모가 누구인지, 부모의 소득이 얼마인지와 자녀의 소득과 사회적 지위가 어떻게 되는지는 거의 상관이 없는 사회다. 부모의 교육 수준이 자녀 교육 수준에 영향을 미치는 정도 역시 낮다.

결과적으로 핀란드는 전 세계에서 가장 행복한 나라다. 제프리 삭스 등이 이끄는 '지속가능 발전 솔루션 네트워크'가 2019년 펴낸 〈세계 행복 보고서〉[47]에 따르면, 핀란드는 세계에서 행복도가 가장 높다. 덴마크, 노르웨이, 아이슬란드, 네덜란드가 뒤를 따른다. 한국은 54위로, 태국, 라트비아, 에스토니아, 자메이카와 어깨를 나란히 한다.

기본소득 정책 실험

그런 핀란드가 기본소득제 정책 실험에 나섰다. 보편적 기본소득제는 모든 사람에게 일정액의 현금을 정기적으로 조건 없이 지급하는 제도다. 그런데 핀란드 기본소득 정책 실험은 그중 한 영역에 대한 실험이다. 실업 급여 수령자를 대상으로 조건 없는 기본소득을 지급하는 방식이다. 기본소득제 방향으로 가되, 한 번에 결정해 시행하는 게 아니라 작은 규모의 정책 실험을 통해 그 효과를 면밀하게 따져 살펴보면서 사회적인 토론을 거친 뒤 결정하자는 접근법이다.

핀란드는 2017년~2018년 2년 동안 2000명의 실업 급여 대상자들에게 월 560유로(약 70만 원)의 기본소득을 조건 없이 지급했다. 도중에 일자리를 구해 임금을 받더라도 기본소득 560유로를 계속 지급했다. 기존 실업 급여 방식과는 달랐다. 실업 급여는 도중에 취업하면 중단되지만, 기본소득은 조건 없는 수당이므로 취업 여부와 상관없이 계속 지급된다.

핀란드는 이 프로젝트를 과학적 정책 실험으로 설계한다. 17만 5000명의 실업 급여 수급자 중 2000명을 무작위로 선정해 기본소득을 지급하고, 같은 방식으로 실업 급여를 받는 2000명의 대조군을 선정했다. 그리고 두 그룹이 취업, 삶의 만족도, 건강 등에서 어떤 차이를 보이는지를 평가하도록 설계했다. 이런 정책 실험을 하기 위해 정부가 나서서 대상자 선정이나 지급이 강제로 이뤄지도록 했다.

일반적인 정책 실행 과정과는 조금 다르다. 정책을 일단 시행한 뒤 잘 되었는지 여부를 그 대상자들만 놓고 평가하는 경우가 흔하다. 그러나 핀란드 실험은 비슷한 특징을 가졌으나 소득 지급 방법만 달리한 대조군을 설정해 엄밀히 비교한다. 실험실에서 하는 과학 실험과 비슷한 방법이다. 과학적 결과를 얻기 위해서다.

'거의 완벽한' 복지국가가 왜 새로운 제도 실험에 나섰을까? 핀란드는 '거의'에서 멈출 수도 있었다. 하지만 그러지 않았다. '완벽'을 향해 한 걸음 더 나아가고 싶어한다. 그 방향은 조건 없는 기본소득이다. 올리 캉가스 박사는 두 가지 이유를 설명했다.

첫째, 노동시장의 변화 때문에 기존 복지 제도에 문제가 생기고 있었다. 플랫폼 노동 등으로 노동 소득은 불안정해지고 있는데, 실업 급여 등 기존 복지는 취업해 소득이 생기는 순간 끊어지게 되어 있었다. 핀란드에서도 한 번 복지 급여가 끊어지면 다시 받기는 매우 번거롭다. 취업할 능력이 없고 가난하다는 점을 문서로 입증해야 하기 때문이다.

핀란드 수도 헬싱키에 사는 한 사람(1인 가구)이 가능한 모든 수당을 받는 경우 그 금액이 월 1400유로쯤 된다. 그런데 일자리를 구해 월 1000유로를 받는다면, 수당은 400유로쯤으로 줄어드니, 새로 번 돈 1000유로는 모조리 세금으로 내는 꼴이 되어버린다. 그래도 과거에는 웬만한 곳에 취업만 하면 안정적으로 수십 년 임금을 받을 수 있었으니 괜찮았다. 하지만 이제는 취업했다가도 언제 그만두어야 할지 모르는 상황이 됐고, 소득도 들쭉날쭉해졌다. 그러니 사람들은 실업 급여 등 복지 혜택을 포기하면서까지 취업에 나서지 않으려고 한다. 이들에게 노동 인센티브를 주는 것이 기본소득 실험의 한 이유였다.

둘째, 행정적 복잡성 때문이다. 질병, 사회 보조 등 40여 가지의 수당 제도는 대상자가 모두 다르게 설계되어 있다. 그러나 현실에서는 동일한 사람이 이런저런 수당을 겹쳐서 받게 된다. 그 과정에서 대상자를 심사해 가려내고, 수당과 관련된 정보를 국민들에게 알리고, 수급자가 소득이 생기면 이를 반영해 수급 금액을 감액하거나 수급대상에서 탈락시키는 등 복잡성이 이루 말할 수 없이 늘어났다. 행정 비용이 너무 커지고 있었다.

기본소득제는 이 모든 수당을 한 가지로 통합할 수 있다는 매력이 있었다. 복지 제도가 너무 발달한 국가에서 행정 비용을 줄이는 방법으로 기본소득을 검토하게 되었고, 정책 실험을 통해 유효성을 검증하기로 한 것이다.

핀란드 기본소득 정책 실험 연구팀은 2년 간의 실험 중 1년간 벌어진 변화를 토대로 중간 보고서를 냈다. 결과적으로 첫 1년간은 고용 증대 효과는 없었던 것으로 보고됐다. 하지만 2년간의 실험 뒤 2018년 말 실시한 설문조사에서는, 조건 없는 기본소득을 받은 사람들의 웰빙 수준이 실업 급여를 받은 사람들보다 높았다. 기본소득을 받은 사람들이 자존감이 더 높고, 건강 상태가 좋다고 응답했고, 다른 사람들과 정치인에 대한 신뢰감이 더 높았다. 재정적인 안정감도 더 크게 느끼고, 스트레스는 적고, 향후 고용 가능성에 대해서도 긍정적으로 보고 있었으며, 관료주의도 덜 경험했다고 답했다. 아직은 예비 결과이고 첫 번째 정책 실험이라 결과를 참고할 수는 있으나 이것만으로 효과에 대해 단정하기는 어렵다. 핀란드 실험의 다음 1년 후 결과도 지켜봐야 하고, 앞으로 더 많은 정책 실험을 하고 결과를 살펴봐야 결론이 나올 것이다.

주목할 만한 점은 핀란드가 가고 있는 방향이다. 핀란드는 자본주의 체제에서 가장 완벽에 가까운 복지 체제를 만들었다. 개인들이 자유롭고 독립적으로 사랑하고 일하도록 시스템을 구축했다. 그러나 그들도 변화가 필요하다고 느꼈다. 기술 발전과 노동시장의 변화, 관료주의의 한계가 이유였다.

보편적 기본소득제가 복지국가를 더 완벽하게 만드는 방향이라는 가설을 세우고 실험을 진행한 것이다.

핀란드의 실험이 가리키는 길

기본소득제는 소득분배를 위한 새로운 제도다. 하지만 핀란드의 사례만 봐도, 단순히 하나의 분배 제도가 아니다. 어떤 사회를 만들 것인가에 대한 꿈을 담고 있다. 기본소득제는 그런 꿈을 토론할 수 있게 해주는 입구다. 핀란드의 실험은 어떤 꿈을 담고 있을까?

꼭 아침부터 저녁까지 풀타임으로 근로계약을 맺고 지시를 받으

'거의 완벽한' 복지국가가 왜 새로운 제도 실험에 나섰을까?

핀란드는 '거의'에서 멈출 수도 있었다.

하지만 그러지 않았다. '완벽'을 향해 한 걸음 더 나아가고 싶어한다.

며 일하지 않아도 충분히 안정적이면서 자유롭게 살 수 있는 사회의 꿈이다. 적게 일할 사람은 적게 일하고, 많이 일할 사람은 많이 일하고, 아침에 일할 사람은 아침에, 밤에 일할 사람은 밤에 일하면서도 모두 생계 걱정은 하지 않는 꿈이다. 어쩌면 모두가 잘할 수 있는 일, 좋아하는 일을 하는 꿈이다.

사실 생계만을 위해 정해진 시간을 채우며 하는 일은 행복하기도 혁신적이기도 어렵다. 자신이 정말로 잘할 수 있는 일을 해야 사회에도 도움이 되는 혁신이 일어난다. 자신이 정말로 좋아하는 일을 해야 사회 전체 행복도가 높아진다.

바이올리니스트가 될 사람이 연금 때문에 공무원이 된다거나, 목수로 빛날 수 있는 사람이 밥벌이 때문에 부동산 중개사가 되겠다고 마음먹는 일은 사실 사회적 낭비. 꼭 돈이 벌리지 않더라도 좋아하는 일을 하고, 아이디어가 있다면 생계 걱정 없이 위험한 창업에 뛰어들 수 있는 사회. 평범한 보통 사람도 적절한 시간 동안 일하고 적절한 시간 동안 동네에서 어울리며 평생을 살아갈 수 있는 사회. 핀란드는 이런 꿈을 꾸고 있는 것으로 읽혔다. 특히 급격한 자동화와 기술혁신으로 고용 환경이 빠르게 변하고 있는 상황에서 어떻게 그런 꿈을 이룰지를 고민하고 있었다.

현실에 존재하는 몇 가지 국가 운영 모델이 있다. 그 각각은 나름대로 특정한 사회 비전을 갖고 있다.

우선 국가는 뒤로 물러나고 시장이 생산과 분배를 맡도록 하는 미국식 신자유주의 체제가 있다. IMF가 아시아 금융위기 때 한국에 제안해 꽤 많이 도입된 모델이기도 하다.

14장 '개인 안전한 복지국가 핀란드의 새로운 실험

이 체제에서는 개인이 책임지고 일자리를 구하며, 그 일자리를 통해 삶의 다양한 필요를 대부분 해결한다. 일자리를 구할 능력이 없는 사람의 생계만 국가가 제한적으로 보장한다. 당연히 삶은 '일자리'를 중심으로 조직된다.

그런데 이런 미국식 모델은 기술혁명으로 고용이 불안정해지면서 그 유효성을 의심받고 있다. 미국은 세계 최고의 불평등을 겪고 있다. 실리콘밸리에서는 인공지능과 블록체인 같은 놀라운 최첨단 기술을 만들어내면서, 무자비한 속도로 생산 과정에서 인간의 역할을 줄이고 있다. 아마존과 우버는 소비자들에게 엄청난 편리성을 가져다주지만, 동네 마트와 대중교통의 풀타임 일자리를 없애고 있다. 그러나 복지 제도는 형편없이 취약하다.

이런 미국에서 기본소득제 논의가 나오는 것은 놀랍지 않다. 2020년 대선에 출마한 앤드루 양은 《보통 사람들의 전쟁》에서 기본소득제를 현실적 정책 대안으로 제시한다. 샘 올트먼은 와이컴비네이터리서치를 만들고 캘리포니아 주 오클랜드 등에서 기본소득 지급 실험을 한다. 페이스북 공동 창업자 크리스 휴즈는 이코노믹 시큐리티 프로젝트를 통해 캘리포니아 주 스톡턴에서 기본소득 실험을 진행 중이다.

이들은 '일자리 없는 사회'에서 사람들이 더 창의적이면서도 역동적으로 살아갈 수 있는 방법을 찾는다. 특히 공장이나 마트에 취업해 생계를 꾸려가는 '보통 사람'들이 어떻게 살아갈지를 찾는다. 한편으로는 기술 천국이지만 다른 한편으로는 기술 실업이 만연한 기술 지옥에서 보통 사람들이 적절한 생계를 보장받으며 살아가는 사회를 꿈꾼다. 미국에서 기본소득은 그런 논의의 입구에 있다.

미국과 달리 유럽의 많은 국가들은 복지국가를 대안으로 내세우고 운영해 왔다. 정도의 차이는 있지만, 이들은 풀타임 노동자를 중심으로 짠 복지국가 체제를 제시한다. 일하는 기간과 임금 수준에 연동된 높은 수준의 사회보장을 근간으로 한다. 의료와 교육 같은 기본적 서비스는 국가가 무상으로 또는 매우 저렴하게 제공한다. 노동시장 참여를 조건으로 경제적 안정성을 강하게 보장하는 체제다.

그러나 유럽 시스템은 최근 그 역동성을 의심받고 개혁을 요구받았다. 풀타임 노동에 기반을 둔 시스템이 더 이상 작동하기 어렵다는 평가도 나타났다. 일부 국가는 신자유주의적 요소를 받아들여 복지 축소와 민영화에 나섰다. 그러나 미국식 개혁은 불평등을 키우면서 더 큰 문제와 맞닥뜨리고 있다.

성공적인 사례는 보편적 복지국가와 노동시장 유연성을 결합한 '유연안정성' 모델이다. 네덜란드, 덴마크 등 북유럽 국가들이 주로 이 모델을 채택했고, 상당한 성공을 거뒀다.

가구가 아닌 개인 기반, 시민이 아닌 거주자 기반, 강하지 않고 약한 근로 조건부 복지를 제공하는 핀란드 시스템은 이 모든 시스템 중에서도 가장 앞선 축에 든다. 올리 캉가스 박사가 '거의 완벽한' 복지국가라고 자신한 데는 근거가 있었다.

자유안정성 모델

지금 기로에 선 국가들은 어느 쪽으로 가야 할까? 복지국가 중에서도 가장 앞선 핀란드가 기본소득 정책 실험을 통해 또 한 번의 변화를 시도하고 있다는 점을 기억하자. 핀란드가 시도 중인 변화의 길을 유심히 지켜볼 필요가 있다.

풀타임 노동을 전제로 하지 않으며 무급 노동과 자유로운 활동까지도 포괄하며 생계를 보장하는 새로운 사회 모델을 '자유안정성 모델'[48]이라고 부른다. 어쩌면 실험 중인 핀란드의 길과 일맥상통하는 제안이다.

이 모델에서는 가능한 한 국가가 개인에게 자원을 직접 분배하며 안정을 제공한다. 그 안정을 토대로 개인은 행복과 자유를 얻는다. 국가는 행복하고 자유로운 개인이 위험을 감수하고 사명감을 가지고 창업과 사회 혁신에 나서도록 하며, 국민들이 새로운 시도를 자유롭게 할 수 있도록 제도적으로 보장한다.

그런 혁신으로부터 경제적 부가가치와 사회적 자본이 늘어나고, 이를 다시 국가가 회수해 개인의 삶을 안정시키는 데 투자하는 체제다. 제도적으로는 기초 연금이나 아동 수당 같은 보편 수당을 높이는 것부터, 장기적으로 기본소득제까지를 염두에 둔 제안이다.

경제적 안정성이 높아질수록 기술혁신 및 사회 혁신에 대한 수용성도 높아질 것이다. 속박하지 않는 조건 없는 분배는 그런 수용성을 더 높일 것이다. 이 모델의 목적지는 결국, '사랑은 사랑답게, 일은 일답게' 하자는 핀란드의 지향점과 일맥상통한다.

목적지는 분명하지만, 길은 여러 가지가 있을 수 있다. 청년이나 아동이나 노인과 같이 당장 소득이 필요한 대상에게 지급하는 기본소득제를 먼저 실시하고 차츰 대상을 넓혀가는 방식도 있을 수 있다. 아주 작은 액수를 모든 사람에게 지급한 뒤 조금씩 액수를 높이면서 접근하는 방식도 있다.

어느 쪽이든, 다양한 정책 실험을 통해 논의를 진전시켜 나갈 수 있다. 정책 실험은 정책 효과를 미리 가늠하도록 도와주는 과학적 장치이지만, 많은 사람이 문제를 더 깊이 생각하고 토론하도록 만드는 공론화 촉진 기능도 갖고 있다. 실제로 핀란드 기본소득 정책 실험은 전 세계에 기본소득 공론장이 생기는 데 중요한 역할을 했다.

많은 국가들이 위기에 처해 있다. 국제 경제 환경도 노동시장도 만만치 않은데, 기존의 제도와 행정조직은 문제 해결에 자꾸 뒤처지고 있다. 하나의 질서가 흔들리는 소리가 들린다. 한국도 예외가 아니다.

하지만 위기는 동시에 기회일 수 있다. 기존 질서가 무너질 때, 그 질서를 어설프게 지키려 하면 고통만 커진다. 대신 새로운 질서를 염두에 두고 대응하면 더 큰 기회를 만들 수도 있다. 자유안정성 모델처럼, 한 단계 더 진보한 사회를 꿈꿀 수 있는 때다.

모방하는 국가와 실험하는 국가

어떻게 새로운 길을 찾을 수 있을까? 과거 우리 사회는 기로에

설 때마다 모방을 통해 길을 찾았다. 기업 경영자들은 과거 일본 기업들을 방문해 도면을 몰래 촬영해 오거나, 공장 구조를 감쪽같이 메모해 와 한국에서 똑같이 만들어 성공했다는 무용담을 늘어놓는다. 스타트업을 키운다며 미국 실리콘밸리를 배워 똑같은 시스템을 한국에 만들려 하고, 핀테크를 한다며 중국 위챗페이와 알리페이를 배우러 나간다. 서구 민주주의를 배우며 민주화를 이뤘고, 유럽 복지국가를 따라 복지 제도를 하나둘씩 도입했다. 모방이야말로 우리가 이뤄낸 빠른 성공의 DNA였다.

이렇듯 우리는 '모방 국가'에 살고 있다. 중요한 보고서의 맨 앞단에는 '해외 사례'가 빠짐없이 나온다. 정치인도 언론인도 스스럼없이 '외국에서는 이렇게 하는데'라는 말로 제안을 시작한다. 정책 사업 자료에는 '선진지 견학'이라는 용어가 여전히 사용된다.

하지만 이제 따라 배울 곳이 없다. 세계 어디를 가나 함께 고민할 일들투성이다. 미국 모델도 유럽 모델도 시대에 맞춰 몸부림치며 변화하고 있다. 그들이 과거에 선택했던 모델을 똑같이 따라하면 변화의 시간이 길게 늘어지며 고통만 커질 것이다.

모방할 곳이 더 이상 없을 때, '모방 국가'는 어떻게 해야 할까? '모방 국가'의 유전자를 '실험하는 국가'의 유전자로 바꿔야 한다. 모방하지 않으면, 창조하는 길밖에 없다. 그런데 창조는 모방과 원리가 전혀 다르다. 모방은 실패하지 않아야 성공하는 것이지만, 창조는 실패하지 않으면 성공할 수 없다. 배워서 실행하려 하지 말고, 실행하면서 배워야 한다. 느려도 토론하고 협력하며 우리만의 방법을 찾아내야 한다. 대담한 구상과 신중한 실험이 그 어느 때보다도 필요한 국가의 미덕이다. 가장 앞서 있어서 따라갈 나라가 없던 핀란드가 스스로 길을 찾기 위해 기본소득 정책 실험에 나선 것처럼 말이다.

우리는 정답이 없는 세계에 살고 있다. 수많은 실험과 실패가 필요하다. 그래야 '한국 모델'도 가능하다. 불확실한 실험 과정을 겪어낼 용기를 내는 것, 그게 첫걸음이다.

4

미래의 기회는 어디에 있는가

15장

'자유노동'
이라는
기회

증권사에서 일하던 조한진(33) 씨가 증권사를 퇴사한 것은 2년 전[49]이었다. 시키는 일만 해야 하는 회사 분위기, 성과를 내도 상급자와 회사가 가져가고 자신의 몫으로는 거의 돌아오지 않는 성과 보상 체계에 답답함을 느끼던 중이었다.

독립을 결정하고 나서 서비스가 필요한 사람과 제공할 수 있는 사람을 연결해주는 '숨고'라는 플랫폼을 알게 된다. 회사에 고용되지 않아도 자기만의 고객들을 찾아나설 수 있는 기회였다. 프로필과 제공할 수 있는 서비스를 정성 들여 써 놓으면, 고객이 들어와 같은 종류의 서비스를 원한다고 글을 올릴 때마다 메시지가 날아온다. 그때 접속해 그 일거리를 잡으면 계약이 시작된다. 그 일이 끝나면 계약은 끝난다. 고용계약이 아니라 그 일에 한해서만 서비스를 제공하는 프로젝트 계약이다. 조씨는 플랫폼을 활용해 금융과 취업 관련 강의 서비스를 시작했다. 혼자서 전업 투자자 생활을 하면서 틈틈이 투자 및 인적성 시험 레슨을 제공한다.

생활 패턴은 회사 생활을 할 때와 완전히 바뀌었다. 출근도 퇴근도 자신이 원하는 대로 조절한다. 직장 상사 눈치를 볼 필요가 없어졌다. 단점도 있다. 수입은 조금 줄었다. 과거에는 다른 사람이 해주던 행정 업무도 스스로 해야 한다는 사실을 알게 됐다. 홍보도 스스로, 대금 납입 독촉도 스스로 해야 했다. 하지만 무엇보다도 불안한 점은 앞으로의 수입이 불확실하다는 사실이다.

그래도 능동적으로 스스로를 발전시키고 있다는 느낌 때문에 회사에 매여 있을 때보다 낫다고 생각한다. 하루에 여섯 시간 정도 집중해서 일하고 나면, 나머지 시간은 스스로 필요하다고 생각하는 내용을 공부하면서 다음 단계의 일을 준비할 수 있으니 말이다. 자기 삶을 스스로 통제할 수 있다는 점도 지금의 생활에 매우 만족하는 이유다.

조한진 씨가 하는 일의 형태는 '자유노동'이다. 자유노동은 '고용주에게 종속되지 않는 계약 형태를 통해, 일하는 방식에 대한 높은 자율성과 통제권을 갖고, 서비스나 상품을 제공하여 소득을 얻는, 임시적 계약을 통해 수행되는 새로운 형태의 일'로 정의할 수 있다.[50] 과거 프리랜서라고 불리기도 했던 사람들을 포함한다.

현대 자본주의 사회에서 법적으로 '노동'은 높은 종속성을 전제로 정의된다. 즉 남이 시키는 대로 하는 일이 노동이고, 지시받아 일해야 하는 사람이 노동자다. 종속되어 있어야 법적 보호도 받는다. 휴가나 임금이나 단체 협상 등의 권리도 종속성이 있어야 주어진다. 고용주는 이익을 처분할 권한을 가지면서 결정에 대한 책임도 먼저 지게 되어 있다. 종속된 노동자들은 결정권이 매우 작은 대신 경영 결과에 대한 책임이 없다. 결정할 수 있는 쪽이 책임도 지고 성과도 먼저 가져가는 대신, 종속되는 쪽에 대한 보호를 제공해야 한다는 취지다. 종속된 노동자는 지시받는 대신 보호도 받는다는 프레임이다.

자유노동은 이런 전통적인 일자리와 '종속성'에서 핵심적으로 구별된다. 자유노동 종사자에게는 고용주가 없다. 계약 대상이 있을 뿐이다. 일의 과정을 통제받지 않는다. 자율적으로 일하되 성과를 내놓으면 된다. 출퇴근 시간이나 정년도 없다.

과거에도 자본주의 체제에는 이런 노동 형태가 부수적으로 존재했다. 그런데 최근 자유노동이 더 주목받는 것은, 이들을 연결하는 인터넷 플랫폼이 확산되고 유연한 원격 근무가 더욱 편리해지고 있어서다. 사실 이런 형태의 새로운 노동을 부르는 기존의 다양한 이름이 있다.

- **긱 노동**
  특정한 작은 업무 단위로 단기적 계약을 맺고 보상을 받는 형태의 일
- **독립 노동**(프리랜서 노동)
  기업의 핵심적 업무를 외주용역 형태로 맡아 일정 기간 동안 수행하는 것으로, 시간제나 일당 등의 형태로 보상을 받는 일
- **크라우드 노동**
  열린 플랫폼에서 다수가 프로젝트를 놓고 경쟁하며 참여하는 형태의 일

새로운 노동에 대한 이런 정의들은 주로 계약이나 보상의 형태

를 기준으로 수립되어 있다. 하지만 '자유노동'은 종속성을 기준으로 다시 정의된 개념이다. 일하는 사람 스스로 일하는 시간과 분량 및 과정을 결정할 수 있느냐가 자유노동이냐 아니냐를 구분하는 핵심이다. 형식적 계약 형태보다는 실질적 내용을 중심으로 세운 개념이기도 하다. 일에 따른 보상이나 일할 기회를 얻는 과정은 사실 일 자체는 아니다. 핵심은 일 자체가 얼마나 자유롭게 조직되느냐, 그래서 일하는 사람이 일 자체로부터 기쁨과 가치를 얻을 수 있느냐다.

세계적인 확산

실제로 세계 곳곳에서 이런 자유노동은 확산되고 있다. 파키스탄의 사예드 카심 아바스는 라호르의 GC 대학에서 경영학을 공부하고 2015년 졸업했다. 그러나 졸업 뒤 3년 동안이나 일자리를 찾지 못했다. 파키스탄에는 원체 갓 졸업한 경영학도를 채용하려는 기업이 많지 않았던 데다, 경제 위기까지 겹쳐 취업은 쉽지 않았다. 카심은 취업 노력을 잠시 중단하고 '디지스킬스'라는 이름의 디지털 활동 교육 프로그램에 참여해 그래픽 디자인을 배운다. 과정을 마친 뒤 글로벌 프리랜서 플랫폼인 업워크에 자신의 프로필을 올린다. 자신이 할 수 있는 수준의 그래픽 디자인 프로젝트를 찾아 몇 차례 지원한 끝에, 첫 번째 일을 50달러를 받고 시작하게 됐다. 그 이후 카심은 정기적으로 업워크에서 일거리를 구해 작업을 하고 있다. 시간당 20달러로 자신의 보수를 책정하고 적절한 고객이 나타나면 그 프로젝트에 한정해 계약을 맺고 일한다.[51]

케냐의 공인회계사 앤 니암부라를 보자. 회계사 자격증을 딴 뒤 여러 기업에 이력서를 제출했지만 취업 기회는 오지 않았다. 결국 앤은 '아지라'라는 이름의 정부 프로그램에 등록해 5일 동안 글로벌 플랫폼에서 일거리를 얻는 방법에 대해 교육을 받는다. 교육 뒤 먼저 플랫폼 노동을 경험한 사람들과 교류하며 요령을 익히기도 했다. 결국 녹취록 작성하는 일을 하겠다고 플랫폼에 올린다. 24시간 이내에 첫 번째 일거리를 얻어 14달러를 벌었다. 자신감을 얻은 앤은 더 많은 일거리에 도전하고 있다.[52]

미국의 크리스티는 전업주부였다. 고등학교를 중퇴한 뒤 결혼했지만 남편의 소득은 불안정했다. 본인이 일자리를 구하기에는 힘에 부쳤다. 그래서 기초생활수급자로 국가로부터 급여를 받아 생활했다. 1달러샵을 다니면서 알뜰하게 살아야 했다. 그러던 중 아마존 매커니컬터크라는 플랫폼을 알게 됐다. 거기 접속해 인공지능의 학습 과정을 돕는 노동을 하게 된다. 인공지능의 기계 학습 과정은 단순하다. 사람들에게 수억 장의 사진을 보여주고 그게 남성인지 여성인지를 가려내게 한다. 인공지능은 그 결과 데이터를 계속 입력받아, 인간처럼 얼굴만 보면 상당히 높은 확률로 남녀를 식별할 수 있게 될 때까지 학습한다. 크리스티가 플랫폼에서 얻은 일거리들은 그런 종류의 매우 단순한 일들이었다. 크리스티는 점점 익숙해졌고, 아예 빠르게 그런 데이터 생성 작업을 할 수 있도록 자동화 프로그램을 개발하기까지 한다. 그런 노력의 결과로 연간 4만

달러(4800만 원)까지 번 적도 있다.[53]

토끼풀 조직과 자유노동

이 사람들처럼 혼자 독립적으로 일하는 사람들에 대해 체계적으로 설명했던 사람은 아일랜드의 경영사상가 찰스 핸디였다. 찰스 핸디는 '유럽의 피터 드러커'라고 불리는 원로 경영사상가이자 철학자다. 미국 선탑미디어와 유럽경영개발재단이 발표한 '50인의 사상가'에서 피터 드러커에 이어 2위에 오르기도 했다. 그는 1989년에 낸 저서 《비이성의 시대》에서 미래 기업은 '토끼풀 조직' 형태를 갖게 될 것이라고 예측한다. 토끼풀은 세 개의 잎으로 이루어져 있다. 한 잎은 정규직 핵심 노동자다. 이들은 기업에 대해 충성하고, 기업은 이들의 고용을 보장해준다. 또 다른 한 잎은 비정규직 노동자다. 이들은 기업에 큰 기여를 하지만, 대체될 수 있는 인력이라고 여겨지기 때문에 의사결정 참여 정도와 고용 보장 정도는 약하다. 마지막 한 잎은 파트타임이나 임시직, 계약제 외부 컨설턴트다. 독립적으로 일하는 사람들로, 프리랜서라는 명칭으로 흔히 불리는 이들이다.

핸디는 과거 기업이 한 개의 잎, 즉 정규직 노동자들로만 구성되었던 반면, 미래 기업은 세 종류의 노동자 비중이 거의 비슷해질 정도로 노동이 분화될 것으로 봤다. 그러면서 과거에 전혀 없던 프리랜서 형태의 노동이 일반화할 것이라고 내다봤다. 이들은 기업에서 일거리를 보장받지 못하지만, 대신 기업에 속박되지도 않는다. 고용 안정 대신 속박되지 않을 자유를 얻은 셈이고, 안정된 수입 대신 자유로운 시간을 얻은 것이기도 하다. 기업 조직 형태의 변화가 바로 사람들이 좀 더 자유롭게 일하게 해주는 배경이 된다는 게 그의 생각이다.

자유롭게 일하는 사람들은 한 기업에 매여 있지 않으니, 여러 가지 일을 투자 포트폴리오처럼 다양하게 구성해 수행할 것이다. 이들은 분명 기업의 외부인이지만, 기업에는 중요한 자원을 제공한다. 핵심 경영 의사결정은 기업 내부의 경영자와 정규직 임직원들이 내리지만, 결정을 내리는 데 필요한 지식의 상당 부분은 이들에게서 빌려올 수 있다. 미래 기업은 점점 더 많은 주요 기능을 이들로부터 받을 수밖에 없다. 결국 미래 경제는 코끼리와 같은 대기업과, 코끼리 사이를 자유롭게 뛰어다니는 벼룩들이 같이 끌고갈 것이라는 전망이었다.

멀리 내다본 혜안이었다. 그러나 1989년에 그가 했던 전망은 우버, 업워크, 태스크래빗, 아마존 메커니컬터크 같은 주문형 작업 플랫폼이 나타난 최근에야 제대로 실현되었다. 디지털 플랫폼을 통해 일을 업무 단위로 조각내어 주문할 수 있게 되면서 정말로 고용 계약 없는 유연한 노동이 가능해졌기 때문이다. 게다가 국경을 넘어선 일의 유연한 이동 역시 가능해졌다. 이제 사람이 국경을 넘어갈 필요가 없다. 업무만 넘어가면 된다. 토끼풀 조직 중 정규직과 비정규직의 잎은 작아지고, 프리랜서와 임시직의 잎은 커지는 상황이 됐다.

클라우드 기반 회계 솔루션 기업 프레시북스는 미국에서 기존의 전통적 일터에서 풀타임으로 일하다가 그곳을 떠나 독립적으로 일하기 시작하는 사람이 2021년까지 2400만 명이 될 것으로 추산했다.[54] 또한 그 주력은 1980년대 이후 태어난 밀레니얼 세대가 될 것이라고 전망했다. 기업에서 왕성하게 활동하고 있는 밀레니얼 세대가 다음 커리어를 선택할 때는 다른 곳에 취업하기보다는 디지털 플랫폼을 활용해 독립적으로 일할 것이라는 전망이다.[55] 유럽연합에서도 프리랜서가 노동자 가운데 가장 빠르게 늘어나는 고용 형태[56]이다. 유럽연합 28개국의 프리랜서 숫자는 2000년부터 14년간 두 배로 늘었다. 프리랜서 수의 성장률은 영국, 프랑스, 네덜란드에서는 전체 일자리 수의 성장률보다도 높다.

게다가 이는 파트타임으로 자유노동을 선택하는 사람의 숫자는 빠진 통계다. 주된 일터를 가졌거나 전업주부 혹은 학생이면서 시간이 날 때마다 틈틈이 일하는 사람들까지 합치면 더 늘어날 수 있다. 딜로이트는 2018년 조사[57]에서 풀타임 노동자의 64퍼센트가 조금씩 틈을 내어 자유노동을 하고 추가 소득을 얻기를 원한다고 밝혔다. 전통적 일자리와 다른 형태의 일이 덩치를 키우고 있는 흐름을 각국 정부도 감지하고 있다. 여기에 대한 정책도 잇따라 나온다.

국가의 대응

케냐의 앤과 파키스탄의 카심 이야기로 돌아가 보자. 그들은 컴퓨터 앞에서 주로 일하지만, 그 일거리와 소득은 국경 너머에서 얻는다. 잘게 쪼개진 업무는 플랫폼이라는 통로를 경유해 국경을 가볍게 뛰어넘는다. 기업들은 잘게 쪼개진 일거리를 플랫폼에 올리고 결과만 받는다. 과거에 한 사람이 1년 동안 할 업무를 50개의 1주일짜리 프로젝트로 나누는 식이다. 플랫폼에 그 프로젝트들을 올린 뒤 가장 싼 가격으로 가장 많은 일을 적절한 품질로 해오도록 일을 진행한다. 당연히 국적은 가리지 않는다. 이른바 '긱 경제gig economy'다.

어떤 나라들은 긱 경제를 일자리 기회로 보고 전략적으로 접근한다. 케냐와 파키스탄은 그런 나라에 속한다. 정부가 팔을 걷어부치고 디지털 노마드를 키우려 나선다. 공공연하게 '글로벌 플랫폼에서 경쟁력을 발휘해 일과 소득을 얻어라'면서 교육을 지원한다.

케냐 정부는 2022년까지 이 나라를 '세계 프리랜서 허브'로 키우겠다고 선언했다. 케냐 정부가 내놓은 아지라 프로그램은 일자리가 없는 청년들이 글로벌 플랫폼에서 활동하는 디지털 노동자가 되도록 육성한다. 도구, 멘토, 훈련을 제공해 지속적인 소득을 얻을 능력을 키우는 게 목표다.

파키스탄은 디지스킬스라는 프로그램을 운영한다. 총리가 직접 출범시켰으며 100만 명의 프리랜서가 집에서 글로벌 플랫폼을 통해 일하면서 충분한 소득을 벌도록 지원하는 것이 목표다. 대학이 맡아 운영하며, 전자상거래, 그래픽 디자인, 콘텐츠 제작 등의 내용을 교육한다.

케냐의 2019년 1인당 연간 국민소득은 2000달러(240만 원)가량이다. 파키스탄은 1500달러(180만 원)쯤 된다. 월 평균소득이 15만~20

만 원인 이런 나라에서 카심이나 앤 같은 플랫폼 노동자들이 버는 시간당 10달러~20달러의 소득은 적지 않다. 긱 경제는 성장하는 소득 기회가 된다. 게다가 플랫폼 노동자들은 학업이나 다른 직장 생활을 하면서 병행할 수 있다. 물론 풀타임 일자리를 얻는 것보다는 불안정하다. 그러나 어차피 파키스탄이나 케냐에서는 다른 대부분의 개발도상국에서와 마찬가지로 풀타임 일자리는 찾기가 매우 어렵다.

게다가 가장 중요하게는, 이들에게는 경쟁력이 있다. 같은 일을 훨씬 낮은 보수로 진행해 줄 수 있다. 소득이 낮은 나라에 살고 있긴 하지만 일의 진행 속도와 처리 수준은 낮지 않기 때문이다. 언어 능력만 있다면 미국이나 유럽의 기업들이 원하는 일을 바로 해줄 수 있다. 미국의 1인당 국민소득은 6만 달러(7200만 원)이다.

개발도상국 중 긱 경제에 관심을 보이는 국가들은 대체로 비공식 부문(실물 자본과 인적 자본 및 기술이 제약된 상황에서 그 활동에 참가하는 사람들의 고용과 소득의 창출을 주목적으로 하는 재화와 서비스의 생산 및 분배에 관여하고 있는 소규모 단위의 부문) 노동 비중이 높다. 긱 경제는 오히려 그런 노동을 공식화시키며 투명하게 만든다. 국경을 넘어서는 노동의 수출을 쉽게 만들면서, 일자리 기회를 늘려준다.

사실 아침 9시에 출근해 저녁 6시에 퇴근하며 일하는 안정적 삶은 지구 대부분의 사람들과는 거리가 먼 노동 형태다. 저소득 국가에서는 아직 소수의 사람들만이 정규직이다. 파키스탄은 비공식 부문 고용이 고용(농업 부문 제외)의 70퍼센트를 넘는다.[58] 케냐는 77퍼센트, 르완다는 73퍼센트가 비공식 부문 노동자다.[59] 특히 케냐는 청년실업률이 65퍼센트나 된다.⁶⁰ 짐바브웨는 취업자의 90퍼센트가 농부, 상인, 소규모 무역업자로 비공식 부문에서 일하는 것으로 추정된다. 맥킨지는 아프리카 전체 노동력의 63퍼센트가 자영업에 종사한다고 추정한다. 이런 나라들에서 긱 경제는 새로운 일자리 기회임이 분명하다. 플랫폼이 기업들에게는 국경을 넘어다니며 유연하게 일거리를 재배치할 기회를 줬고, 파키스탄과 케냐 같은 나라, 카심이나 앤과 같은 청년에게 새로운 일거리를 제공했다.

그런데 미국의 크리스티도 새로운 기회를 얻었던 것일까? 크리스티는 처음에 좋은 것만 같았던 아마존 메커니컬터크 일을 하면서 자꾸 문제를 겪게 된다. 가장 큰 문제는 시간이었다. 24시간 내내 일에서 놓여 날 수가 없었다. 출퇴근 시간이 정해져 있는 다른 아르바이트와는 달랐다. 아마존 시스템에 좋은 일거리가 뜨면 먼저 잡는 사람이 임자다. 투입 시간 대비 단 1센트라도 더 버는 일거리를 잡으려 늘 촉각을 곤두세워야 했다. 그런 일거리를 기다리느라 컴퓨터 앞을 떠날 수가 없었다. 항상 조금이라도 더 벌기 위한 경주가 진행되고 있는 것 같았다.

고용되어 일할 때는 중간중간 휴식 시간도 주어진다. 조금 쉰다고 임금이 깎이지는 않는다. 그러나 혼자 일하니 일하는 순간에만 보상이 주어졌다. 쉬는 시간도 별로 없고 쉬면 보수도 사라지는 상황이었다.

쉬는 시간도 없이 장시간 노동이 이어지자 건강에 무리가 왔다. 너무 오래 컴퓨터 앞에서 집중하다 보니 손목에 염증이 생겼다. 직장에서라면 산업재해로 인정받을 만도 했는데, 이건 그대로 자기 책임이었다. 또 직장 상사나 동료와 대화를 나눌 기회도 없었다. 식별해야 하는 이미지가 잔혹하거나 부적절해도 호소할 길은 없었다. 인간적인 대우를 받는다는 느낌이 없어졌다.

크리스티는 아마존의 CEO 제프 베조스에게 메커니컬터크에서 일하는 사람들을 인간 이하로 취급하지 말라는 편지를 쓰기도 했다. 노동자가 직접 관리하는 플랫폼 협동조합을 만들려고 시도하기도 했다. 그러나 항의하고 대안을 마련하려는 노력은 모두 실패로 돌아갔다.

시스템이 잘 갖춰진 선진국에서 긱 경제는 노동권을 해체하는 파괴자로 지목되는 경우가 잦다. 원래 소득이 높은 풀타임 노동자가 노동시장의 주력이던 국가일수록, 정규직 노동자 중심 노동조합이 강력한 정치적 힘을 가진 나라일수록 더 그렇다. 이런 관점에서 보면, 크리스티는 보호받지 못하는 긱 경제의 대표적 사례로 꼽힐 수 있다. 전통적 기업에서 근로계약을 맺고 안정적으로 일했다면 보장받았을 연금도 산재 보상도 받을 수 없었다. 노동조합이나 인사부서에 할 법한 부당한 업무에 대한 항의도 할 수 없었다.

크리스티가 사는 미국뿐 아니다. 유럽의 많은 나라도 긱 경제가 기존 노동시장 질서에 균열을 낸다. 여러 국가가 나서서 이 새로운 노동을 어떻게 다뤄야 할지 고심 중이다. 원래 강력한 복지국가 체제가 존재하던 유럽에서 대안도 더 체계적으로 나오고 있다. 유럽연합은 2019년 6월 '투명하고 예측가능한 근로조건에 관한 지침안Directive on Transparent and Predictable Working Conditions'을 채택한다. 여기서는 주문형 노동자, 가내 노동자, 간헐적 노동자 등 긱 경제에서의 노동자들을 보호받아야 하는 노동자로 정의하면서, 고용주가 해고나 작업의 시작과 종료 등을 합리적이고 투명하게 알려야 한다는 점을 명시했다.

영국에서는 2018년 12월 긱 노동자와 파견 노동자에 대한 보호를 강화하는 법안을 시행했다. 같은 일을 하는 파견노동자가 정규직보다 임금을 덜 받아서는 안 되도록 했고, 병가와 출산·육아 등을 포함한 유급 휴가 권리를 일하는 첫날 알리도록 했고, 12주 단위로 계산하던 주휴수당을 최장 1년까지의 단위로 계산해서, 계절적 노동이나 비전형적 노동에 종사하는 까닭에 소득이 불규칙한 사람들도 안정적 유급 휴일을 갖도록 했다. 플랫폼 기업에 복지 부담금을 추가로 매기기도 했다. 벨기에는 2016년 긱 경제 소득에 대한 세율을 10퍼센트포인트 인하하고 플랫폼 기업을 통한 노동일 경우 최소 5000유로 이상의 소득이 발생할 때에만 과세하기로 하면서 스타트업과 긱 경제 노동자를 동시에 보호하기로 했다. 미국은 독립적인 계약으로 근로를 제공해 노동자로 분류되지 못하는 사람도 '공정노동기준법'을 적용할 수 있도록 행정 해석을 내놓기도 했다. 시애틀 시는 앱을 통해 일감을 구하는 운전자들의 단결권과 교섭권을 보장하기 위한 조례를 통과시켰다.

크게 보면, 케냐 등 개발도상국에서는 이런 상황을 엄청난 기회로 보고 국가가 그런 형태의 노동에 맞춰 육성 프로그램을 가동하고 있다. 비공식 부문 노동이 공식화하는 과정에 있다고 봐도 되겠다. 유럽과 미국 등 선진국에서는 긱 노동을 노동권을 위협하는 사회적 위험 요소로 보고 국가가 전통적 노동법과 복지 체제를 보완

하면서 이들을 보호할 대책을 강구하고 있다. 이들 입장에서는 공식 부문 노동이 와해되는 과정으로 보이기 때문이다. 하지만 이들 역시 이런 형태의 노동이 늘어나는 것이 바람직하거나 최소한 불가피하다고 보고, 세제 혜택 등 다양한 지원책을 내놓고 있다.

정리해 보자. 기업들은 점점 더 전통적인 방식의 고용을 피하고 있다. 대신 작은 업무 단위로 프리랜서 형태의 일거리를 늘리려고 한다. 다른 한편으로는 자유로운 시간 선택과 독립성을 중시하는 세대가 노동시장의 중심으로 진입하고 있다. 이 세대는 디지털 플랫폼에 익숙하며 삶을 자율적으로 구성하고 싶어한다. 전통적 기업에서의 고용 기회를 발견하기 어려운 개발도상국에서는 이 트렌드에 주목해 더 능력 있는 프리랜서들을 글로벌 플랫폼에 공급하고 있다. 선진국에서는 기존의 전통적 고용 보호 장치를 벗어나 어려움을 겪고 있는 이들 노동자들을 위해 보호 장치의 제도화를 논의하며 발전시키고 있다.

자유노동은 이 모든 트렌드가 겹치면서 점점 더 늘어날 전망이다. 그렇지만 이 모든 외형적 이유를 넘어서는 다른 이유도 있다. 경제적 이유 때문에 억지로 선택하는 것이 아니라면 자유노동이 새로운 세대에게 매우 높은 수준의 내적 충만함을 준다는 점이다. 전통적인 종속노동과 비교하면 거부할 수 없는 치명적 매력이다. 일의 조건이나 보상이 아니라, 일 자체가 주는 매력이다. 자유노동을 스스로 선택한 다양한 사람들과 인터뷰[61]를 한 결과 발견한 사실이다. 일 자체가 주는 매력이 무엇인지 좀더 알아보도록 하자.

자유노동의 매력들

시간 선택의 자유

영상 창작을 하는 조기현 씨에게는 근무시간이 언제냐는 질문이 어색하다. 자신이 일하는 시간은 24시간 내내일 수도 있다. 하지만 그 모든 시간이 쉬는 시간일 수도 있다. 창작자인 그가 관심 있는 주제에 대한 책이나 논문을 읽는 시간은 일하는 시간일까, 쉬는 시간일까? 청년들을 만나 대화를 나누는 시간은 어떨까? 그는 작업실에 하루 13~14시간 머무르며 주말도 밤낮도 없이 일한다. 그러나 생계를 위해 하고 싶지 않은 일을 억지로 하는 시간은 거의 없다. 그에게 일과 삶의 경계는 의미가 별로 없다.

그는 눈코 뜰 새 없이 바쁘지만, 강아지와 함께 출근하며 근무 시간 틈틈이 산책을 한다. 미리 다른 업무를 몰아서 처리해두고, 며칠 동안 영화제에 가서 여유 있게 즐기기도 한다. 월요일에 쉴 수도 있으니 주말이 큰 의미는 없다. 스스로 선택한다면 언제든 휴일이다. 그는 이런 삶에 만족한다.

앞서 예를 들었던 조한진 씨는 '주중에 사람이 적을 때 미술관을 관람할 수도 있게 된 것'을 상징적으로 언급했다. 그는 주중에 자유롭게 취미생활을 하니 주말에 일해도 상관없었다. 여행도 계획만 하면 갈 수 있게 됐다. 일할 때 몰아서 열심히 일하고, 쉴 때는 여유 있게 오래 쉬는 삶을 선택할 수 있었다. 회사 다닐 때는 할 수 없던 일이었다. 자연스레 만족감이 높아졌다.

시간을 선택해 사용할 수 있다는 점은 자유노동의 중요한 매력이다. 자유노동은 일하는 시간과 생활 시간을 스스로 다양하게 재구성할 수 있다. 9시에 출근해 6시에 퇴근하는 삶이 좋다면 그렇게 구성할 수도 있지만, 밤에만 일하거나, 이틀에 한 번 일하거나, 10개월 몰아서 일하고 2개월을 이어서 쉰다거나 하는 선택이 가능하다. 어떤 사람은 진심으로 즐기는 일을 하고 있어서, 일과 여가를 분리하지 않고 살아갈 수도 있다. 이렇게 다양한 라이프스타일을 원하는 사람들에게, 시간을 통제할 자유는 삶의 만족도를 높일 수 있는 중요한 조건이다.

지문처럼 남는 성과

"서른다섯 살 이전까지 한 번도 제가 선택한 일을 해본 적이 없었던 것 같아요." 나경호 씨는 스스로를 '백수'라고 소개했다. 그런데 실은 눈코 뜰 새 없이 바쁜 백수라고 했다. 8개 회사를 옮겨다니면서 일을 했고, 동업자들을 찾아 창업까지 경험한 뒤에 한 선택이었다.

수많은 일을 오랜 시간을 들여 해냈지만, 그중 어느 것도 온전히 자신의 것은 아니었다. 평창 스페셜 올림픽 가이드라인을 만들어도 그것은 올림픽 조직위원회의 소유였고, 대기업이나 공기업의 간판 디자인을 해도 역시 회사 소유로 귀속되었다. 스스로 선택한 일이 아니라 남의 일을 해주고 있을 뿐이라는 생각, 자신의 시간을 팔아 돈을 벌고 있을 뿐이라는 생각이 머리를 떠나지 않았다.

자기가 한 일의 주인이 자신이 아니라는 사실을 깨달은 뒤, 그는 살고 있던 경기도 고양시로 돌아갔다. 서울에서 직장 생활을 하느라 동네에 친구 한 명 없는 자신을 발견했다. 다행히 한 명, 두 명 친구가 생기기 시작했다. 모두 스스로를 '백수'라 부를 만한 사람들이었다. 그들과 함께 그저 동네에서 필요한 일을 하기 시작했다. '청년공동체리드미'라는 단체도 같이 만들었다. 그리고 나서 진정으로 만족스러운 일을 찾았다고 생각했다. 그들이 해낸 일은 오로지 그들의 것이 됐다.

최광 씨는 직장 생활을 하다가 독립해 스타트업 세 곳의 홍보를 대행하고 있다. 한 회사에 소속되어 있을 때와는 스스로의 태도가 달라졌다고 느낀다. 조직 내부에 있을 때와는 달리, 고객사를 동반자로 본다. 외부인의 시각으로 대등하게 볼 수 있게 됐다. 자신이 한 일의 결과는 조직에 녹아들어 사라지는 게 아니라, 독립적으로 만들어져 적절한 거리가 있는 고객에게 전달된다. 일 자체는 조직 내에서 하는 것과 큰 차이가 없는 것처럼 보이지만, 독립적으로 일한다는 사실 덕에 그 일의 결과는 오롯이 자신의 성과로 남는다. 만족도는 상당히 높아졌다.

윤하나 씨(공기핸디크래프트 대표)도 '일의 주인'이 되고 싶어 혼자 일하기를 선택한 사례다. 외국계 커뮤니케이션 컨설팅회사에서 일할 때, 기업의 담당자들이 늘 자신들이 하기 싫은 일을 컨설팅회사에 맡기는 일을 목격하면서 지쳐 갔다. 결국 스스로 결정하고 스스로 성과를 내는 일을 하기로 마음먹고 자유노동에 뛰어들었다.

회사에서 하는 일의 과정은 자신이 설계하는 것이 아니다. 회사에서 한 일의 성과도 자신만의 것이 아니다. 사람은 자신이 설계해서 자신에게 귀속되는 일을 할 때 일의 기쁨을 만끽한다. 자유노동은 그 기쁨을 선사한다. '남의 일'을 하는 게 아니라 '나의 일'을 하는 느낌을 준다. 내가 한 일의 결과가 내게 지문처럼 변하지 않을 성과로 남는 경험을 준다.

사회적 가치

윤하나 씨는 원래 일하던 곳에서 나와 자신의 사회적 가치를 실현하기 위한 일에 뛰어들었다. 네팔에 국제자원활동가로 가서 공정 무역의 가치를 깨닫게 되어 관련 일을 하기로 했다. 취미로 하던 도자기 만들기에다 일을 하며 쌓은 마케팅 커뮤니케이션의 전문성을 입힌 뒤, 저개발국의 가난한 사람들을 돕겠다는 사회적 가치를 얻었다. 아동노동 금지, 안전한 작업 환경, 공정 임금 같은 당연한 원칙조차 지켜지지 않는 현실을 변화시키겠다는 꿈으로 시작한 일이다. 그런 원칙을 지켜 제작되는 수공예품을 가져다 파는 등, 생산자와 소비자가 공감하는 무역을 한다.

나경호 씨는 지역으로 돌아온 뒤 청년들과 함께 지역사회에 필요하다고 생각하는 일을 돈이 되든 안 되든 하기 시작했다. 청소년, 장애인, 미혼모 등 소외된 사람들을 끊임없이 인터뷰하며 사람 책 도서관 프로젝트를 진행했다. 고등학교에서 강의를 하기도 하고, 학습관에서 돌봄 활동을 하기도 한다. 사회적 가치를 중심에 놓고, 수입은 일의 결과로 들어오면 버는 것이다.

사회적 가치를 실현하려는 사람들은 자신이 변화시키고 싶은 특정한 현실이 있다. 때로 그것은 저개발국 생산자들의 삶이고, 때로는 신뢰가 부족하고 소외 계층이 차별받는 동네 현실이다. 몸담은 조직이 영리기업이라면 사회적 가치를 실현하는 일은 퇴근 후에 해야 하는 부수적 일이 되어버린다. 몸담은 조직이 비영리 조직이라고 하더라도, 자신이 꿈꾸는 바로 그 구체적 현실을 변화시키는 일을 만나기는 쉽지 않다. 가장 빠른 방법은 독립해 스스로가 생각한 사회적 가치를 실현하기 위해 직접 일을 기획하고 실행하는 것이다. 일을 통해 사회적 가치를 추구하는 사람들에게, 자유노동은 중요한 기회가 된다.

치명적 약점: 생계

김만수 씨는 배달 노동자이자 음악가다. 그의 하루 일과는 두 번 시작된다. 오전 11시에 라이더로서의 일과가 시작된다. 맥도날드에서 오토바이를 타고 배달을 한다. 8시간 동안 라이더로 일하고 난 뒤, 새로운 일과가 시작된다. 음악가로서의 일과다. 오후 7시부터 연습을 시작한다. 그리고 주말에 하루 정도는 공연을 한다.

그가 '진짜 일'이라고 생각하는 것은 음악이다. 음악을 통해 자신을 온전히 설명하는 날이 오기를 꿈꾼다. 배달을 하는 유일한 이유는 돈을 벌기 위해서다. 10년 동안 이미 열 가지가 넘는 아르바이트를 통해 생계를 유지해왔다. 그나마 육체적인 노동강도가 상대적으로 낮고 자율적이라 배달 노동을 선택했을 뿐이다. 기타와 보컬 연습을 위한 체력을 남겨두어야 하기 때문이다.

그가 '자유롭게' 음악에 전념하지 못하는 이유는 누군가 음악을 하지 못하게 막기 때문이 아니다. 생계 때문이다. 종속되지는 않았지만 자유롭지 않은 상태다. 자유로워 보이나 '실질적 자유'는 갖지 못했다. 실질적 자유를 주는 것은 안정적 소득일 것이다. 최소한의 소득이 보장된다면, 그는 지체없이 '음악'이라는 자유노동에 전념하는 길을 찾을 것이다.

시간 선택의 자유, 자기만의 성과를 남길 수 있는 가능성, 사회적 가치를 실현할 수 있는 기회가 있다고 해도 자유노동을 선뜻 선택하기는 어렵다. 가장 큰 장벽은 역시 소득이다.

프레시북스는 앞서 소개한 설문조사에서 미국의 전통적 기업 재직자들이 왜 독립하지 않는지를 물었다. 35퍼센트는 소득이 불안정해질 것을 걱정했다. 매달 안정적으로 나오는 월급이 사라진다는 공포가 반영된 것이다. 27퍼센트는 소득이 줄어들 것을 염려했다. 두 가지 요인이 가장 컸다. 세대별로 답은 조금 달랐는데, 30대 이하 밀레니얼 세대가 불안정성을 주로 걱정한 반면 40대는 소득이 줄어들 것을 주로 걱정했다. 20~40대는 소득이 주요 관심사였다. 50대 이후로는 건강보험이 사라지는 것을 두려워했다. 전 국민 건강보험 체제가 아니라 기업이 주로 건강보험을 들어주는 미국 현실을 반영한 답이다. 미국인들의 응답이지만, 다른 곳이라고 크게 다를 것 같지는 않다. 자유노동은 많은 사람들이 꿈꾸지만, 소득 불안정의 공포는 그 꿈을 초라한 몽상으로 만들고 만다.

만일 소득이 보장된다면 자유노동에 뛰어든 이 사람들에게는 어떤 변화가 생길까? 실험하고 혁신할 수 있는 여건이 조성될 것이다. 이미 자유노동에 뛰어든 이들은 공통적으로 당장 수입이 빠듯하고 불안정해지는 문제 때문에 새로운 시도를 하지 못하고 있다는 안타까움을 전했다. 농촌과 소비자를 연결하는 플랫폼을 운영하는 박종범 씨(농사펀드 대표)는 당장의 생계비 걱정이 없다면 더 실험적으로 사업 운영을 해볼 수 있을 것이라고 말한다. 윤하나 씨 역시 사업에서 여러 가지 새로운 시도를 해볼 수 있겠다고 답했다. 이런 실험이야말로 사회가 혁신적으로 운영되기 위한 중요한 요소다. 또한 소득이 보장된다면 새로 독립해 자유노동에 뛰어드는 사람도 늘어날 가능성이 높다.

또 한 가지, 자유노동에 뛰어든 이들이 배움과 성장의 기회를 가질 수 있다. 전통적 조직에서는 대부분의 경우 자연스레 학습의 기회가 제공된다. 그러나 독립하면 본인이 직접 비용을 부담하며 학습해야 한다. 선택의 자유가 있다고 해도, 소득이 불안정하다면 일할 시간을 포기하고 공부에 나서는 선택을 하기는 쉽지 않다. 약간이라도 소득이 보장된다면, 이런 학습을 선택하고 성장의 기회를 가질 수 있다. 오히려 전통적 기업에서 제공하는 획일적 학습 기회 대신, 더 다양하고 생생한 학습 기회를 만들어갈 수도 있다. 음악하는 배달 노동자 김만수 씨 이야기로 돌아가면 더 그렇다. 그리 긴 시간을 배달에 투입하지 않는다면, 그는 더 많은 시간을 음악에 쏟을 수 있고 그 시간만큼 음악적으로 더 성장할 수 있을 것이다. 사회 전체의 시각에서 보면, 좀 더 높은 역량을 가진 노동자들을 얻을 수 있게 될 것이다.

사회적 가치 역시 소득 보장과 함께 얻을 수 있는 사회적 결과다. 인터넷 매체에서 일하고 있는 김슬 씨는 원래 사회적 가치를 실현하기 위해 언론인들이 힘을 합쳐 만든 회사가 수익 창출을 하지 못해 겪는 어려움을 토로했다. 사회적 가치는 많은 경우 시장 소득과 상충된다. 돈을 벌기 위해 타협해야 하는 일도 흔하다. 그러니 사회적 가치를 지향하며 독립적으로 일하는 사람에게 보장된 소득이 있다면, 그 가치를 실현하는 활동에 전념할 수 있을 것이다.

자유노동은 법적, 형식적 자유를 준다. 누구도 무엇을 하라고 시키며 옥죄지는 않기 때문이다. 하지만 이런 사실이 실질적 자유를 보장해주지는 못한다. 경제적 종속은 여전히 존재한다. 경제적 종속을 넘어서야 자유노동의 원래 취지가 살아날 수 있다. 소득 보장이 자유노동과 함께 가야 하는 이유다.

코끼리와 벼룩의 시대

찰스 핸디가 말했던 것처럼, '코끼리와 벼룩의 시대'가 오고 있다.[62] 그 시대를 피할 길은 없다.

코끼리 기업은 과거처럼 여전히 거기에 있을 것이다. 대규모 설비를 소유한 제조업 기업들과 거대한 네트워크를 운영하는 플랫폼들이 그들이다. 그러나 코끼리 기업이 고용하는 형태는 과거와는 판이하게 달라질 것이다. 미래의 코끼리들은 과거처럼 많은 고용을 하려 하지 않을 것이다. 많은 일을 디지털 플랫폼을 통해 단기간에 조달하려 할 것이다. 되도록이면 사람을 묶어두고 책임지며 보호하려 하지 않을 것이다. 여전히 코끼리 기업에서 거대한 기계의 부품처럼 일하는 노동자들도 있겠지만, 자유롭게 뛰어다니면서 여기저기서 일하는 벼룩들이 지금보다 더 많아지고 중요해질 것이다.

이 벼룩들은 코끼리들 사이를 누비며 선택의 자유를 한껏 누리는 자유노동을 할 수도 있다. 반대로 생계를 위해 코끼리들에게 선택되기 위해 무한히 경쟁하며 비루한 삶을 살 수도 있다. 우리가 어떤 사회를 선택하느냐에 따라 달라질 것이다. 또한 이 벼룩들이 역량이 커지고 글로벌 플랫폼 위에서 경쟁력을 갖게 되어 우리 경제에 도움을 주게 될 수도 있다. 반대로 사회적으로 가치 있는 일을 해내지 못하면서 남들의 도움을 받으며 생존해야 하는 부담이 될 수도 있다. 그 둘을 가르는 핵심은 역시, 생계를 위한 소득이 얼마나 보장되느냐, 일자리와 관계없이 삶이 얼마나 안정되느냐.

코끼리와 벼룩의 시대를 살기 위한 삶과 사회의 새로운 규칙이 필요하다.

16장

새로운
부의 원천,
데이터의
부상

어느 날 서울 시내에서 카카오 택시 앱을 사용해 택시를 불렀다. 놀랍게도 잠시 후 내 앞에는 일반적 택시 대신, 대당 7300만 원짜리 영국 고급 자동차 '재규어'가 도착했다. 영국 신사처럼 차려입은 기사가 친절하게 설명해줬다. 택시 앱 운영사와 재규어가 같이 진행하는 자동차 홍보 행사에 내가 당첨됐단다. 이 행사를 위해 서울에 재규어 10대가 투입됐다.

문득 궁금했다. 택시를 부르는 수많은 사람 중 내가 선택될 가능성이 매우 낮을 텐데? 그러고 보니 그들에게 내가 제공한 정보가 있다. 그 자동차에 관심 있을 만한 사람을 추려낼 수도 있겠다. 아니나 다를까 영국 신사가 털어놓는다. "카카오 택시 이용자 중 나이 등을 통해 대상자를 좁힌다"고.

네가 무심결에 넘겨준 가입자 정보는 택시 앱 운영사에 차곡차곡 쌓여 있었고, 어느 순간 그 정보는 다른 기업의 광고 홍보를 돕는 재료가 되어 있었다. 자동차 회사는 꼭 10대밖에 없는 재규어를 가장 적합한 사람들에게 홍보할 수 있었다. 택시 앱 운영사가 이걸 공짜로 내줬을 리는 없다. 적절한 이익을 취했을 것이다. 모두 내가 '동의'한 일이다.

내가 택시를 언제 어디서 타고 어디로 가는지 가장 많이 아는 곳은? 택시 앱이다. 내 근무지가 어디이고 주로 이동하는 경로가 어디인지, 택시 이용에 돈을 얼마나 쓰는지 알고 있다. 그러니 대략 내가 무슨 일을 하고 경제 형편이 어떠한지 추측할 것이다.

데이터는 돈이다

내가 어디에 있고, 움직이고 있는지 아닌지 가장 정확하게 아는 곳은? 내 교통카드와 자동차 내비게이션이다. 어디서 지하철을 타고 어디서 내리는지, 어디서 어디로 운전하고 다니는지 속속들이 알고 있다. 최근 내가 무엇에 관심이 있는지 가장 많이 아는 곳은? 구글이다. 전자우편을 사용하려고 무심결에 로그인해 이곳저곳 검색하면 관련 광고가 계속 화면에 뜬다. 내가 어떤 정치적 성향을 가졌고 어떤 유형의 사람을 좋아하는지 가장 많이 아는 이는 페이스북이다. 같은 이치로 내가 가장 좋아하는 노래와 영화를 가장 잘 아는 곳은 유튜브라고 결론 내릴 수 있다. 그들은 어쩌면 나도 모르는 내 모습을 알고 있을지 모른다.

플랫폼 기업들이 이렇게 데이터를 열심히 모으는 이유는 물론 돈이 되기 때문이다. 카카오 택시는 내게 재규어 시승 서비스를 연결해주는 일로 시작했지만, 이 정도에만 그칠 리는 없다. 나중에 어디까지 갈지는 상상하기 어렵다.

구글은 정보와 사람을 연결해주는 서비스다. 페이스북은 사람과 사람을 연결해주는 서비스다. 그들은 놀이터만 제공할 뿐, 직접 생산하지 않는다. 직접 생산하는 사람들은 사용자다.

이 사용자들은 서로 교류하며 끊임없이 데이터를 제공한다. 누가 누구의 친구인지, 누가 어떤 콘텐츠를 좋아하는지를 차곡차곡 쌓아간다. 그 결과, 페이스북은 2018년에 광고로 550억 달러(약 65조 원)를 벌었다.[63] 구글 역시 광고를 통해 2018년 1160억 달러를 벌었다.[64]

이들은 몇 번 클릭했던 내 관심사를 알고는 비슷한 내용의 광고를 집중적으로 보여준다. 광고주에게는 연령과 성별과 국가와 취향을 나누어 대상자를 정해 광고할 수 있도록 해준다. 어떤 기업이 방송이나 신문을 통해 광고를 한다면, 광고 전략가를 두거나 컨설턴트를 고용하는 등 비용을 지출하며 짜야 했던 타깃 광고 전략이다. 페이스북으로 광고를 한다면 담당자 혼자 클릭 몇 번으로 마무리할 수 있다.

구글 검색은 하루 35억 건이다. 한 달 평균 19억 명이 구글이 소유한 유튜브에 로그인해 사용한다.[65] 하루 15억 명이 페이스북을 이용한다.[66] 인류는 지금 페이스북과 구글 같은 플랫폼 업체의 손바닥 안에서 데이터를 주고받으며 살아가고 있다. 이들 온라인 플랫폼은 한 명 한 명 사용자의 데이터를 지속적으로 수집한다. 클릭되는 내용, 게시물을 스크롤하는 속도, 보는 영상의 내용, 입력하는 검색어, 이메일에 쓴 내용, 맺은 친구 관계, 형성한 그룹, 좋아한 페이지 등 데이터는 끝이 없다. 그리고 이 정보는 구글이나 페이스북과 같은 기업이 돈을 버는 데 활용된다. 타깃 광고 효과를 높이거나 미래 생산될 제품에 사용될 수 있는 기계 학습 알고리즘을 훈련시키는 데 팔려나간다. 데이터 분석을 통해 사용자 개인의 내밀한 관심, 친구 관계, 소비 및 투자 취향 등의 특성을 알아내기도 한다. 이 모든 것은 사용자 데이터가 있기 때문에 가능한 돈벌이다. 결국 이들 기업의 매출의 상당 부분은 데이터로부터 뽑아낸 것이다. 그런데 구글과 페이스북이 이익을 내면 그 이익은 주주들에게 귀속된다. 사용자의 데이터로부터 얻은 이익이 투자자에게 전달되는 모양새다.

이제 데이터는 현재의 돈뿐 아니라 미래의 돈의 흐름을 짚어 내기도 한다. 우버의 기업 가치 흐름이 이를 상징적으로 보여준다. 2019년 5월, 우버는 미국 뉴욕 증시에 상장된다. 상장 당시 시가 총액은 700억 달러(약 84조 원) 규모였다. 2014년 40억 달러였던 기업 가치가 5년만에 18배로 커진 것이다. 상장 때 기업 가치는 같은 시기 현대자동차의 3배였다. 아니, BMW, 포드, 다임러 등 자동차 생산업체 어느 곳보다도 압도적으로 높은 기업 가치. 차량 한 대 생산하지 않고 앱만 운영하는 우버의 위상을 실감하게 하는 숫자다.

하지만 우버는 여전히 적자다. 2018년만 30억 달러(약 3조 6000억 원)의 영업 손실을 냈다. 세계 각국에서 대중교통 규제와 관련해 행정 당국과 맞붙어 싸우는 중이니 사업 불확실성도 크다. 알고 보면 그리 새로운 사업도 아니다. 택시가 '콜택시'라는 방식으로 오랫동안 제공하던 서비스를 스마트폰 앱을 통해 제공하는 사업일 뿐이다. 이게 대단한 신산업인가? 이익을 많이 내고 있나? 굉장한 독점적 기술을 가지고 있나? 모두 아니다.

그럼에도 주식시장은 우버에게 엄청나게 높은 기업 가치를 부여했다. 왜 그럴까? 우버가 보유하고 있는, 그리고 앞으로 보유하게 될 것으로 보이는 데이터의 가치를 인정해서다. 여기다 이 데이터를 활용하는 노하우까지 포괄하여 미래 운송 서비스를 주도할 가능성을 높게 평가해서다. 이처럼 데이터는 우버, 구글, 페이스북 같은 플랫폼 기업들에게는 새로운 이윤의 원천이다.

우버의 예를 이어가 보자. 65개국 600개 도시에서 300만 명의 우버 드라이버가 콜을 받고 손님을 태우며 돌아다니고 있다. 매일 1400만 건의 이동이 우버 플랫폼을 통해 일어난다. 이 가운데 20퍼센트 정도는 여럿이 같이 타는 우버 풀이다. 방향이 같은 사람들끼리 도시와 도시를 이동하면서 중간에 갈아타고 국경도 넘어갈 수 있는 서비스인 우버 패스포트도 운영 중이다. 오토바이를 부르는 우버 모토, 음식을 나르는 우버 이츠도 있다. 결국 도시에서 누가, 언제, 어디서, 어디까지, 어떤 경로로 이동하는지, 우버는 대부분의 주요 도시에서 막대한 양의 이러한 데이터를 이미 모으고 있다. 여기다 카풀 서비스인 우버 풀은, 어떤 사람들이, 어디서, 어디까지, 어느 시간에 자동차를 함께 타기를 원하는지에 대한 데이터까지 수집한다.

이 데이터에 분석을 더하면, 일반화된 패턴도 뽑아낼 수 있게 될 것이다. 그렇게 되면 교통 서비스 체계를 완전히 뒤바꿀 수 있다.

따라서 미래에 교통을 주도하는 기업은 데이터를 갖고 있으며 분석을 할 수 있는 곳일 수밖에 없다. 궁극적으로는 자율주행차가 등장해 교통 체계에 일대 변혁이 일어날 때, 그 새로운 체계를 운영할 능력도 데이터와 분석력에서 나올 것이다. 그 데이터는 이미 우버가 갖고 있다. 여기다 상장을 통해 분석력을 키울 수 있는 재원도 마련했다. 우버가 투자자들의 관심을 끄는 이유가 여기 있다. 미래 교통을 장악한 궁극의 승자가 될 수 있으리라는 기대에서다.

우버가 앞서가고 있기는 하지만, 우버만 데이터의 중요성을 알고 수집하고 있는 것은 아니다. 현재 세계에서 가장 왕성한 데이터 수집가는 사실 중국 정부다. 중국 정부는 국민 7억 명의 얼굴 사진 데이터베이스를 가지고 있다. 그리고 이 데이터를 기업이 사용할 수 있게 해줌으로써 얼굴 인식 기술을 발전시키고 있다. 중국의 얼굴 인식 기술 기업 맥비의 경우, 30만 명의 기업 및 개인 고객을 보유하고 있는데, 기업 가치가 2조 원이다. 2017년 9월 1일부터 알리바바 계열 금융사인 앤트 파이낸셜은 '스마일 투 페이'를 시작했다.[67] 얼굴만 보여주면 결제가 되는 시스템이다. 2019년 10월 현재 100여 개 도시에서 이미 사용되고 있다. 패스트푸드 프랜차이즈 KFC에서 먼저 300여 개 매장에 설치했다. 전국 규모 빵집인 위도메 베이커리에서도 300개 매장에 도입해 운영 중이다. 몇몇 은행들은 이 기술을 ATM에 도입했다. 얼굴만 보여주면 현금인출기에서 돈을 찾을 수 있다.

중국의 강력한 얼굴 인식 기술과 얼굴 사진 데이터베이스에 대해서는 우려도 크다. 정치 사찰 등 인권 침해에도 사용될 수 있다는 걱정이다. 데이터는 칼과 같다. 데이터는 자본이나 권력을 위해 쓸 수도 있고, 사람을 살리는 데 사용될 수도 있다. 그 칼을 어떻게 사용할지 선택하는 주체는 인간이다.

데이터는 석유다

사실 데이터는 석유와 같다. 자본주의는 토지, 자본, 노동 등 생산요소를 상품화해 각각의 시장에서 거래되는 경제를 운영한다. 시장은 생산요소 각각에 일정한 몫을 지급하는 방식으로 이들을 동원한다. 토지에는 땅값과 임대료를, 자본에는 이자와 투자 수익을, 노동에는 임금을 지급하며 생산 체제 안으로 불러들인다.

여기에 '지식'이라는 새로운 생산요소가 본격적으로 언급되기 시작한 게 20세기 말쯤부터다. 앨빈 토플러는 농업혁명, 산업혁명에 이어 '정보화 혁명'의 물결이 온다고 했다. 지식과 정보가 자본주의의 기반이 된다는 예측이었다. 피터 드러커는 '지식 노동자'라는 용어를 처음 사용하면서, 지식이 노동의 핵심이며 생산의 주요 기반이 된다는 점을 강조했다. 모두 20세기 말, 지식 자본주의 초기부터 세계적으로 이름을 날린 학자들이다.

그런데 그동안 우리는 물리적 자본뿐 아니라 무형의 '지식'이 자본주의의 주요 생산요소가 되어간다는 점을 차차 인정하면서도, 그 지식은 대체로 사람들이 가지고 있는 것으로 인식했다. 그러다 보니 지식 자본주의 체제에서는 지식을 키워주는 교육의 역할이 중요해졌다. 경제성장도, 분배도, 교육의 문제로 귀결되는 것으로 인식됐다.

여기에 큰 변화를 가져온 것이 인터넷과 인공지능이다. 인터넷은 대량의 정보를 저장할 수 있게 해줄 뿐 아니라, 검색할 수도 있게 해준다. 인공지능은 그 정보를 스스로 분석하며 진화할 수 있게 됐다. 사람과 분리되어 사람을 뛰어넘는 지식의 등장은 그렇게 가능해졌다.

이런 환경에서는 지식 생산 방식도 변화한다. 과거에는 어떻든 사람이 정보를 처리하며 연구를 해서 지식을 생산하고, 생산된 지식을 교육을 통해 사람의 두뇌 안에 넣어야 한다고 봤다. 이때 가치는 연구와 교육과정에서 나온다. 그 과정에서 생산성이 높아지고 문명이 발전한다고 봤다.

그러나 인공지능 시대에 데이터는 그 자체로 생산요소다. 지식은 사람으로부터 나오는 게 아니라 데이터로부터 나온다. 인공지능은 스스로 데이터를 수집해 학습하고 결론을 낸다. 연구나 교육이 아니라 데이터가 가치의 원천이 된다. 지식 자본주의 초기에 교육과 연구개발 등의 지식 노동이 중요해졌던 것처럼, 이제 데이터 생산 노동이 중요해진다. 데이터도 분석도 사람의 머릿속에 있는 게 아니라, 거대한 저장 장치 안에 들어 있으며 다른 많은 지식 정보와 연결되어 있는 거대한 유기체가 됐다.

그런 면에서 데이터는 석유와 같다. 거대한 가치의 원천이다. 시추하고 가공하면 굉장한 가치를 지닌 상품이 된다. 석유가 그렇듯, 데이터는 자동차도 굴리고, 냉장고도 돌리고, 거대 유통망을 통해 다른 나라에서 만들어진 물건을 쇼핑할 수도 있게 해준다. 사물인터넷과 인공지능이 이를 가능하게 한다.

사실 석유는 근대사회 부의 원천이면서 세계의 골칫거리이기도 하다. 석유라는 에너지원이 없었다면 20세기 인류의 놀라운 경제 성장은 나타나기 어려웠을 것이다. 자동차도, 비행기도, 컴퓨터도, 냉장고도, 석유가 없었다면 훨씬 더 비싸게 사용해야 했을 것이다. 석유는 연료가 되고 전기가 되고 플라스틱이 되어 우리 일상을 완전히 휘감았다.

반면, 석유를 태워 나오는 탄소 탓에 기후변화와 지구의 생명 단축이 진행 중이다. 석유를 놓고 벌이는 국가 간의 다툼은 수많은 사람의 목숨을 앗아가기도 했다. 무엇보다도, 석유로부터 발생한 가치의 상당 부분은 다국적 석유 재벌의 배를 불리고 산유국의 후진적 정치체제를 유지하는 데 사용된다. 제대로 된 분배 시스템을 갖추지 못한 채 인류사에 등장한 가치의 원천은, 결국 피와 불평등을 부르는 괴물이 되어갔다. 알래스카처럼 석유로 탄생한 부를 공평하게 분배하며 문제를 해결한 경우도 있지만, 이는 전체 중 극히 일부일 뿐이다.

데이터는 어떨까? 장담할 수 없다. 이미 몇 개의 미국과 중국 기업이 소셜미디어와 검색 엔진의 데이터를 모두 차지하는 과점 체제가 들어서고 있다. 그곳으로부터 나오는 가치는 현실의 것이 되어가고 있지만, 그 가치를 분배하는 시스템은 석유와 다를 바 없어 보인다. '이 가치는 누구의 것인가'라는 질문에 아직 답을 하지 못하고 있다.

데이터는 노동이다

다른 면을 하나 살펴보자. 엄밀하게 따지자면 데이터와 석유는 다르다. 석유는 원래 거기 묻혀 있던 것이지만, 데이터는 누군가 일함으로써 만들어졌다. 고용계약을 맺은 노동자가 노동력을 제공하거나 납품 계약을 맺은 협력업체가 원료나 부품을 제공하는 형태가 아니다. 자발적인 사용자들이 움직여서 만들어진다. 누군가가 자동차를 부르고, 글과 사진을 포스팅하고, 검색하고 쇼핑하는 과정에서 생기는 게 데이터다. 소비자들은 자신도 모르는 사이에 석유를 채굴해 기업에 넘기는 셈이다. 석유를 채굴하는 석유회사 노동자나 광물을 채굴하는 광산 노동자가 있었던 것처럼, 소비자들은 데이터를 채굴하는 노동자 역할을 하고 있는 것이다.

말하자면 플랫폼 기업들은 채굴권을 독점한 광산업자와 같다. 그 채굴권의 가치를 인정한 투자자들이 큰돈을 투자한 것이다. 그런데 실제로 데이터라는 이름의 새로운 부의 원천을 만들어가는 사람들은, 임금도 대금도 받지 않는 일반 사용자들이다.

그래서 새로운 시대에 데이터는 기회이면서 동시에 문제가 된다. 카카오, 구글, 페이스북 등에 데이터는 금광이다. 데이터 수집 모델을 만들고 분석 기술을 익히는 데 앞선 기업은 천하를 자기 것으로 만들 수 있다. 실로 엄청난 기회다.

하지만 데이터를 내주는 소비자는 뜻하지 않은 문제에 맞닥뜨린다. 개인은 모든 곳에서 데이터를 생산한다. 화장실 변기 센서를 사용하며, 냉장고를 여닫으며, 지도를 검색하며, 택시와 버스를 타며,

자동차를 몰면서 다양한 데이터를 생산해낸다. 이 모든 정보는 사물인터넷으로 연결된 기기로부터 중앙에 전달된다.

이렇게 만들어진 개인 정보를 잘 수집하고 이용해 번 돈으로 기업들의 주머니가 두둑해진다. 그런데 그 정보가 나를 통제하는 데 이용된다면? 내가 생산한 데이터로 돈과 권력이 만들어졌지만, 그들이 내 몫이나 권리를 챙겨주지 않는다면? 빅데이터 시대엔 이 문제를 효과적으로 해결하면서 기회도 놓치지 않는 방법을 생각해내야 한다.

사실 경제학적으로도 이 문제는 점점 더 중요하게 다뤄지고 있다. 특이하게도 매우 다른 철학적 기반을 가진 두 부류의 전문가들이, 이 문제에 대해서는 깊은 공감대를 형성하고 있다.

하나는 주류경제학, 즉 제도권 경제학의 관점이다. 두 번째는 노동가치설에 기반한 마르크스주의 경제학의 관점이다. 두 관점 모두, 데이터의 가치는 사용자들의 노동으로부터 나왔다고 주장한다.[68]

우선 첫 번째 주장부터 살펴보자.

글렌 웨일 마이크로소프트리서치 수석연구원은 시카고 대학 교수 출신의 주류경제학자이고 철저한 시장주의자다. 웨일은 주류경제학의 관점에서 미국경제학회에서 발제를 했다.[69] 현대 디지털 경제에서 사용자는 온라인 플랫폼을 무료로 이용하는 대신 플랫폼 쪽에 자신의 데이터를 넘긴다. 그러면서 동시에 데이터는 생산한 사용자로부터 떨어져 나가 플랫폼 기업의 '자본'이 된다. 그런데 웨일에 따르면 이는 비효율적이고 비생산적이다. 데이터는 많은 기업이 자유롭게 사용해야 효율적이다. 그래야 데이터를 활용한 인공지능 산업도 빠르게 발전할 것이고, 데이터를 더 잘 사용하려는 기업간 경쟁도 커질 것이기 때문이다. 그런데 데이터가 자본이 되면, 그 자본을 소유한 기업은 다른 기업들에게 이를 내놓지 않는다. 데이터가 독점되면 그 데이터를 더 잘 사용하려는 경쟁을 막고, 인공지능 개발을 포함해 데이터를 활용한 산업의 발전은 느려진다. 한편으로 데이터의 출처에 대한 제대로 된 보상이 이뤄지지 않기 때문에, 좋은 데이터를 모으기 어렵다. 데이터는 질적으로 천차만별이다. 페이스북에는 학술논문에 실을 만한 내용을 일반인이 알 수 있게 쉽게 써서 올리는 과학자가 있는가 하면, 근거 없는 가짜 뉴스를 무작정 베껴 올리고 공유하는 사용자도 있다. 그런데 이두 사람은 플랫폼의 공짜 사용이라는 똑같은 보상을 받는다. 이게 오래 지나면 양질의 데이터는 질 나쁜 데이터에게 밀려 자리를 내줄 수도 있다. 데이터를 활용한 생산은 그만큼 느려진다.

　이 논리를 그대로 따르자면, 생성된 데이터에 대한 가장 효율적인 보상은 무엇일까? 데이터 생산활동 자체를 노동시장화시키는 것이다. 성과가 좋은 노동자에게 더 높은 임금을 지급하는 것처럼, 더 좋은 데이터를 생산하는 사용자에게 플랫폼 기업이 더 나은 보상을 제공해주는 것이다. 플랫폼 무료 사용 정도에 그치지 말고, 훨씬 더 과감한 보상 체계가 필요해질 것이다. 데이터 소유권은 기업이 아니라 데이터를 생성한 시민 개인에게 있어야 하며, 데이터는 누군가 독점적으로 소유할 수 있는 자본이 아니라 누구나 사용할 수 있도록 시장에 나와 있는 노동의 결과물이 되어야 한다는 주장이다.

이제 노동가치설에 기반을 둔 두 번째 주장을 살펴보자. 이 주장에 따르면, 데이터는 사용자들의 노력으로 만들어졌으므로 그것을 사용하려면 정당한 대가를 지불해야 한다. 데이터를 기업이 독점하도록 하면 비효율성이 커진다는 첫 번째 주장과 논리적으로 대조적이지만, 결론은 같다. 데이터는 노동이라는 점이다.

이 주장은 온라인 비즈니스가 확대되면서 경제 환경의 변화로 경제학의 근본 원리를 재검토하면서 시작되었다. 전통적으로 경제학에서는 생산에 세 가지 요소가 필요하다고 이야기한다. 토지, 노동, 자본이 그것이다. 공장을 생각해 보자. 공장을 지을 땅이 있어야 한다(토지). 공장에서 일하는 노동자가 있어야 한다(노동). 공장에서 돌아갈 기계가 있어야 한다(자본).

그런데 지식산업이 발달하면서 이런 생산의 세 가지 요소는 경계가 허물어진다. 온라인 쇼핑몰을 창업한다고 생각해 보자. 일단 토지는 불필요하다. 자본의 필요성도 크게 줄었다. 거대한 기계 설비가 필요한 것은 아니기 때문이다. 인스타그램에서 쇼핑몰을 운영하거나 오픈소스 소프트웨어로 직접 웹사이트를 만들면 자본은 거의 들지 않는다. 또 유통 과정에 들어가는 노동력은 오프라인 슈퍼마켓을 운영하는 것과 비교할 수 없을 정도로 작아졌다.

대신 플랫폼과 데이터라는 새로운 생산요소들이 생겼다. 플랫폼은 토지와 비슷하다. 자리를 차지하고 사람들이 지나다니는 트래픽을 활용해 지대를 챙긴다. 플랫폼은 독점화하는 경향이 있기 때문에 토지와 비슷하다. 한 사이트가 성공하면 대부분의 사용자를 흡수해 버린다. 한 사람이 어떤 토지 위에 건물을 세우고 가게를 운

표16-1 지식·정보 산업의 발달에 따른 생산 3요소의 변화

생산의 3요소	지식정보 산업 확장기: 한계비용 제로	데이터 경제 도래: 데이터의 사유화, 자본화
토지	인터넷 도메인이 토지 대체	연결재로서 플랫폼의 독점화에 따른 지대 급등
자본	오픈 소스, 무료 플랫폼 등으로 소자본 창업 가능	주요 자본이 금융에서 데이터로 변화
노동	정보의 생산과 복제는 고용 노동이 거의 불필요	비고용 노동이 데이터 생산

자료: 강정한[70]

영하면 다른 사람은 접근하지 못하는 것과 같다. 특히 플랫폼 경쟁
은, 한번 승부가 난 뒤엔 경쟁사가 진입해 뒤집기는 거의 불가능해
진다.

　이런 점을 미리 파악한 플랫폼 선두주자들은 끊임없이 온라인상
의 목 좋은 토지를 매입한다. 페이스북은 인스타그램과 왓츠앱을
인수했다. 각각 사진 공유와 메신저에서 독점력을 확보한 플랫폼
들이었다. 구글은 유튜브를 인수했다. 동영상 분야에서 독점력을
가진 플랫폼이었다. 모두 당시에는 이익을 내지 못했지만, 엄청난
금액에 팔렸다. '목 좋은 토지'처럼, '독점 가능성 높은 플랫폼'도 부
르는 게 값이었다.

그런데 독점적 플랫폼을 확보하려는 이유가 뭘까? 데이터를 먼저 차지하기 위해서다. 데이터가 이윤을 가져다주기 때문이다. 게다가 독점적 이윤이다. 이를 미리 내다본 금융시장은 이들 기업이 데이터를 확보하도록 미리 투자금을 몰아준다. 기업 가치는 하늘 높은 줄 모르고 치솟는다.

그런데 데이터는 사실 사용자들이 만드는 것이다. 구글과 페이스북과 인스타그램의 고용 규모는 전통적 대기업과 비교해 엄청나게 작다. 사람이 필요 없어서가 아니다. 사용자들이 나서서 데이터를 생산하는 일을 해주기 때문이다. 이들 플랫폼 기업에서 고용된 노동의 기여량은 전통적 기업에 비해 상대적으로 줄어들지만, 일반적인 노동의 중요성은 줄지 않을지도 모른다. 소비는 단순히 소비하는 게 아니라 데이터를 생산하는 일이 됐다. 노동시장에서 고용되어 제공하던 임금노동은 데이터를 제공하는 사용자의 노동으로 전환되고 있다.

문제는 보상이다. 투자자는 주가 차익과 배당금을 받는다. 임금 노동자는 임금을 받는다. 생산에 기여한 몫을 인정받아서다. 그러나 사용자는 데이터의 가치가 플랫폼을 거쳐 현실의 이익으로 전환되어도, 전혀 보상을 받지 못한다. 그래서 데이터는 사용자의 노동의 결과이므로 이에 대한 정당한 보상이 필요하다는 결론에 이르게 된다.

데이터로부터 소득으로

이제 데이터 없이 웬만한 산업은 존재하기 어렵다. 데이터를 충분히 확보하고 독점하는 사람은 초과이윤과 무한 권력을 가질 수 있다. 이 시대는 우리를 어떤 세상으로 이끌까. 이미 두 가지 명백한 문제가 떠오르고 있다. '독점'과 '개인 정보'의 문제다.

독점 문제를 보자. 구글과 페이스북은 데이터 거인이 됐다. 방대한 개인 정보 데이터를 기반으로 인공지능 시대의 독점적 강자로 떠올랐다. 인공지능을 개발하는 데는 분석 대상 데이터를 가진 기업이 유리하다. 진입장벽을 높게 치고 그들만의 인공지능 시장에 아무도 못 들어오게 만들려고 할 것이다.

하지만 전통적 경쟁 촉진 정책으로 이걸 무너뜨릴 수 없다. 일단 시장에서는 문제가 해결되지 않는다. 시장에서 데이터는 자유롭게 거래되기 어렵다. 한 건 한 건의 가치를 평가하기 어렵고, 많은 양이 모여야 가치가 생긴다. 그렇기 때문에 소비자는 개인 정보를 쉽게 기업에 넘겨주고, 그 대가로 공짜 서비스 조금만 받으면 만족한다. 정보 한 단위의 가치가 너무 낮기 때문이다. 데이터 독점을 실제 독점으로 인식하고 규제하려 해도 문제가 생긴다. 독점은 시장 점유율을 기준으로 판단한다. 데이터를 압도적으로 많이 보유해도 정책 당국이 현행 법률상 이를 독점으로 간주하기 어렵다. 갖고 있는 것만으로는 독점으로 여겨지지 않고 있기 때문이다.

2017년 페이스북은 메신저 서비스 왓츠앱을 인수했다. 미국과 유럽에서 상당한 인기를 끄는 왓츠앱은 방대한 규모의 친구 관계

정보가 있다. 페이스북의 기존 친구 관계 정보와 합치면 독점력을 행사할지도 모른다. 하지만 미국과 유럽의 공정거래 정책 당국은 이 인수·합병을 막지 않았다. '친구 관계 정보 보유'에 독점 개념을 적용하지 않은 것이다.

또한 데이터 양이 절대적으로 중요한 사업의 속성상 잠재 고객이 많은 미국과 중국 기업이 절대적으로 유리하다. 이들 국가를 중심으로 개인 정보 데이터 독점기업이 자라나 전 세계를 지배할 가능성이 높다. 데이터 독점기업들은 두 나라의 규제만 받는다. 전 세계를 놓고 보면 미국과 중국의 독점이기도 하다.

독점에 대한 해법은 몇 갈래로 생각해볼 수 있다. 정부의 데이터는 최대한 공개하는 것이 출발점이다. 특히 분석할 수 있는 형태로 표준화해 공개하는 것이 중요하다. 민간기업에 데이터 개방을 의무화하는 것도 방법이다. 기왕 생산돼 보유하는 데이터라면 특정 기업이 독점 소유하는 대신 누구라도 가져가 사업에 사용하도록 허락해주는 제도를 도입하는 것이다. 물론 익명화 등의 과정은 필수적이다.

데이터 생산 개인들이 '데이터 협동조합'을 만들어 데이터를 자산화해 독점기업과 협상력을 갖는 것도 방법이다. 인수·합병 등 공정거래 정책에서 데이터 자산을 감안하도록 제도화하는 일도 필요하다.

개인 정보 문제는 '개인의 활동 정보는 누구의 것인가'라는 데이터 소유권 문제로 요약된다. 어떤 사람이 어디에서 무엇을 타고 어디로 이동했다는 정보가 만들어지면, 정보 소유권은 지속적으로 그 사람에게 귀속돼야 옳다는 주장이 나온다. 이렇게 되면 '정보 수집 동의' 상자에 체크하는 것만으로 모든 사용권을 넘겨주는 지금의 시스템은 불합리하다. 정보 수집 기업이 데이터를 영리 목적으로 사용할 때마다 별도 동의를 받도록 제도가 바뀌어야 한다.

만일 동의를 모두 받기 어려우면, 데이터 이용으로 수입이 생겼을 때 분배라도 해줘야 한다는 주장이 논리적으로 가능하다. '모든 개인에게 조건 없이 소득을 보장해야 한다'는 취지의 기본소득제 논의에서 데이터 경제가 그 재원으로 거론되는 이유가 여기 있다.

페이스북 CEO 마크 저커버그는 2017년 5월 하버드 대학 졸업식에서 연설을 한다. 여기서 그는 평등을 이루기 위한 우리 세대 나름의 '새로운 사회계약'이 필요하다고 말한다. 그가 제시한 사회계약의 내용은 이렇다. 'GDP와 같은 경제지표로 사회 진보를 측정해서는 안 되며, 얼마나 많은 사람이 의미 있는 역할을 갖게 되었느냐로 측정해야 한다. 여러 차례 직장을 바꾸는 사회에 대비해, 보육과 건강보험이 한 기업이 제공하는 복지로 머물게 해서는 안 된다. 기술이 끊임없이 변화하므로, 평생교육을 확대하는 데 관심을 가져야 한다.'

그중 한 대목이 도드라진다. 저커버그는 '새로운 일을 시도하는 사람에게 완충장치를 주기 위해 보편적 기본소득 같은 아이디어를 탐구해야 한다'고 제안했다. 누구에게나 조건 없는 소득을 주는 제도인 보편적 기본소득을 제안한 것이다. 그런데 사실 보편적 기본소득의 재원은 페이스북에서 나와야 하는 것 아닐까? 페이스북이야말로 사용자들이 공짜로 제공한 데이터를 기반으로 막대한 돈을 벌고 있는 21세기의 석유 채굴업자이니 말이다.

데이터로부터 나오는 부는, 모두에게 귀속된 '공유 부'로 여기는 것이 옳다. 그렇다면 데이터에서 나온 부를 모두에게 나누자는 생각은 충분히 현실적이면서도 정당하다. 어차피 불특정 다수의 기여를 통해 얻은 이익이니 불특정 다수에게 골고루 나누어주는 게 맞다는 이야기다.

페이스북, 구글, 카카오를 이용하는 사람들이 데이터를 생산한다. 서로를 연결하고, 서비스를 사용하고, 놀면서 생산한다. 데이터를 놓고 보면, '일하지 않는 자 먹지도 말라'는 20세기의 윤리는 마침표를 찍어야 한다. 놀이도 일이고, 소비도 일이라는 인식이 새롭게 구성되어야 한다. 그 과정을 통해 데이터가 만들어지고, 데이터가 우리에게 부를 가져다줄 것이기 때문이다.

머나먼 길 같아 보인다. 하지만 변화는 어쩌면 날벼락처럼 닥칠수도 있다. 산업혁명 이전, 인클로저는 그야말로 날벼락이었다. 농민들이 경작하던 토지에 갑자기 울타리가 쳐지고, 소유주만 사용할 수 있다는 배타적 소유권이 선포됐다. 공유지는 사라지고 말았다. 당시 사람들에게는 혁명적 변화가 하루아침에 일어난 셈이다.

그 뒤 주식회사와 노동권 같은 자본주의 생산 체제의 핵심 요소들이 자리를 잡고 사회가 안정되기까지는 수십 년, 수백 년이 걸렸다. 그전까지는 모두에게 혼란과 고통의 나날이 이어졌다.

이번에는 좀 더 순탄하게 변화의 날을 맞이하기 위해서라도, 새로운 사회계약을 고민하기 시작할 때가 됐다.

17장

'기본소득'
이라는
킹핀

지금까지 우리 사회에 벌어지고 있는 다양한 변화의 흐름을 짚었다. 그 과정에서 개인들이 겪게 된 위험과 고통을 찾았다. 기존 시스템에서 제시하는 해법이 작동할 수 없는 이유를 살펴보기도 했다. 한편 이 변화에 적합한 해법을 찾는다면, 우리가 얻게 될 상당한 기회가 있다는 점도 확인했다.

　소득 불평등은 점점 커지고 있다. 가족 관계와 인구구조가 변화하면서 개인의 안정적 소득은 점점 더 중요해지고 있다. 그런데 고용은 점점 더 불안해져서, 월급은 더 이상 믿고 의지할 만한 소득 보장 장치가 아니다. 사람 대신 로봇이 생산하고, 생산성은 높아지는데 고용은 필요 없어지며, 국가가 나서지 않으면 소득이 분배되기 어려워지고 있다. 국가는 더 많은 역할을 하게 되는데, 과거처럼 취업 노력 조건을 걸거나 빈곤층만 선별해 지원하는 복지는 그 효과를 의심받고 있다. 이런 경향은 미래에 점점 더 강해질 것이다. 그래서 세계 각국에서는 새로운 분배 실험이 나타나고 있다.

전 세계에서 이미 벌어지고 있는 소득 불평등과 고용 불안 같은 문제들은 특히 한국 사회에서 더 빠르게 진행되고 있다. 그동안 안정적 고용을 제공하던 제조업의 일자리 비중이 줄어들고, 빠른 속도로 자동화가 진행되고 있다. 국가는 예산과 인력이 늘고 있지만, 분배와 복지 틀에는 과거 패러다임이 강하게 남아 있다.

물론 우리에게는 새로운 기회가 많이 생긴다. 직장 상사나 고객사의 일방적 갑질에 종속되지 않고 자유롭게 일할 기회가 많아진다. 돈벌이뿐 아니라 사회적 가치를 지향하면서 원하는 일을 할 기회도 커진다. 제조업 생산 라인에 붙어 기계를 보조하며 일하는 대신, 창조적으로 원하는 물건을 혼자 만들며 살아갈 기회도 생긴다.

거대한 변화는 개인들이 겪어야 하는 위험과 고통도 가져온다. 안정된 고용과 소득을 잃어버리고 있는 우리 현실이 그런 소용돌이의 입구에 있다. 그런 위험과 고통을 근본적으로 해결하고 기회를 현실로 만들려면 수많은 종류의 해법과 노력이 필요할 것이다.

하지만 볼링에서 핀 열 개를 넘어뜨리기 위해 모든 핀을 한꺼번에 겨냥할 필요는 없다. 하나의 핀을 넘어뜨리면서 가장 많은 수의 핀을 한 번에 건드릴 수 있는 핀을 찾아 먼저 겨냥하는 게 좋은 전략이다. '킹핀' 전략이다.

우리가 당면한 수많은 문제에도, 잘 살펴보면 킹핀이 있다. '생애 전반에 걸친 소득의 안정'이 그것이다. 그 킹핀을 넘어뜨리기 위해 필요한 제도가 '보편적 기본소득제'이다.

왜 기본소득인가?

"수중에 있는 돈은 자유의 도구지만, 기를 써서 벌어야 하는 돈은 노예를 만드는 도구다."

18세기 프랑스의 계몽주의자 장 자크 루소가 저서 《고백록》에서 한 이야기다. 뒤집어 말하면 모두에게 일정한 소득을 보장하면 모두가 자유로워질 수 있지만, 모두가 기를 쓰고 돈을 벌어야 하는 상황이 되면 모두는 자유가 없는 노예가 된다.

존 스튜어트 밀은 《정치경제학 원리》에서 기본소득과 관련해 푸리에주의[71]를 빌어 이렇게 설명한다. "분배에 있어서 먼저 일정한 양의 최소 소득이 공동체 성원 개개인 모두에게 생계비로 배당되며, 그 개인이 노동 능력이 있는지의 여부는 따지지 않는다. 그렇게 한 뒤에 남은 생산물은 노동, 자본, 재능이라는 세 가지 요소 사이에서 미리 결정된 바에 따라 일정한 비율로 나눠진다."

앞서 1장에서 우리는 자본주의 사회 소득분배 시스템이 1차 분배와 2차 분배로 나뉘어진다는 점을 살펴봤다. 1차 분배가 고용을 통해 지급하는 임금이라면, 2차 분배는 국가가 지급하는 복지다. 밀이 설명한 기본소득 개념은 0차 분배라고 할 수 있다. 노동에 따른 임금, 자본 투자에 따른 투자 이익, 필요에 따라 지급되는 국가의 복지 이전에 미리 분배하고 시작하는 사회 시스템이다. 《자유론》으로 민주주의의 초석을 세운 사상가인 밀 역시 이미 보편적 기본소득이 자본주의 사회에 필요한 제도라는 점을 파악하고 있었다.

보편적 기본소득제란 모든 국민 개인에게 일정한 액수의 현금을 정기적으로 조건 없이 지급하는 제도다. 가족이 아니라 개인에게, 물품이나 서비스가 아니라 현금으로, 한꺼번에 주는 게 아니라 생활비로 쓸 수 있도록 정기적으로, 일을 하건 하지 않건 가리지 않고 무조건 지급한다. 모든 개인이 기본소득 액수만큼의 실질적 자유를 얻도록 하는 게 목적이다. 노예제는 폭력을 써서 사람들로 하여금 일하도록 만들며 자유를 억누른다. 그런데 시장경제도 하고 싶지 않은 일을 억지로 하도록 강요하며 자유를 억누르는 것은 마찬가지다. 물리적 폭력이라는 수단을 사용하지 않을 뿐이다. 따라서 자본주의 사회에서 기본소득은 개인에게 실질적 자유를 준다.

물론 돈이 생기면 좋은 일이다. 자유가 같이 생긴다는 것도 알겠다. 그런데 모두에게 그냥 나눠준다는 건 아직은 낯선 아이디어다. '애써 벌어들인 돈을 그냥 나눠준다니, 왜?'라는 의문이 들게 되어 있다. 어려운 사람에게 나눠주는 것도 아니고, 기여한 사람에게 나눠주는 것도 아니고, 모두에게 조건 없이 나눠주는 것이니 말이다.

기본소득이라는 개념이 왜 정당한지 세 가지 측면에서 살펴보자.

첫째, 우리 사회가 벌어들이는 돈 중 상당액은 공동의 자원에서 나온 것이라는 점이다. 공기와 바람과 물과 같은 환경은 원래 누구의 것도 아니다. 땅 역시 사실 누구의 것도 아니다. 인간이 인위적으로 소유권을 설정해 두었을 뿐이다. 석탄과 석유도, 햇빛과 바람도 공동의 자원이다. 자연환경은 모두의 것인데, 소득을 얻기 위한 활동 과정에서 우리는 자연을 사용하지 않을 수 없다.

공동의 자원은 자연 자원뿐만이 아니다. 지식도 공동의 자원이다. 누군가의 사업 아이디어는 그 전에 오랜 시간 쌓여온 다양한 지식의 총합에 깃털 하나를 얹은 것이다. 4차 산업혁명 시대에는 인터넷에 쌓여 있는 데이터도 기업의 소득으로 연결되는 공동의 자원이다.

전체 생산에서 어디까지가 공동의 자원이 기여한 것인지 사회적 합의에 따라 적정한 선을 정할 수 있다면, 공동의 자원을 사용해 얻은 소득은 공동의 부로 볼 수 있다. 그 부를 구성원 전체에게 똑같이 나누는 것이 바로 기본소득이다.

둘째, 사람들이 고용을 통해 받는 임금이 과거보다 불안정해지고 있다는 점이다. 자동화와 로봇의 확대로 고용은 점점 불안해진다. 플랫폼 형태의 사업이 확대되면서 과거와 같은 풀타임 평생고용은 줄어드는 추세다. 여기다 한국 경제는 제조업 고용의 쇠퇴기를 맞고 있기도 하다. 사회가 안정적 고용을 충분히 제공하는 시대에는 임금을 기본 생계 수단으로 삼는 것도 괜찮았다. 그러나 임금이 불안정해지는 시대에는 다른 방법으로 안정적 생계 수단을 마련해야 한다. 그러므로 사람들에게 안정적인 생계 수단을 제공하는 기본소득은 정당하다.

셋째, 국가의 역할이 커지면서 행정 효율성이 어느 때보다도 중요해졌다는 점이다. 우리 정부의 예산은 점점 커지고 있다. 그러한 예산을 편성하고 분배할 때 과거처럼 지원이 필요한 사람들을 선별해서 지급하는 정책을 쓸 경우, 정책 과정이 엄청나게 복잡해질 가능성이 높다. 선별 과정이 길고 번거로워지는 것은 물론이다. 선별 과정에서 대상자가 느끼는 모멸감이나 선별 결과를 놓고 벌어지는 갈등도 심각하다. 이 모든 것이 행정 비용이다. 조건 없이 모두에게 나누어주는 기본소득은 기존의 선별적 복지 제도들과 비교하면 행정 비용을 획기적으로 낮출 수 있으므로 정당하다.

세 가지 정당성에서 한 걸음 더 나가 보자. 기본소득제는 이론적으로만 정당한 것이 아니다. 우리가 눈앞에 맞닥뜨린 한국 사회의 문제들을 해결할 수 있는 토대가 될 수 있다. 우리 사회를 모든 사람이 좀 더 자유롭게 일하며 균형 잡힌 삶을 살 수 있는 방향으로 변화시킬 수 있는 첫걸음이 될 수 있다.

기술혁신이 빨라지고 산업구조가 변화하면 많은 사람들이 일자리를 잃게 된다. 물론 새로운 일자리도 생긴다. 그러나 제조업 공장 용접공이 일자리를 잃은 다음 날 바로 소프트웨어 개발자로 이직할 수는 없다. 탐색하고 학습할 일정한 여유가 있어야 한다. 기본소득은 그런 전환 과정의 여유를 주고, 전환을 덜 고통스럽게, 더 부드럽게 만들 수 있다. 흑자 구간을 달려가다가도 실업이나 파산으로 적자 구간의 크레바스에 발을 헛디디면 생존의 위협을 받게 되는 게 우리 삶의 현실이다. 기본소득은 그런 크레바스를 메워주는 안전망이다. 또한 혁신적 생각을 창업으로, 창작으로, 사회 활동으로 펼치려 해도 생계 위협 탓에 도전하지 못하는 게 우리 경제의 현실이다. 기본소득은 그런 혁신가들이 하늘로 뛰어오를 수 있도록 아래에서 받쳐주는 스프링보드다.

우리 사회에서 피부양자는 스스로 살아갈 힘이 없다. 부모는 자식에게, 자식은 부모에게 생명 줄을 의지하며 생계 수단을 공급받아 연명한다. 모진 현실은 어떤 경우에 이 줄을 스스로 끊게 만든다. 생명 줄이 흔들리며 생계 위협을 받을 때마다 많은 이들이 격한 감정에 휩싸여 관계를 깨트리거나 극단적인 경우 범죄의 유혹을 떨쳐내지 못하기도 한다. 기본소득은 부양자의 짐을 덜고 피부양자의 고통을 완화하는 생명 줄이다.

모든 사람에게 일정한 액수의 현금이 정기적으로 지급된다면 이 모든 것이 한꺼번에 해결될 수 있다. 사람들은 생계로부터 자유로워져서, 좀더 위험을 감수하며 자신에게 맞는 새로운 기회를 찾으며 살아갈 수 있게 된다. 소득 안정이 자유를 가져오고, 자유가 창의성과 모험 정신을 불러오고, 사회 전체의 혁신을 가져올 수 있게 된다.

물론 기본소득만으로 이 모든 문제가 해결되는 것은 아니다. 그러나 기본소득은 수많은 문제를 해결하기 위해 건드리지 않을 수 없는 첫 번째 문제다. 그 핀을 지나치지 않고서는 다른 핀을 넘어뜨리기 어려운, 볼링장의 킹핀과 같은 위치에 있다.

기본소득의 요소들

이제 기본소득의 요소들을 하나씩 짚어보자.

첫째, 기본소득은 현금으로 지급된다. 물품으로 지급하지 않는다는 뜻이다. 그래서 빈곤층에 대해 음식이나 옷이나 집 같은 생필품을 무상으로 공급하는 정책과는 다르다. 또 주거 바우처나 교육 바우처처럼 용도를 정한 구매권 지급과도 다르다. 현금은 받는 사람에게 가장 넓은 선택권을 준다. 현금에는 물품을 물리적으로 전달할 때 생기는 행정 비용 문제도 없다. 현금으로 지급하면 물품 자체의 하자나 적합성 시비 때문에 생기는 비효율 문제도 없어진다. 물론 현금으로 구매가 불가능한 필수품이 많다면 물품 공급이 선행되어야 한다. 한국은 그런 상황은 아니므로, 현금으로 지급하는 기본소득 원칙을 지킬 필요가 있다.

둘째, 기본소득은 개인에게 지급한다. 가구를 대표하는 가구주에게 지급하지 않고 가구원 한 명 한 명에게 각각 같은 금액을 지급한다는 뜻이다. 대부분의 다른 복지 급여가 가구 단위로 지급되는 것과 대조적이다. 따라서 기본소득 지급 시 개인소득은 모두 똑같이 오르지만, 가구 소득은 가구원이 많을수록 오르게 되어 있다. 이는 개인의 실질적 자유를 높인다는 기본소득 목적과 부합하는 방식이다. 가구 단위로 지급할 경우 기본소득을 받기 위해서 가구를 분리하는 일이 벌어질 수도 있다. 실제로 가구 단위로 지급되는 근로장려금을 받기 위해 분가하는 청년 세대가 생기기도 했는데, 실제로 이런 일이 벌어지면 막거나 가려내기 어렵다.

셋째, 기본소득은 보편적으로 지급된다. 가난한 사람을 골라내 선별적으로 지급하는 기존 복지 급여와 다른 점이다. 기존 복지 급여는 일반적으로 자산 조사를 거친다. 개인의 소득 수준을 따지고, 집이나 자동차 같은 재산도 소득으로 환산해 일정 수준 이하일 때만 지급된다. 대상자 본인뿐 아니라 멀리 떨어져 사는 가족의 소득과 재산을 따지기도 한다.

이런 선별 과정 때문에 사각지대가 생기고, 대상자에게 모멸감을 준다. 한편으로 복지 급여를 찾아와서 신청하도록 홍보비를 써야 하고, 선별하는 과정을 관리할 인력을 채용해야 하고, 선별 여부의 공정성을 다투는 과정을 겪어야 하는 등 행정 비용이 많이 든다. 또한 일자리를 구하고 소득을 얻으면 급여가 끊기니, 이게 두려워서 일자리를 찾지 않으며 따라서 급여 대상자 상태를 벗어나지 못하는 복지 함정에 빠지는 사람들도 생긴다. 기본소득은 선별 과정을 거치지 않고 모두에게 보편적으로 지급하니 이런 문제들을 겪을 필요가 없다.

넷째, 기본소득은 구직 노력 등의 조건을 따지지 않고 지급된다. 기존 실업 급여는 구직 노력을 하는 사람에 한해 지급된다. 근로장려금은 일자리를 구한 사람들 중 저소득 가구주에게 준다. 그러다 보니 실업 급여를 받기 위해 구직 노력을 거짓으로 하는 사람이 많다. 하기 싫고 보수도 낮은 일자리에 사람을 억지로 밀어넣는 제도라고 할 수도 있다. 기본소득에는 그런 조건이 없다. 따라서 맞지 않는 직장에서 떠날 수 있는 자유를 늘려준다.

다섯째, 기본소득은 정기적으로 지급된다. 한꺼번에 목돈을 받는 것과 정기적으로 나누어 조금씩 받는 것은 경제적으로는 같을 수 있다. 개인이 알아서 나누어 쓰면 된다고 생각할 수도 있다. 그러나 기본소득의 목적은 한 번에 많은 투자를 할 자산을 제공하는 것이 아니라, 평생 최소한의 생계를 흔들리지 않게 보장하는 것이다. 실패하더라도 최소한의 생계를 유지할 수 있게 보장해주는 것이다. 따라서 월 지급 등 정기적 지급이 필요하다.

비판과 반론

'모든 개인에게 조건 없이 주는 현금'인 보편적 기본소득제에 대해서는 여러 가지 반론과 질문이 있다.

가장 흔한 비판은 '왜 가난한 사람들에게 먼저 지급하지 않고 중산층과 부자까지 같이 지급하는가?'이다. 이 비판은 기본소득 제도의 속성에 대한 오해를 담고 있다. 지급하는 방식만 따지면 모두에게 같이 지급하는 것처럼 보인다. 하지만 세금을 거둬 기본소득을 지급하게 된다는 큰 틀에서 본다면 이야기가 다르다.

일반적으로 세금은 고소득자에게서 더 걷고 저소득자에게서 덜 걷는 체제, 즉 누진제로 되어 있다. 따라서 세금을 더 많이 거두어 기본소득을 지급하면, 부자가 더 내고 모두가 똑같이 받는 체제가 된다. 합산하면 역시 고소득자가 손해를 보고 저소득자가 이익을 보는 제도가 된다.

여기다 기본소득 자체에 대해서도 소득세를 매기도록 하면 누진성은 강화된다. 원래 '소득 있는 곳에 세금 있다'는 원칙에 따르자면, 근로소득이나 사업소득처럼 기본소득에도 세금을 부과하는 것이 맞다.

기본소득에 소득세를 부과하면 어떻게 될까? 기본소득에 과세한다면 종합소득세를 부과하는 것이 맞다. 종합소득은 개인의 이자소득, 배당소득, 근로소득, 사업소득, 연금소득, 기타소득 모두 합한 소득이다.

2018년 기준 한국의 종합소득세율은 1200만 원 이하는 6퍼센트,

1200만 원~4600만 원은 15퍼센트, 4600만 원~8800만 원은 24퍼센트, 8800만 원~1억 5천만 원은 35퍼센트, 1억 5천만 원~3억 원은 38퍼센트, 3억 원~5억 원은 40퍼센트, 5억 원 이상은 42퍼센트이다. 한 개인의 종합소득액이 특정 구간에 속한다고 해서 일률적으로 그 구간의 세율을 적용하는 방식이 아니라, 한 개인의 소득이라도 구간별로 다른 세율을 적용해 세금을 매기는 방식이다. 개인의 종합소득 액수 중 1200만 원 이하에는 6퍼센트의 세금을 매긴 뒤, 1200만 원 이상 4600만 원 이하 구간에는 15퍼센트를 매긴 뒤, 4600만 원을 넘겨 8800만 원 이하까지는 24퍼센트를 매기는 식으로 세금 총액을 정한다.

예를 들어 연간 소득 5억 원 이상인 사람이 받는 기본소득에 소득세를 부과한다면, 이미 종합소득 5억 원 이상으로 세율 42퍼센트를 적용받는 구간에 있으므로 기본소득의 42퍼센트를 종합소득세로 다시 내게 된다. 하지만 소득이 전혀 없는 사람이 기본소득을 받는다면, 종합소득 1200만 원 이하 구간에 있으니 기본소득의 6퍼센트를 세금으로 내게 된다. 모두에게 같은 액수를 지급하지만, 누진세 체계 안에서 과세하면 누진적 급여가 된다.

결국 기본소득은 조건 없이 같은 액수를 모든 사람에게 지급해 행정 비용을 최소화하지만, 과세와 분배 체계 전체를 놓고 보면 고소득자에게 더 거둬서 저소득자에게 더 지급하는 분배 제도다.

또 다른 중요한 비판은 '일하지 않는 사람까지 지급하면 일하려는 사람이 줄어들어 경제에 문제가 생길 것이다'는 비판이다. 장기적으로 기술 변화로 일자리는 그 자체로 희소한 자원이 될 것이므로, 이런 문제는 사라질 가능성이 높다.

단기적으로는 오히려 일하려는 사람이 늘어날 수 있다. 현재의 생계 급여는 가구원 중 어느 한 사람이라도 소득이 생기면 그만큼 줄어든다. 빈곤선이라고 할 수 있는 생계 급여 이상을 벌어들이는 순간 생계 급여 전액이 사라진다. 일을 통해 소득을 얻어 가난에서 벗어나려는 노력을 권장하는 게 아니라 억제하는 시스템으로 작동하게 된다. 따라서 한 번 수급 대상이 되면 그 위치에서 벗어나기가 쉽지 않다. 생계 급여처럼 정부가 지급하는 공공부조와 마찬가지로, 사회보험에서 지급하는 실업 급여 역시 강화될수록 근로의욕을 줄이는 방향으로 기본 틀이 짜여 있다. 구직 노력을 지원하는 제도이지만, 구직에 성공하면 지원이 없어진다는 딜레마를 지니고 있다.

특히 플랫폼 시대가 도래하면서 이런 제도의 문제가 더 커진다. 일자리 선택권은 넓어졌지만 불안정성은 커졌다. 따라서 복지 함정이 생길 가능성은 더 높아졌다. 생계 급여나 실업 급여를 받고 있는 사람 입장에서는, 일을 구해 봐야 잠시 하다가 못하게 될 확률이 크다면 그 일을 선택하지는 않는 것이 이득이다. 기본소득은 조건 없이 모두에게 지급하므로 일자리를 구해 돈을 좀 벌어도 그대로 지급한다. 그러니 일을 통해 가난과 실업에서 벗어날 유인은 전통적 복지 급여나 실업 급여보다 기본소득 쪽이 높다.

게다가 사람이 일을 하는 이유는 돈 때문만이 아니다. 사회에서 다른 사람들에게 필요한 역할을 함으로써 인정을 받는 것도, 다른 사람들과 만나 네트워크를 형성하고 인간적 유대감을 느끼는 것도 중요한 이유다. 이런 이유 때문에라도 구직 동기는 줄지 않을 것이다.

오히려 다양한 형태의 새로운 일이 생겨나고 여기에 뛰어드는 사람이 많아질 수 있다. 보수가 낮더라도 사회적으로 중요한 의미를 갖는 비영리 활동이나 정치 활동이나 종교 활동이나 문화예술 활동 등에 참여하는 사람이 늘어날 것이다. 기본소득은 시간제로 일하거나 잠시 쉬는 선택도 가능하게 하므로, 이 제도가 시행된다면 사람들은 스스로 더 나은 기술을 얻기 위해 학습하고 훈련하는 시간을 더 갖게 될 것이다. 일자리를 잃은 부모의 절망감이 자녀들에게 전달되지 않고, 노동시간을 조절해 노동자들의 일과 가정이 양립 가능해질 것이므로 가정 내의 미성년 자녀들에게도 더 나은 영향을 줄 수 있다.

한국형 기본소득제[72]

이 모든 문제가 해결된 뒤에도, 기본소득제와 관련해 마지막으로 남는 문제가 있다. 지급 액수와 재원 문제다. 한 달에 얼마를 무슨 돈으로 지급하는 기본소득제가 도입되어야 앞서 언급한 '킹핀' 역할을 할 수 있을까?

두 가지 원칙을 생각해 볼 수 있다.

첫 번째 원칙은, 기본소득의 액수는 기존 복지 제도 중 기초생활보장제도에 따른 생계 급여 이상이 되어야 한다는 것이다. 기본소득은 선별적 현금성 복지를 상당 부분 대체하면서 분배 구조를 단순화하는 역할을 해야 한다. 그러면 행정 비용을 줄이면서 정부 효율성을 높이는 것은 물론, 추가 재원을 마련할 수도 있게 된다. 그러려면 기존의 복지 급여를 대체할 정도의 금액이 되어야 한다.

대표적인 선별적 복지 급여는 기초생활보장제도에 따른 생계 급여다. 생계 급여는 가구주에게 지급되며, 2019년 현재 지급 기준은 1인 가구 기준으로 월 51만 2102원이다. 수입이 51만 2102원 이하이면 그 차액을 생계 급여로 지급하는 방식이다. 4인 가구는 138만 4061원이고, 가구원 수가 늘어날수록 1인당 금액은 줄어들게 되어 있다. 국민이 생존할 수 있는 최소한의 수입을 국가가 정해둔 것이라고 할 수 있다.

생계 급여 이상의 기본소득이 지급된다면 생계 급여 대상자를 선별하고 지급하는 과정에서 일어나는 모든 행정 비용을 없앨 수 있다. 공무원 조직에 들어가는 비용부터 모멸감이나 불편으로부터 생기는 간접적 비용까지 모두 사라진다.

그렇지 않다면 현재의 생계 급여 대상자에게는 차액만큼을 추가로 지급해야 한다. 이 경우 생계 급여 지급을 유지해야 하므로, 이와 관련된 행정 비용 절감 효과는 줄어든다. 기본소득의 장점을 완전하게 보여줄 수는 없는 제도가 된다.

두 번째 원칙은, 기본소득의 재원은 기존의 소득이어야 한다는 점이다. 기본소득의 원천은 국가 전체가 만들어 낸 국민소득이다. 국민소득은 한 국가가 매년 만들어내는 경제적 부가가치의 총합이다. 그해 새롭게 만들어 낸 재화와 서비스를 시장 가치로 환산한 개념이다. 여기에 어떤 방식으로든 세금을 부과해 마련한 재원이 기본소득의 재원이 된다.

사실 기본소득의 재원에 대해서는 다양한 주장이 있다. 미국 알래스카의 경우 석유에서 나온 수익을 별도 기금으로 조성해 주민들에게 지급한다. 기본소득론자 중에는 자동화로 일자리를 줄이는 로봇세를 도입하자는 주장도 있고, 모두가 공유하는 자원이라고 할 수 있는 자연환경을 토대로 환경세를 거두자는 주장도 있다. 이들 주장은 그 자체로 타당할 수 있다.

그러나 로봇이나 환경은 그 자체로 현금화 가능한 소득을 얼마나 발생시키는지를 측정하기 어렵다. 그런데 기본소득을 현금으로 지급한다면, 결국 그 원천 역시 현금이어야 한다. 따라서 이런 새로운 세원은 기본소득이 아닌 다른 정책에 사용하는 것이 합당하다. 기본소득의 재원은 기존의 근로소득, 사업소득, 재산소득 등에서 거둔 세금으로 짜야 한다.

특히 이런 세금의 누진적 성격을 강화하면 저소득층은 더 받고 고소득층은 더 내는 구조를 강화해 사회 전체의 소득불평등을 줄일 수 있다. 또 한 사람의 생애 전체에 걸친 소득 안정성도 높일 수 있다. 인생을 살아가면서 많이 벌어들이는 동안 좀 더 많이 내고, 덜 벌거나 못 버는 동안 더 받는 결과가 나온다.

이런 원칙에 따라 기본소득제를 도입한다면, 처음에는 작은 액수로 시작하더라도 궁극적으로는 생계 급여 수준 이상이 되도록 설계하되, 재원을 기존의 국민소득에 기반한 세금을 통해 우선 조달하는 것이 합당하다.

민간 정책연구 기관 LAB2050은 2019년, 2021년을 기준으로 월

30만 원을 모든 한국인에게 지급하는 기본소득제 도입을 제안했다. 연간 187조 원 규모의 재원 마련 방법과 소득재분배 효과까지 시뮬레이션했다.

월 30만 원은 우리나라 1인당 GDP의 10퍼센트 수준이다. 도입하면 3인 가구라면 월 90만 원, 4인 가구라면 월 120만 원의 조건 없는 추가 소득이 생기게 된다. 게다가 가구를 이루지 않고 있더라도 노부모나 친척 친지에게 모두 이 금액의 소득이 추가로 생긴다고 생각하면 이는 현실에서는 꽤 큰 금액일 수 있다.

하지만 기본소득제의 궁극적 효과를 완전하게 얻을 수 있는 액수에는 못 미친다. 국민기초생활보장제도상 생계 급여 수준보다 낮아서다. 그러나 출발점이 될 수 있는 제도이고, 완전하지는 않더라도 상당한 효과를 볼 수 있는 수준이다.

LAB2050은 2021년도 우리나라 인구 5182만 명을 기준으로 시뮬레이션을 했다. 전체 인구에게 소득과 연령의 차별 없이 모두 월 30만 원씩의 기본소득을 지급하려면 187조 원이 필요하다.

이 재원을 마련하기 위해 우선 소득세에 존재하는 모든 감면 조항을 정비하는 안을 제시했다. 근로소득, 사업소득, 기타소득을 버는 사람들은 매년 연말정산을 하고 소득공제를 받는다.

그런데 고소득자일수록 연말정산으로 세금 감면을 많이 받게 된다. 세액공제와 감면은 고소득자들에게 유리하다. 소득세는 누진적이다. 많이 벌수록 세율이 높다. 연말정산 소득공제는 과세대상 소득총액을 줄여주는 방식이다. 그런데 같은 액수의 소득공제를 받더라도 세율이 높으면 감면세액도 높다. 감면을 없애면 세금을 더 내야 하지만, 고소득자일수록 더 많이 내게 된다. 이렇게 마련한 재원을 모두에게 골고루 나누어주면, 자연스럽게 고소득자보다 저소득자에게 상대적으로 유리한 기본소득 제도가 된다.

세금 감면 항목이 워낙 많아서, 이를 모두 없애면 소득세율은 오히려 낮추면서 기본소득을 도입할 수 있다. 이 모델에서는 세율을 3퍼센트포인트 내리면서 소득세법상 감면을 없애 62조 원의 재원을 확보하는 안을 제시했다. 여기에 근로장려금 및 다른 세법에 존재하는 비과세 감면을 없애고 임대 소득 탈루 방지 등으로 숨은 세원을 찾아서 약 30조 원을 추가로 마련할 수 있다. 기본소득 자체를 근로소득처럼 간주해 소득세를 부과하면, 15조 원가량이 추가로 걷힌다. 또한, 기금과 특별회계를 정비해 7조 원을 더 마련할 수 있고, 아동 수당, 기초연금 등 기본소득으로 대체 가능한 사회복지 제도를 정비하면 35조 원을 더 마련할 수 있다. 다만 기초생활보장제도상 생계 급여는 액수가 적어 대체할 수 없다.

이렇게 하면 총 187조 원의 재원을 조달할 수 있다. 187조 원은 큰돈이지만, 근본적으로 재정 구조를 개혁하면 충분히 마련할 수 있는 액수이기도 하다. 게다가 이 돈은 다른 곳에 사용하는 게 아니라 거두는 즉시 국민에게 다시 돌려주는 돈이다. 따라서 과정이 매우 단순하고 행정 비용이나 왜곡이 거의 생기지 않는다. 전 국민이 매달 연말정산을 하면서 일정액을 받아가는 제도라고 생각하면 된다.

이렇게 월 30만 원이라는 작은 금액의 기본소득제를 도입하고 난 뒤, 차차 그 금액을 높여갈 필요가 있다. 2021년에 월 30만 원으로 시작한 뒤 단계적으로 높여 2028년에 65만 원까지 만들고 나면,

기본소득이 가진 장점이 모두 나타나게 될 것이다. 2028년에 기초 생활보장제도상의 생계 급여가 1인 가구 기준으로 65만 원가량일 것으로 보인다. 이 수준이 되면 생계 급여까지 기본소득으로 대체하게 되며, 그 정도 수준이 되면 실업 급여 등 다른 제도들을 줄이면서 단순하게 정비하는 방안에 대해서도 논의할 수 있게 될 것이다.

LAB2050은 2028년에 65만 원을 지급하는 방안에 대해서도 재원 마련 방법을 제시했다. 그해 예상 전체 인구는 5194만 명으로, 모든 개인에게 월 65만 원씩의 기본소득을 지급하려면 405조 원이 필요하다.

2028년에는 소득세율을 일괄적으로 2퍼센트포인트씩 낮추고 예상되는 소득세 감면을 모두 없애면, 92조 원을 마련할 수 있을 것으로 예상된다. 여기에 소득세 이외 다른 세목의 비과세 감면 정비 및 숨은 세원 찾기로 42조 원을 마련할 수 있으며, 기본소득으로 대체 가능한 사회복지 세출 구조 조정으로 57조 원의 재원을 마련할 수 있다. 특히 재량 지출의 자연적 증가분 일부를 사용해 38조 원의 추가 재원을 마련할 수 있다. 또한 월 65만 원 수준의 기본소득제를 도입하면 재정 구조를 근본적으로 변화시키며 효율화할 수 있을 것이다. 이를 통해 99조 원의 재원을 더해 405조 원의 재원을 마련할 수 있다.

표17-1 월 30만 원 기본소득 지급(2021년 기준) 재원(단위: 조 원)

재원 마련 방안		금액
공정한 과세 약 83조 원	소득세제 비과세·감면 정비(명목세율 3%p인하)	**56.2**
	기본소득 과세	**15.1**
	탈루 및 비과세 소득 적극 과세	**11.6**
투명한 복지 약 50조 원	일부 복지정책 폐지 및 축소	**31.9**
	소득보전 성격의 비과세·감면 정비	**18.3**
효율적 재정 약 54조 원	기금 및 특별회계 정비	8
	지방재정 지출 조정	6
	융자사업을 이차보전으로 전환	15
	재정증가분의 일부를 활용	9
	지방정부 세계잉여금을 활용	16
합계		**187.1**
국민기본소득제 필요재원		187

자료: LAB2050

표17-2 월 65만 원 기본소득 지급(2028년 기준) 재원(단위: 조 원)

재원 마련 방안		금액
공정한 과세 약 175조 원	소득세제 비과세·감면 정비(명목세율 3%p인하)	117.6
	기본소득 과세	42.1
	탈루 및 비과세 소득 적극 과세	15.4
투명한 복지 약 75조 원	일부 복지정책 폐지 및 축소	49.8
	소득보전 성격의 비과세·감면 정비	25.1
효율적 재정 약 155조 원	기금 및 특별회계 정비	5
	지방재정 지출 조정	5
	재정증가분의 일부를 활용	145
합계		405
국민기본소득제 필요재원		405.1

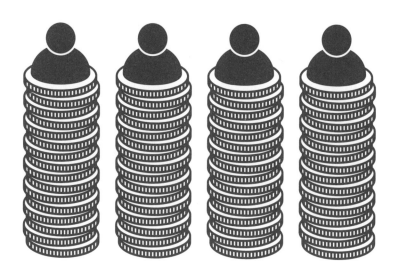

자료: LAB2050

한국형 기본소득제의 경제 효과

한국에서 이런 형태의 기본소득제를 도입한다면, 직접적으로 경제에 두 가지 효과가 나타날 것이다.

첫째는 재분배 효과다. 기본소득제는 대부분의 인구가 소득이 늘어나는 분배 제도다. 빈곤층을 선별하지 않고 모두에게 소득을 똑같이 나누어주는 제도라, 소득 격차를 줄이는 데는 효과가 별로 없을 것이라는 지적도 있다. 그러나 LAB2050이 수행한 시뮬레이션을 보면, 국민기본소득제 형태의 제도를 도입하면 획기적으로 소득 격차를 줄일 수 있다. 기존 사회보장제도와 비교했을 때 그렇다.

먼저 2021년에 월 30만 원을 지급하는 기본소득제 안을 보자. 소득공제로 돌려받는 금액과 기본소득으로 지급되는 월 30만 원을 상쇄시켜 보면, 연 소득 4700만 원보다 작은 사람은 이익을 본다. 세금 감면 폐지 등으로 더 내야 하는 세금 액수가 월 30만 원의 기본소득보다 적다는 뜻이다. 3인 가구라면 1억 4100만 원선, 2인 가구라면 9400만 원 선에서 더 낼 사람과 더 받을 사람이 갈린다.

2028년에 월 65만 원을 지급하는 안을 보자. 연 소득 7400만 원보다 적은 하위 80퍼센트 소득자는 낼 세금보다 받을 기본소득이 더 크게 된다. 상위 20퍼센트만 세금을 더 내게 된다. 3인 가구라면 2억 2200만 원, 2인 가구라면 1억 4800만 원에서 갈린다.

두 안 모두 소득이 있는 사람 중 상위 20~25퍼센트는 손해를 보고 나머지 다수가 이익을 보는 제도가 된다. 그런데 이는 소득이 있는 사람만 따진 것이므로, 소득이 없는 사람들까지 합쳐 비율을 계산하면 손해 보는 사람들의 비율은 10~15퍼센트가량이 된다. 즉 성인 중 소득 상위 10~15퍼센트를 경계선으로 이보다 상위 계층은 더 내고, 이보다 하위 계층은 더 받는 형태의 소득분배 제도가 되므로, 결국 상위 10퍼센트 고소득층이 조금 더 내고, 나머지 대부분 계층이 더 받는 결과를 가져온다.

기본소득제 도입 결과를 가구 단위로 분석해도, 고소득층이 더 내고 나머지 전 계층이 더 받게 된다. 실제 한국의 가계동향 조사 결과를 바탕으로 시뮬레이션한 결과다. 현행 사회보장제도 아래서는 소득 하위 20퍼센트 가구까지의 소득 점유율이 6.6퍼센트인데, 월 30만 원의 기본소득을 도입하는 경우 9.1퍼센트로 커진다. 소득 상위 20퍼센트 가구는 소득의 39.5퍼센트를 차지하다가, 기본소득 제도 아래서는 31.7퍼센트로 낮아진다. 고소득층은 전체 소득에서 소득 비중이 낮아지고 저소득층은 높아진다. 당연히 저소득층 소득 대비 고소득층 소득 비중인 5분위 배율은 5.0에서 3.4로 대폭 낮아진다. 지니계수 등 다른 지표에서도 기본소득 도입 때 재분배 효과가 높아지는 것으로 나온다.

둘째는 소비 증대 효과다. 대부분 인구의 소득이 기본소득 지급으로 가처분소득이 늘어나면 소비가 늘어날 수 있다. 그러나 증세 때문에 고소득층의 가처분소득이 줄어들면 소비가 오히려 줄 것이라는 의견도 있다. 역시 LAB2050이 기본소득 지급 때 소비 변동을 시뮬레이션했는데, 기존 사회보장제도를 유지할 때와 비교하면 민간소비는 전체적으로 완만하게 증가하거나 최소한 감소하지 않는 것으로 나타났다. 2021년 월 30만 원 지급안이나 2028년 월 65만 원 지급안 모두 결과는 비슷했다.

요약하면 국민기본소득제 도입 때 소득 격차는 줄어들고 민간 소비는 늘어나게 된다. 소득 격차가 빠르게 커지고 있고 고령화 탓으로 민간 소비 감소가 예상되는 현재의 우리 사회에 필요한 제도라고 할 수 있다.

전환의 도구로서의 기본소득

지금 우리 사회에는 큰 틀의 전환이 필요하다. 고성장 시대의 동력은 사라지고 있다. 인구 정체마저 겹쳤다. 그러나 사회 곳곳이 아직도 고성장 시대, 개발 국가 시절에 최적화된 상태라 곳곳이 삐걱거린다. 저성장 시대에 적응하는 사회 구조로 전환해야 한다.

국제무역 질서가 바뀌면서, 압도적으로 수출 우위인 우리 경제는 위태롭기 짝이 없다. 수출 기업 몇 개 흔들리면 나라가 흔들리는 모양새다. 내수 비중이 커지는 방향으로 구조적 전환을 이뤄야 경제에 안정감이 생긴다.

기술혁신에 따른 산업구조의 근본적 변화도 여러 영역에서 눈앞에 다가오고 있다. 스마트 공장이 늘어나면 생산 라인의 업무는 대폭 조정될 수 있다. 기계에 맞춰 진행하는 단순 작업은 점점 사라질 것이고 기계를 부리며 하는 고도의 작업이 늘어날 것이다.

교통 서비스 산업은 이미 전환의 진통을 겪고 있다. 택시 산업이 하강세에 접어들고 카풀 등 차량 공유 서비스가 떠오르면서 마찰

이 격해졌다. 몇 년 안에 자율주행차량이 수면 위에 올라오면 지금과는 비교할 수 없을 정도로 큰 변화가 생길 것이다. 그때를 대비해 기사의 업무부터 교통 서비스 기업의 운영 노하우까지 전반적인 전환이 필요하다.

유통업계에도 소리 소문 없이 변화가 찾아오고 있다. 식당마다 들어서고 있는 주문 키오스크와 마트에 등장하고 있는 무인 계산대가 그 주인공이다. 이제 단순히 주문을 받아 입력하고 바코드를 찍어주는 사람의 역할은 크게 줄어들 것이다. 마트와 편의점에서는 일하는 사람의 역할에 대한 새로운 정의가 필요해진다.

곳곳에서 사라지는 일자리와 새롭게 떠오르는 일자리가 생기고, 수명을 다한 기업과 새롭게 성장하는 기업이 생긴다. 이 모든 변화는 혁신의 기회일 수 있다. 우리 사회 서비스의 질을 높이고, 생산비용을 줄이고, 산업의 새로운 돌파구를 만들어낼 수 있다. 무엇보다 경제적 부가가치를 높일 수 있는 기회가 생긴다.

그러나 이런 혁신의 과정에서, 기존 틀 안에서 성실하게 살아가는 사람들이 다칠 수 있다는 게 문제다. 이들이 전환에 동참할 수 있어야 하고 혁신의 수혜자가 될 수 있어야 한다. 그렇지 않다면 우리 사회는 엄청난 갈등의 소용돌이에 휩쓸려갈 수 있다. 미국과 유럽에서 떠오른 극우 포퓰리즘과 다양한 갈등과 폭력도 따지고 보면 그런 갈등의 결과다. 결국 전환은 영영 불가능해질 수도 있다. 혁신도 새로운 산업의 돌파구도 불가능해질 수도 있다.

기본소득은 이런 전환의 기로에서 징검다리 역할을 하는 제도가 될 수 있다. 유연성과 안정성을 동시에 갖춘, 새로운 형태의 소득

안전망이라서 그렇다. 기존의 고용 보험과 공공 부조 제도의 약점을 잘 보완하고 있는 제도다. 기존 복지 제도는 사실, 대부분 20세기 초반 이전에 고안된 것들이다. 기술이 지금보다 훨씬 뒤떨어져 있을 때, 경제가 지금보다 훨씬 빠르게 성장하고 있던 시기다. 시대에 맞는 파격적 대안을 떠올려 볼 필요가 있다. 그게 바로 기본소득이다.

우리는 누구에게나 언제든지 전환의 시기가 올 수 있는 사회에 살고 있다. 그 시기 삶을 버틸 수 있을 여유가 있을 때, 그 전환은 훨씬 더 과감하면서도 안전한 것이 될 수 있다. 그런 사회가 더욱 유연하면서도 안전한 사회다. 그래서 기본소득제는 우리 사회가 전혀 다른 사회로 전환하기 위한 다리를 놓을 수 있는 제도다.

인공지능과 블록체인이 꿈꾸는 사회

기본소득이라는 킹핀은 인공지능 같은 신기술이 꿈꾸는 이상이 우리 사회에 구현되도록 하는 중요한 조건이기도 하다.

사실 기술은 기능적 역할만 하는 것은 아니다. 어떤 기술은 특정한 사회 비전을 보여준다. 그때 기술은 사회적으로 힘을 갖게 되고 사회 의제가 된다. 사회 비전이 없는 기술은 아무리 고도의 기술이라도 과학자나 기술자들 사이의 이야깃거리에 그친다.

과거 인터넷은 정보의 민주화라는 사회적 비전을 내포하고 있었다. 소셜미디어는 모든 시민이 스스로 미디어가 되어 발언할 수 있는 사회상을 갖고 있었다. 이런 식으로, 특정 기술이 사회적으로 의미 있는 비전, 특히 사람들 마음에 새겨져 있는 족쇄를 풀어주거나 욕구를 채워주는 유토피아적 전망을 내포하고 있을 때, 이 기술은 사회적 이슈가 된다.

인공지능은 그런 특성을 갖고 있기 때문에 사회적 토론거리가 되었다. 인공지능은 명백하게 탈고용 사회, 또는 탈노동 사회를 내포하는 서사를 지니고 있다. 기계가 인간의 육체노동을 모두 대체하는 것은 이미 거의 가능해졌는데, 앞으로는 지적인 노동도 대체 가능해지리라는 전망을 내포하는 기술이다. 인공지능은 인간 대신 바둑도 둘 수 있고, 인간 대신 기자처럼 기사도 쓸 수 있고, 인간 대신 변호사처럼 법률 업무를 할 수도 있다.

탈고용으로 사람들이 고용계약에 매여 살지 않는다면 더 자유롭게 하고 싶은 일을 더 잘할 수 있게 된다. 그러면 공동체가 강화되고 사람들의 사회 참여가 늘어날 수 있게 된다. 서로 공감하며 참여해 돕고 사는 세계가 올 수 있다.

더 나아가면 아예 탈노동이 가능하다고 생각해볼 수 있다. 생산에 인간이 전혀 기여하지 않아도 된다는 이야기다. 이런 사회에서는 놀이를 중심에 둔 인간의 삶이 가능해진다. '호모 루덴스(놀이하는 인간)'가 인간의 본질이 된다. 정치와 학문에 몰두했던 고대 그리스의 귀족 계급과 같은 삶도 꿈꿀 수 있다. 예컨대 고용 및 생계노동에서 해방된 개인은 음악이나 미술 같은 창작 활동을 하거나, 자신이 믿는 가치를 세상에 알리는 시민운동을 하거나, 동네에서 주민들의 의견을 수렴하고 조정하는 정치 활동을 할 수도 있을 것이다. 그런 시민들로 가득한 사회는 기업보다 시민이, 행정관료보다 주민이 더 강력한 주권을 행사하는 직접민주주의 사회에 가까울 것이다.

그런데 인공지능이 내포한 이런 사회상에서, 걸림돌이 있다. 그게 바로 개인들의 생계 수단 확보 문제다. 인공지능이 사회 전체에 확산된 시대, 고용이 사라진다면, 또는 노동하지 않는다면 인간은 생계를 어떻게 유지할까? 시민운동을 하거나 주민들의 의견을 조정하는 정치 활동에 나선 이들은 어떻게 생계 수단을 확보할까? 이 문제 때문에 인공지능이 내포한 사회 비전에 제동이 걸린다.

만일 기본소득제 등으로 생계 수단이 충분히 확보된다면, 이런 사회 비전이 현실에서 가로막혔던 핵심적 이유 하나가 사라진다.

미래의 소득

소득은 두 갈래로 나뉜다. 필요하기 때문에 주어지는 소득과 기여했기 때문에 주어지는 소득이다. 자본주의 경제가 성장 가도를 달리고 고용이 삶의 중심에 있던 시기에는 임금 하나만으로 필요와 기여 양쪽 요구를 모두 해소할 수 있었다.

그러나 자동화가 빠르게 진행되고 안정적 고용 관계에 변동이 예상되는 지금, 필요와 기여 양쪽을 임금 하나에 담아두기는 너무 위험하다. 필요한 생계 수단 제공에만 방점을 찍는다면 평생 보장되는 임금을 받는 사람을 최대한 늘려야 한다. 최대한의 고용을 국가가 나서서 창출하고, 임금 수준을 보장하는 정책을 펼쳐야 한다. 그러나 이런 방향은 사회의 경직성을 너무 높일 것이다. 기여에 대한 보상에만 방점을 찍는다면 고용을 완전히 유연화하고 성과를 내는 사람 중심으로만 높은 임금을 지급하는 방향으로 가야 할 것이다. 그러나 소수의 자동화된 공장 및 플랫폼이 대부분의 성과를 가져갈 가능성이 높은 미래 경제 체제를 떠올려 보면, 이런 방향은 엄청나게 불평등한 소득분배 구조를 만들 가능성이 높다.

미래에는 필요를 채우기 위한 소득과 기여에 대한 보상으로써의 소득을 분리해야 사회가 제대로 작동할 수 있을 것이다. 기본소득은 이 중 필요를 채우기 위한 소득이다. 평생 동안의 삶에 경제적 안정성을 주는 밑돌과 같은 소득이다.

물론 기여에 대한 보상으로서의 소득도 여전히 있어야 한다. 당장은 생산 활동에 참여하는 소득, 즉 노동자가 받는 임금과 사업자가 받는 사업소득이 그 중심을 차지한다. 그러나 기여에 대한 보상에는 임금이나 사업소득에 포괄되지 않는 다양한 소득도 포함되며, 시간이 갈수록 이쪽 비중도 커질 것이다.

공동체에서의 자원봉사 활동, 가정 내에서의 가사 활동, 문화예술 활동과 정치 활동 등 고용 형태가 아니거나 시장에서 상품화되기 어려워서 보상을 받지 못했던 사회에 유용한 기여 활동들에 대해서도 미래에는 보상책이 더 생겨날 것이다. 사회적 기업, 기업의 사회 책임 경영, 공정 무역 등 사회적 가치의 창출을 지향하는 기여 활동은 시장에서 사회적 가치를 제대로 보상받지 못해 늘 고전하는데, 여기에 대한 보상책도 다양한 형태로 만들어질 것이다. 어쩌면 온라인 가상 현실에서의 참여 활동에 대한 다양한 보상도 등장할 수 있다. 이런 보상은 현금성 화폐로 주어질 수도 있지만, 새로운 기술을 활용해 특정한 목적이나 특정 지역에 한정해 사용할 수 있는 포인트나 지역 화폐로 주어질 수도 있다.

토마 피케티의 멘토였던 영국의 경제학자 토니 앳킨슨은 이런 활동에 대한 보상을 포괄해 '참여 소득'이라는 제안을 하기도 했다. 기본소득의 무조건성을 일부 완화해, 노동시장이나 공동체 활동 등에 참여하는 것을 조건으로 걸어 소득을 지급하는 방식이다. 프랑스의 기술철학자 베르나르 스티글레르는 임금이나 사업소득으로 보상받지 못하는 자발적 노동을 보상하기 위해 '기여 소득'을 도입하자고 하기도 했다. 위키피디아에 글을 쓰거나 공짜 소프트웨어인 프리웨어를 짜는 일 등을 보상하는 제도다.

미래의 소득은 전체적으로 필요를 채우기 위한 기본소득과 기여를 보상하기 위한 다양한 소득으로 나뉠 것이다. 현재의 소득은 한 층만 있지만, 미래의 소득은 2층 구조가 된다. 기본소득이 1층을, 근로소득 등 기여에 대해 보상하는 다양한 소득이 2층에 자리잡을 것이다. 1층의 기본소득제는 단 하나의 제도를 통해 모든 사람에게 필요를 채우기 위한 생계 수단을 대부분 제공할 수 있다는 장점이 있다. 단순하고 투명하며 이해하기 쉬운 시스템이다. 1층을 투명하고 튼튼하게 쌓아야 2층이 다양하게 구성될 수 있다.

"19세기만 해도 전 세계적 차원에서 노예제를 폐지하는 일은 완전히 황당한, 유토피아에서나 가능한 일이라고 여겨졌다. 보편적 선거권도 마찬가지다." 필리프 반 파레이스는 《21세기 기본소득》

한국어판 서문에서 이렇게 썼다.

눈을 우리 사회로 돌려도 그렇다. 100년 전만 해도 한국이 일본의 식민지에서 벗어나 독립 국가가 되고, 그것도 민주주의 국가가 된다는 것은 황당한 상상이었다. 대한민국 임시정부에서 독립운동을 한다며 민주정을 선포하고 대통령을 선출했을 때, 다들 소꿉장난처럼 여겼을 것이다.

40년 전까지도 한국이 민주주의 국가가 되어 직접선거로 대통령을 뽑고 마음에 들지 않으면 탄핵한다는 생각은 누구도 현실적이라고 여기지 않았다. 중고등학교 교육이 무상으로 제공된다거나, 아동이 있는 집에 수당을 매달 지급하고 노인이 되었다는 이유만으로도 연금을 지급하는 일도 황당한 아이디어로 여겨지기는 마찬가지였다.

그러나 이 모든 것은 지금 현실이 되었고 모두 당연하게 받아들여지는 사실이다. 필요하고 정당한 것은 반드시 가능해진다. 시간이 걸릴 뿐이다. 보편적 기본소득제도 언젠가는 현실이 될 것이다. 어느 시점에 어떤 경로를 거쳐 현실이 되느냐만 문제로 남는다.

18장

일하며
놀며
배우며

자본주의 사회에서 사람은 보통 생계를 이어가기 위해 일한다. 일하는 사람이 되기 위해 오랜 기간 학교에서 교육을 받는다. 일하는 도중에 건강을 상하지 않게 하기 위해서 휴식을 취하고 논다. 즉 먹고살기 위해 일한다. 일하기 위해 배운다. 일을 잘하기 위해 쉬고 논다. 일은 고통이고 배움은 인내이며 놀이만이 잠깐 스쳐가는 기쁨이다. 결국 삶의 목적이 생물학적 생존인 것처럼 살고 만다.

그런데 미래 어느 시점에 기술이 충분히 발전해 압도적인 풍요의 시대가 온다면, 그 부를 분배하는 충분하고 완전한 기본소득제가 도입되고 정착된다면, 그래서 모든 사람이 '먹고사는 문제'로부터 자유로워진다면, 사람은 무엇을 위해 살아가게 될까?

《사피엔스》의 저자 유발 하라리는 '무용 계급' 논의를 통해 기본소득 이후의 사회에 대해 중요한 생각거리를 던져준다. 그는 인공지능의 출현을 관찰하며 미래에 대한 상상을 극단으로까지 밀고 나간다. 인공지능의 알고리즘이 사실상 대부분의 노동을 대신할 수 있게 된다면, 상당수의 사람이 '무용 계급'이 될 것이라는 전망[73]을 내놓으면서다.

인공지능이 점점 더 많은 작업에서 사람보다 더 나은 성과를 내는 미래가 오면 어떻게 될까? 점점 더 많은 일자리는 대체될 것이다. 대신 새로운 직업들이 나타날 것이다. 하지만 이 새로운 직업들은 그야말로 '새롭다'. 가상현실 디자이너, 3D 프린터 제작자, 인공지능 자체를 연구하고 활용하는 기술자 같은 사람들이다. 높은 창의성과 유연성이 필요한 직업들이다.

그런데 기술 때문에 일자리를 잃은 보험 판매원, 택시 운전사, 회계 기록원 같은 사람들이 그런 새로운 직업으로 옮겨갈 수 있을까? 회의적이다. 물론 시간이 충분히 있다면 오랜 훈련을 거쳐 가능할 수 있다. 하지만 오늘 일자리를 잃은 보험 판매원이 다음 달에 가상현실 디자이너 일자리를 얻을 가능성은 거의 없다. 일자리를 잃으면 당장 생계 걱정을 해야 하는 지금 시스템에서는 불가능한 일이다.

사람들은 일자리가 없어서 일을 하지 못하는 게 아니라, 새로운 시대에 맞추어 일할 능력을 얻지 못해서 일자리도 얻지 못하게 될 것이라는 게 하라리의 시각이다. 그 사람들을 하라리는 '무용 계급'이라고 부른다.

소득이 보장되어 자유롭게 소비하며 살아갈 수 있는 무용 계급이 등장한다고 가정해 보자. 그들은 행복할 수 있을까?

지금 시스템대로라면, 일을 중단하면 그에 딸린 교육도 여가도 의미를 잃는다. 아이나 노인이나 배우자의 생계를 대신 짊어지는 역할은 필요 없어진다. 배우자가 생계 노동을 잘하도록 돕기 위해 가사 노동을 대신 짊어지는 역할도 필요 없어진다. 생계유지를 목적으로 대부분의 시간을 보내지 않아도 되는 사회가 오는 순간, 실은 많은 이들이 사회적 역할을 잃어버리는 역설이 생길 수도 있다.

기본소득이 충분히 보장된 사회에서, 사람들은 생계 고통이 사라진 지상낙원에 살게 되는 것일까? 아니면 사회적 역할을 잃어버린 사람들이 삶의 의미를 잃고 방황하는 지옥에 살게 되는 것일까?

어떤 준비를 하느냐에 따라 어느 쪽이냐가 결정될 것이다. 일과 배움과 놀이가 생계 수단 또는 생계 수단을 유지하기 위한 부수적인 활동 이외의 의미를 갖고 있느냐가 중요하다.

생계유지 이상의 목적으로 일을 재구성할 수 있는 사람은 소득 보장을 받는 무용 계급이 된다면, 생계 압박 없이 놀이처럼 즐거운 일을 기획하고 수행하며 살아갈 수 있다. 그러나 일이란 생계유지를 위한 것이라고만 생각하며 삶의 다른 의미를 찾지 못한 사람은 소득 보장을 받는 무용 계급이 되고 나서 의미를 잃어버린 긴 고통과 방황의 시간만을 보내게 될 수도 있다.

지금까지와는 다른 미래의 삶을 살기 위해서는, 일이란 생계를 위해서 고역을 치르는 과정일 뿐이라는 생각을 조금씩 거둬들이고, 일 자체에서 기쁨을 얻고 일을 놀이로 만들려는 노력을 끊임없이 해야 한다. 일하는 과정에서 배우고, 배우는 과정에서 일이 이뤄지도록 시간을 설계해야 한다. 개인들이 이런 준비를 할 수 있도록 사회가 배울 기회, 놀 기회를 충분히 제공해야 하며, 개인들 스스로도 적극적으로 노력해야 한다.

기본소득제도가 꿈꾸는 사회는, 모든 사람이 방구석에 틀어박혀 온라인 쇼핑만 하는 은둔형 소비자로 살아가는 사회가 아니다. 반대로 모든 사람이 자유롭게 일하며 한 단계 높은 능동적 삶을 살아가는 사회다.

물론 기술의 발전으로 사람이 생계로부터 완전히 자유로워지는 시대가 오는 데는, 시간이 좀 더 걸릴지 모른다. 하지만 그것은 한꺼번에 오는 놀라운 미래가 아니다. 조금씩 경계를 허물면서 매일 변화하는 현재다. 이미 변화는 시작되고 있다. 새로운 방식의 사고, 새로운 방식의 시스템을 받아들여야 이 변화에 끌려가지 않고 변화를 끌고 갈 수 있다. 당장, 일자리에 대한 고정관념부터 손볼 필요가 있다.

'일자리' 고정관념 깨뜨리기

일자리는 '일'과 '자리'를 합친 말이다. 하지만 우리는 대체로 '자리'와 같은 뜻으로 쓴다. 그래서 '고용'은 곧 그 '자리'이다. 그 자리를 가졌을 때 받는 임금, 기업 복지 혜택, 보장된 근로계약 기간, 근로시간, 고용주의 규모와 성격……, 이런 것들을 모두 합치면 흔히 사용되는 '일자리'와 비슷한 의미가 된다. 하지만 이건 모두 '자리', 즉 외적 조건에 대한 이야기다. 특정한 사명을 가지고 수행할 '일', 즉 목적에 대한 언급은 매우 부족하다.

기술의 일자리 대체 문제를 제대로 숙고하려면, 무엇보다 '자리'

와 '일'을 분리해 생각하는 데서부터 시작해야 한다. '자리'가 필요 없거나 사라진다고 해도 '일'까지 필요 없거나 사라지지는 않을 것이기 때문이다. 사람들은 어쨌든 공동체 안에서 '일'을 함으로써 자신의 존재를 확인하며 살아가게 될 것이다. 인공지능이든 뭐든 새로운 기술 때문에 대부분의 인류가 무용 계급이 되더라도, 이들은 무용해질 수가 없다. 서로를 위한 '일'을 여전히 계속할 것이고, 세계를 변화시키려는 '일'을 이어갈 것이기 때문이다.

이를 체계적으로 정리해 이야기했던 사람은 유태인 철학자 한나 아렌트이다. 아렌트는 1958년 낸 저서 《인간의 조건》에서 인간의 '활동적 삶'을 세 가지 요소, '노동', '작업', '행위'로 나눈다. 각각의 뜻은 다음과 같다.

- **노동**

  노예의 일. 인간이 스스로 생물학적으로 생존하고 종을 재생산하기 위해 필요한 필수품들을 만들어내는 일이다. 그 결과물은 오래 남아 있지 않고 즉시 소비되어 사라지며, 바로 추가로 생산되어야 한다. 따라서 노동은 허망함을 주는 반복적인 과정이며, 생물학적 생존에 필수적이므로 끝없이 지속된다. 고대 그리스의 노예들이 하던 일을 노동이라고 부를 수 있을 텐데, 노동을 했기 때문에 노예들은 경멸의 대상이 되었으며 노예들이 있었기 때문에 귀족들은 노동 없는 삶을 살 수 있었다.

- **작업**

  장인의 일. 소비되어 사라지는 것을 생산하는 노동과는 달리, 세계의 일부가 되

379

어 지속적으로 존재하는 물건을 생산하는 일이다. 독창적 생각으로부터 원재료를 얻는 일을 거쳐 완성품에 이르기까지 전체적인 생산 프로세스를 뜻한다. 노동과는 달리 시작과 끝이 있으며 장인들의 제작 활동이나 예술가의 작품 활동 등을 예로 들 수 있다. 이런 작업의 결과물은 생물학적 생존과 직결되지는 않으나, 사회에서 일정한 가치를 갖는다. 이때 가치는 수요가 있고 소비되기 때문에 생기는 것이 아니라, 작업의 결과물 자체에 내재하고 있는 것이다.

- 행위

정치가나 시민운동가의 일. 말이나 행동을 통해 인간이 자신의 생각을 다른 사람에게 전달하고 관계를 맺는 일이다. 정치 활동이나 사회운동가의 활동이 여기 해당한다고 할 수 있다. 고대 그리스에서는 노예들이 필수불가결한 노동을 전담하기 때문에, 귀족들은 이 '활동'에 전념할 수 있었다. 사람들 사이의 다양성은 활동을 통해 드러날 수 있으며, 그 결과로 사회가 예측할 수 없는 방향으로 변화하기도 한다.

한나 아렌트의 이 세 가지 개념은, 앞서 언급한 '일'의 개념과 같다. 현대 자본주의 사회의 '일자리'는 대체로 '작업'의 영역을 줄이고 '노동'의 영역을 늘리는 방향으로 변화해 왔다. 기술 발전으로 생산성이 높아지면서, 과거에는 장인이 만들었던 예술혼을 담은 제작물들이 이제는 공장에서 공산품으로 제조된다. 의자나 식탁처럼 세계의 일부를 구성하며 오랫동안 내재적 가치를 지닌 채 존재하던 작업의 결과물들은, 마치 일회용 식품처럼 생산과 동시에 소비되며 오래 남아 있지 않는 특성을 갖게 된다. 이렇게 생산의 결과물이 즉각적 소비의 대상이 되고 필수불가결한 제품인 것처럼 취급될 때, 그것을 만드는 일은 점점 더 '노동'으로 취급된다.

가내수공업으로 의자를 만들던 장인이 하는 일은 '작업'이고, 그래서 그는 세계의 일부로 존재할 의자에 영혼을 담는다. 그러나 하루에도 수천 개의 의자를 쏟아내는 의자 공장에서 일하는 노동자가 하는 일은 '노동'이고, 그가 즉각 소비되고 버려질 의자를 만드는 일을 하는 유일한 이유는 생계 때문이다.

현대 자본주의에서 점점 더 비중이 커지는 서비스 영역에서도 이 개념을 적용할 수 있다. 단순하고 기계적인 서비스의 경우 이 '노동' 개념에 해당한다고 할 수 있다. 예를 들면 패스트푸드점 계산대에서 주문을 받는 서비스 노동이라든지, 환자를 돌보는 간병인의 돌봄 노동은 그야말로 '노동'에 해당한다. 필수적이며, 그 자리에서 소비되어 사라지며, 사회적으로는 질 낮은 노동이라는 눈총(아렌트 식으로는 '경멸')을 받게 된다.

하지만 서비스의 사명을 이해하고 이 사명을 달성하기 위해 기획과 조정을 하는 노동자가 있다면, 이 사람이 하는 일은 '작업'에 가깝다. 패스트푸드점에서 일하더라도 계산원(또는 키오스크)과 주방 직원(또는 로봇)에게 적절하게 지시하고 그들의 의견을 반영해 그 가게의 색깔을 만들어가며 일한다면 이건 '작업'에 해당할 수도 있다. 간병인이라면, 기계적으로 정해진 일만 하는 게 아니라, 환자의 상태를 판단하고 환자가 호전되도록 전반적인 돌봄을 제공할 수 있다. 그렇다면 그는 '작업' 중이라고 표현할 수 있다.

같은 작업장에서 같은 수요자에게 같은 서비스를 제공하더라도,

자신이 맡은 역할(일)에 따라 '노동'이냐 '작업'이냐가 달라진다. 이 대목에서 우리가 기존에 생각하던 '일'의 경계는 무너진다. 일은 노동이기도 하지만 소비이기도 하며 때로는 경영일 수도 있다.

그리고 그 '작업'이야말로 기계가 대체하기 어렵고 대체하는 것이 바람직하지도 않은, 인간에게 남겨진 역할일 수 있다. 생계 수단의 확보가 아니라 일 그 자체가 목적일 수 있는 영역이다.

점점 늘어나고 있는 '메이커'들을 보면 이 영역이 이미 존재하며 빠르게 확대되고 있다는 사실을 알 수 있다.

메이커들

미국 샌프란시스코에 근거지를 둔 잡지 〈메이크:〉 발행인 데일 도허티는 '펀킨 천킨'이라는 호박 멀리 던지기 세계 챔피언 대회를 보러 델라웨어 주 밀스보로에 갔다. 이 대회는 원래 술집에서 누가 호박을 멀리 던지는가를 두고 내기를 하면서 시작됐는데, 이제는 온갖 종류의 투석기와 공기 대포가 몰려드는 장비 경쟁의 장이 됐다. 대회용으로 재배한 3.6~4.5킬로그램가량의 흰색 호박을 작은 트럭 위의 투석 장비에 얹어 발사한다. 호박은 300미터에서 1000미터 정도 날아가는데, 가끔 1500미터를 넘게 날아가는 경우도 있다.

당연히 어떤 중장비 제조 기업도 호박을 던지기 위한 투석기를 만들어 팔지 않는다. 데일 도허티가 목격한 백 대 넘는 대포들은 모두 사용자들이 직접 만든 장비였다. 커다란 날개를 빠르게 회전시키면서 원심력에 의해 호박을 던지는 '배드 투 더 본'도 있었다. 무게가 23톤에다 높이가 18미터인 대형 철 투석기인 '양키 시즈'도 볼 만했다. 그들 중에는 치과의사도 있었고 농부도 있었다. 수만 달러를 투자해 장비를 만든 사람도 있었고 온 가족이 모두 장비를 실은 트럭을 타고 수천 킬로미터를 달려와 축제를 벌이듯 대회에 참여하는 사람들도 있었다. 그들이 장비를 만들기 위해 애를 쓰며 일했던 이유는, 그저 재미있어서였다.[74]

이렇게 생계를 위해서가 아니라 그저 만드는 것 자체가 즐거워서 무언가를 제조하는 사람들을 '메이커'라 부른다. 어떤 메이커들은 소프트웨어를 짠다. 어떤 메이커들은 3D 프린터로 옷과 공예품을 만든다. 그리고 어떤 메이커들은 비행기도 만든다.

이들이 들판에서 호박이나 던지며 낄낄거릴 뿐, 사회와는 관련이 없다고 생각하면 큰 오산이다. 〈파이낸셜 타임스〉 기자를 지냈고 토니 블레어 전 영국 총리의 정책 자문을 하기도 했던 찰스 리드비터는 '프로페셔널-아마추어'라는 개념을 사용했다.

아마추어라는 말의 라틴어 어원 'amare'는 '사랑하다'라는 뜻이다. 즉 아마추어란 일을 사랑해서 하는 사람이다. 보통 생계를 목적으로 하지 않고 즐기며 일하는 사람으로 받아들여지기도 한다. 생계를 위해 전문성을 활용하는 프로페셔널(전문가)과 대조된다. 물론 아마추어라고 해서 반드시 초보자는 아니지만, 프로만큼의 균질한 숙련도를 갖고 있지는 않다는 게 통념이다. 자신이 사용할 물건을 스스로 만들거나, 좀 더 넓히면 가족이나 친구를 위한 물건을 만들 뿐이다. 하고 싶을 때만 일하려고 하며 요구를 받는다고 다 들어주

표18-1 참여의 피라미드

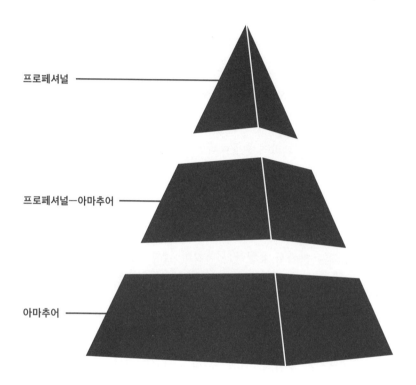

'프로페셔널-아마추어'라고 하는 새로운 사람들은 프로만큼의 전문성을 갖고 있으나 목표는 아마추어와 같다. 그저 그 일이 좋아서 하지만, 사회적 영향은 꽤 크다.

자료: 데일 도허티[75]

지 않을 자유를 누린다.

리드비터는 이런 아마추어 개념을 좀 더 확장한다.[76] '프로페셔널-아마추어'라고 하는 새로운 사람들은 프로만큼의 전문성을 갖고 있으나 목표는 아마추어와 같다. 그저 그 일이 좋아서 하지만, 사회적 영향은 꽤 크다. 예를 들면 무료 컴퓨터 운영체제인 리눅스를 만든 리누스 토발즈나 오픈소스 소프트웨어 개발자들이 여기 속한다. 직업은 음악가였지만 밤마다 망원경으로 천체를 관측하면서 일기를 쓰다가 천왕성을 발견했던 아마추어 과학자 윌리엄 허셜도 여기 속한다. 이들도 모두 메이커에 속하는 사람들이다. 따지고 보면 창고에서 컴퓨터를 조립하고 프로그램을 짜다가 탄생한 마이크로소프트나 애플도 메이커가 세운 회사인 셈이다.

과거에는 아마추어와 프로의 경계가 명확했다. 정보는 좁은 전문가 커뮤니티 안에 갇혀 있었고, 높은 생산성을 구현할 수 있는 장비는 엄청나게 비싸서였다. 하지만 이제 정보는 모두 인터넷에 있다. 어떤 기계라도 구글과 유튜브를 통해 조립 방법을 찾아낼 수 있다. 장비는 엄청나게 싸졌고 나누어 쓸 수 있는 기회도 많아졌다. 3D 프린터 한 대로 과거에 공장 하나를 세워야 가능하던 물품 제조를 할 수도 있다. 그것도 메이커스페이스에 가면 빌려 쓸 수 있다. 경계는 허물어졌다. 아마추어로 시작했다가 프로로 올라서는 사람들이 늘어난다. 그리고 숙련된 메이커라고 할 수 있는, 프로페셔널-아마추어도 늘어난다.

생계가 아니라 일의 즐거움을 위해서 일하는 사람들. 그렇게 일하면서도 세계적 수준의 제품과 서비스를 만들어내는 사람들. 그

385

런 메이커들이 늘어나고 있다. 그리고 그들이 하는 일은 분명히 아렌트식으로 말하면 '작업'에 해당한다. 이들에게 일과 놀이의 경계는 모호해졌다. 돈을 벌기 위해 일하고 잠시 휴식을 취하던 인류와는 전혀 다른 사람들이 나타난 것이다.

기본소득제가 도입되어 생계가 보장된다면, 훨씬 더 많은 사람이 생계를 위한 노동에서 벗어날 수 있게 된다. 당연히 수많은 이들이 메이커 운동에 뛰어들고 프로페셔널-아마추어로 활약하게 될 것이다. 일은 먹고살기 위해 견뎌야 할 고역이라는 생각은, 이제 역사책에서나 찾아볼 수 있는 개념이 될 것이다.

주문 실수 식당

일본의 팝업 스토어 '주문 실수 식당'은 일에 대한 또 다른 통찰을 준다. 이 식당은 치매 노인들이 주문을 받고 식사를 갖다주는 식당이다. 손님이 주문하면 잘못 알아듣고 엉뚱한 메뉴를 갖다주기도 한다. 아예 갖다주는 것을 잊어버리기도 하고 같은 음식을 두 번 갖다주기도 한다. 주문 성공률은 40퍼센트 정도밖에 되지 않는다. 하지만 손님들은 모두 '괜찮다, 괜찮다'며 웃으며 나온 음식을 맛있게 먹는다. 이는 치매 노인들이 사회 안에서 함께 살도록 하자는 취지로2017년, 2019년 두 차례에 걸쳐 며칠 동안 열린 실험이다.

치매에 걸린 노인들은 기술 때문이 아니라 사회의 시선 때문에 이미 '무용 계급'으로 여겨지는 사람들이다. 그런데 이 실험에서 치매에 걸린 노인들은 행복하게 일했다. 조금 고되고 어렵기는 했지만, 결과적으로 자신의 가치를 입증하고 만족했다. 자신들이 한 '일'의 결과로 많은 손님들이 한 끼 식사를 맛있게 했다.

그런데 이 식당에서 손님들이 하던 역할은 무엇이었을까? 전통적인 시각에서 이들은 소비자이고 소비를 했다. 하지만, 실은 치매 노인들에게 무엇보다 중요한 서비스를 제공했다. 웃으면서 식사를 함으로써, 그 노인들의 가치를 확인해주는 일이다. 이것 역시 '일'이다. 한나 아렌트라면 '작업'이라 불렀을 것이다.

이 식당을 기획한 사람은 일본 NHK의 오구니 시로 PD이다. 치매 노인을 주제로 한 다큐멘터리 제작 때 겪었던 일에서 기획이 시작됐다. 그룹 홈에서 생활하는 노인들이 당일 점심 메뉴가 햄버거였다는 사실을 잊어버리고 만두를 내왔다. 그런 실수가 받아들여지는 사회라면 좋겠다는 생각으로 아이디어를 냈다. 그가 한 일은 무엇일까? 역시 세상을 바꾸는 '일'이다. 한나 아렌트라면 '행위'라 불렀을 것이다.

'주문 실수 식당'에서 손님으로 온 사람들이 하는 일은 전 세계에서 수많은 비영리 활동가들, 공익 활동가들이 하는 일과 닮았다. 지역에서 어려운 이들을 찾아 도움을 건네는 자원봉사자들의 활동과 비슷하다. 이 실험에서 치매 노인들이 한 일은 장애인들이나 노인들이 기업에서 고용되어 하는 일과 맥락이 통한다. 제품과 서비스를 만들어 팔거나 노력에 대한 보상을 받는 것이 최종 목적이 아니라는 점에서다. 일 그 자체가 의미와 가치를 지닌다.

과정에서건, 결과에서건, 남을 위해 유용한 무언가를 만들어낸다면 그것이 '일'이다. 또는 나 자신을 위해 무언가 만들어내는 것도 '일'이다. 만들어내기 위해 시간을 사용하고, 만들어내기 위해 에너지를 사용하는 게 일이다. 그 일을 보상해주는 '자리'를 갖고 있느냐, 그 일을 통해 만들어낸 물건을 돈 받고 팔 수 있느냐는, '일' 자체와는 다른 차원의 문제다.

우리는 겉으로는 '일'을 이야기하면서 실제로는 '자리'에 대한 이야기만 하기 일쑤다. 일자리에 대한 정책은 절대다수가 '자리'에 대한 정책이다. 일자리 창출 정책도, 일자리 보호 정책도 '자리'를 만들고 보호하는 정책이다.

일 자체로 돌아가 보자. 일은 사람이 직접 행동이나 말로 한 사회에 필요한 가치를 만들어내는 과정이다. 그 가치는 상대적인 것이어서, 사회적으로 정해진다.

한 사회 구성원의 생존을 위한 재화가 절대적으로 부족하던 시대에는 일의 결과로 만들어진 가치에 대한 절대적인 정의가 있을수 있었다. 하지만 지금은 다르다. 생존 자체에 필요한 재화(의식주)는 우리 사회를 포함해 선진국에서는 이미 넘쳐난다. 그렇지만 사회적으로 필요한 재화와 서비스는 끊임없이 새롭게 정의되며 빈자리가 생기고 채워지기도 한다. 어떤 사회에서 그것은 영화 관람이고, 어떤 사회에서는 스마트폰이고, 어떤 사회에서는 아이에게 동화책을 읽어주는 것일 수 있다. 어떤 시대에는 친구의 따뜻한 공감이고, 어떤 시대에는 성직자의 기도와 영혼의 구원이고, 어떤 시대에는 화려한 컴퓨터게임일 수도 있을 것이다.

하루 종일 아이에게 신경을 쓰고 있는 엄마는 일하고 있는 것일까? 그렇다. 돈은 한 푼도 벌지 못해도, 출근할 사무실이 없어도 그렇다. 하루 종일 남을 위해 봉사하고 기도하는 성직자는 일하고 있는 것일까? 그렇다. 동네 놀이터에서 아이들을 돌보면서 옛날 이야기를 들려주는 어르신은 일하고 있는 것일까? 물론 그렇다. 돈을 받지 않아도, 출퇴근 시간이 정해져 있지 않아도 그렇다. 남을 위해 가치 있는 무언가를 하고 있는 것이니 그렇다.

기술혁명이 가져온 풍요의 시대는 우리에게 '일'과 관련해 과거와는 전혀 다른 질문을 던질 것이다. 자동화로 인간의 일이 상당 부분 대체되고 나면, 인간에게 남는 고유한 일이 과연 무엇인지를 우리는 묻게 된다. 로봇을 돕는 일을 해야 하는 것인지, 로봇보다 인간이 더 싸게 할 수 있는 일을 찾아야 하는 것인지 고민하게 될 것이다. 앞으로 인간이 찾아야 하는 것은 '돈을 벌 수 있는 일자리'가 아니라, '사회적으로 가치 있는 일'이 된다.

일에 대한 새로운 질문들

그때 일자리에 대한 질문은 완전히 달라져야 한다. 일과 자리는 분리해서 이야기해야 한다. 생계와 분리된 '일' 그 자체가 어떤 의미를 갖는지에 대해 이야기해야 한다. 어떤 가치를 만들어내며 살아가는 것이 맞는지에 대해 이야기해야 한다. 이런 사회에서 일자리와 관련된 가장 중요한 질문은 '월급이 얼마인지, 정년이 보장되는지'가 아니다. '무엇이 사회적으로 가치 있는 일인지'가 가장 중요한 질문이 된다.

핵심적 질문은 예컨대 이런 것들이다.

"나는 다른 사람들을 위해 어떤 일을 하며 살 것인가?"

"나는 환경과 세계를 위해 어떤 일을 하려 하는가?"

"우리 사회에서 나의 가치는 어디에 있는가?"

유발 하라리는 회의적으로 이야기했지만, 로봇이나 인공지능보다 사람이 더 잘할 수 있는 일은 충분히 있을 것이다. 남을 위해 하는 일, 사회에 가치 있는 일이라는 관점에서 보면 그렇다. 단순히 생계 수단을 생산하는 것으로부터 자유롭게 상상할 때, 로봇 시대 사람의 가치는 다시 발견할 수 있다.

마트에서 계산 업무를 대신하는 로봇이 나타난다면, 사람은 이제 노인이든 장애인이든 불편한 분들도 쇼핑할 수 있도록 돕는 일을 할 수 있을 것이다. 자율주행차가 운전 업무를 덜어준다면, 사람은 이제 이제 버스 안에서 아이들을 돌보고 어르신들의 안전을 책임지는 안전 운행 전문가로 성장할 수 있을 것이다.

당장 산업용 로봇이 생산 공정 노동의 대부분을 대체한 사회에서도, 돌봄 노동의 대부분을 로봇이 대체한 사회에서도, 예컨대 이런 일은 남는다. 누가 돌봄이 필요한 사람의 필요를 파악하고 새로운 서비스를 기획하며 자원을 동원해 그 서비스를 만들어내고 제공할 것인가. 새로운 형태의 돌봄 노동자, 또는 돌봄 기업가가 해야 한다. 누가 사람들이 아직 갖고 있지 않은 필요와 상상력을 자극하는 새로운 제품과 서비스를 고안하고 위험을 감수하며 제안할 것인가. 새로운 것을 창조하는 노동자와 기업가들이 해야 한다. 사람과 사람 사이를 연결하고 갈등을 조정하며 협상을 통해 결론을 도출하는 일은 누가 할 것인가. 새로운 형태의 정치가와 사회활동가들이 해야 한다.

기술이 현재 존재하는 노동을 상당 부분 대체하는 날을 떠올릴 때, 우리는 자꾸 '기계가 대체하지 않을 직무가 무엇인지'를 묻는다. 진짜 문제는 '우리는 무엇에 가치를 두는가?'이다. 우리가 가치가 있다고 여기는 것을 만들어 내기 위한 일은, 그 자체로 늘 필요하며 보람 있을 것이다. 억지로 하는 '노동'은 고역일 수 있지만, 내 뜻을 세계에 실현하는 '작업'이나 더 나아가 '행위'는 기쁨일 수 있다. 미래는 예측하는 것이 아니라 창조하는 것이라는 말은, 여기에 적용해야 꼭 맞는다.

현대 자본주의 사회에서 우리는 '호모 라보란스(노동하는 인간)'로 살았다. 기술이 노동을 모두 대체한다면, 오히려 우리는 단순히 정형화된 일을 지시받아 수행하기보다는 기획과 구상부터 시작하는 일이나 생존만을 위해서보다는 지향하는 가치를 실현하기 위한 일, 이렇게 한 단계 높은 일을 하며 살 수 있다. 바로 '호모 파베르(작업하는 인간)'다. 기술이 일자리를 없앤다는 걱정을 하기보다는, 기술이 우리의 일을 한 단계 진화시킬 수 있다는 기회를 잘 살펴보는 편이 낫다.

그래도 여전히 '돈을 벌지 않는데 어떻게 일이라고 부를 수 있느냐'는 의문이 든다면, '주문 실수 식당'의 사람들을 떠올려 보자. 그 식당은 소비자가 지불하는 밥값보다 훨씬 더 큰 가치를 만들어내고 있다. 그 가치는 돈으로 환산되지 않는다. GDP에도 포함되지 않는다. 그러나 화폐로 환산되어 GDP에 포함되는 다른 가치와 마찬가지로 누군가의 삶을 명백하게 풍요롭게 한다. 가족을 위해 요리를 하는 사람은 그 식사를 화폐로 교환하지 않지만, 명백하게 가족들의 삶을 풍요롭게 한다. 메이커가 자신이 꾸민 작업장에서 스스로의 기쁨을 위해 전자 부품을 밤새워 조립해보다가, 세계를 한 단계 업그레이드할 제품의 초기 아이디어가 탄생하기도 한다. 기술이 더 많은 노동을 대체할수록, 소득 보장으로 생계 고통이 줄어들수록, 인간은 이런 새로운 가치를 만들어내는 일에 더 자유롭게 뛰어들 수 있게 된다.

사회적 가치를 목적으로 하는 사회적 기업, 소셜 벤처, 협동조합 같은 조직들이 이런 활동을 조직화한 형태라고 볼 수 있다. 세상에 필요한 무언가를 만들어내겠다는 아이디어만으로 출발하는 초기 스타트업들도 시장을 통해 세상의 문제를 해결하겠다는 활동을 조직으로 만든 셈이다. 독립적인 연구자들도, 지식을 생산해 공유하는 SNS의 저술가들도 그런 활동으로 가치를 만들어내고 있는 셈이다.

노벨경제학상 수상자들도 이렇게 화폐로 환산되지 않는 가치가 사회적으로 인정받지 못하는 문제를 일찍부터 인식했다. 미국 컬럼비아 대학의 조지프 스티글리츠 교수와 하버드 대학의 아마티아 센 교수는 'GDP는 틀렸다'면서 무형의 가치를 담은 새로운 경제지표를 제안했다. OECD는 이를 반영해 '삶의 질 지수Better Life Index'라는 새로운 지표를 만들어 운영하고 있다.

미래 인간 생산활동의 출발은 '가치 있는 일'을 정의하고 해내는 것이다. 돈이 아니라 어떤 형태로든 사회적 가치를 만들어내는 활동, 그것이 일의 중심으로 진입하고 있다.

19세기 인간이 면직물과 철도를 만들어냈다면, 20세기 인간은 자동차와 세탁기와 컴퓨터를 만들어냈다. 21세기 들어 스마트폰을 완성했고 자율주행차와 자동 번역기를 만드는 중이다. 새로운 통신 기기나 번역 솔루션은 그것들이 없으면 생존할 수 없어서 생산되는 게 아니다. 이들에게 인간이 가치를 부여했기 때문에 생산된다.

앞으로 다가올 풍요의 시대에 인간이 만들어낼 것들 중에는, 더 나은 돌봄과 활동의 기쁨과 잘 보존된 자연환경도 포함될 수 있다. 무엇이 가치를 가지느냐는 인간이 그 시대에 맞게 정의할 것이기 때문이다. 그 새로운 사회적 가치 위에 미래 사회의 비전도 같이 담겨 있을 것이다.

일하며 놀며 배우며

우리는 일과 배움과 놀이가 엄격하게 분리된 사회에 산다. 일하면서 놀면 안 되고, 배워야 하는 학생 시기에 일하면 안 되며, 놀이는 배움과는 상극이라고 여긴다. 모두가 돈을 벌기 위해 일하고, 일을 하기 위해 배우며, 일할 몸을 유지하기 위해 잠깐씩 짬을 내어 쉬며 평생을 보낸다. 일하는 고역을 견디지 못하면 무능력자 취급을 받아야 하고, 배우는 고통을 인내하지 않으면 무식자의 딱지를 얻게 된다.

그러나 기본소득이 완전히 보장된 사회에서 이런 구분은 유통기한이 끝난다. 일도 배움도 그 자체로 즐거운 놀이가 된다. 놀면서 일하고, 일하면서 배우며, 배우면서 논다. 어린 시절 배워서 성인이 되면 일하고 노인이 되면 노는 삶이 아니라, 평생 동안 일하며, 놀며, 배우며, 살아가는 삶이 이뤄진다. 언제 무엇을 할지, 그 목적이 무엇인지는 스스로 정한다. 그 모든 활동의 결과로 얻는 근로소득, 사업소득, 참여 소득 또는 기여 소득은 일종의 보너스다. 기본급은 이미 기본소득으로 보장받은 뒤다.

보편적 기본소득제가 꿈꾸는 사회는, 삶의 어떤 순간도 다른 순간을 위해 유예되지 않고, 그 자체로 목적으로 빛나는 사회다. 자유롭고 역동적으로 활동하며 살아가는 개인과 기업들이 가득한 사회다. 그 개인들의 활동을 연결하며 인정해주는 공동체가 있는 사회다. 그런 사회가 가능하도록 필요한 자원을 분배하는 국가가 있는 사회다.

소득의 미래를 어떻게 바꾸느냐에 따라, 우리 삶의 미래는 완전히 달라질 수 있다.

이 책을 쓰면서 참으로 많은 이들에게 빚을 졌다. LAB2050의 연구원들은 이 책에 지적 지분이 있다. 제조업 고용위기에 대해서는 황세원 연구실장이, 자유노동에 대해서는 김현아 전 연구원이, 핀란드 등에서 진행한 정책실험에 대해서는 고동현 연구원이 그 지분을 갖고 있다. 특히 이 책의 기본소득 제안은 윤형중 연구원이 짠 모델과 재원 결과를 상당 부분 옮겨와 쓴 것이다. 연구보조원으로 참여한 사회학 연구자 조민서 님은 기본소득의 역사와 철학을 전문적으로 정리해 줬고 자유노동자 인터뷰를 진행하고 정리하는 역할도 했다. 또 다른 연구보조원인 김세원 님은 불평등이 사회에 끼치는 다양한 영향과 긱 노동에 대한 세계 각국의 대응 등을 풍부하게 조사했다.

전문가들의 지혜도 여기저기 담겨 있다. 정부 및 지방정부 재정 지출과 관련된 연구를 꾸준히 진행 중인 나라살림연구소의 정창수 소장, 이왕재 부소장, 이상민 연구위원의 통찰력은 이 책 곳곳에 나오는 국가 재정 관련 데이터를 정교하게 만드는 밑거름이 됐다. 산업용 로봇과 관련해 국내 최고의 전문성을 지닌 LG경제연구원의 진석용 책임연구원은 자동화와 로봇이 산업현장에서 어떻게 작동하는지에 대한 생생한 정보를, 기술과 사회의 관계에 밝은 김건우 전 LG경제연구원 선임연구원은 우리 사회에서 인공지능의 확산이 일자리에 어떤 영향을 미칠지에 대한 정교한 분석을 전해줬다.

청년기본소득과 정책실험에 대한 연구를 집중적으로 진행한 최영준 연세대 교수(LAB2050 연구위원장), 구교준 고려대 교수(LAB2050 연구위원)와의 대화 과정에서 보장된 소득이 자유와 혁신을 촉진하리라는 신념을 갖게 됐다. 이승주 성공회대 연구교수의 분석은 조건 없는 기본소득 지급이 저소득층에게 유리하며 내수소비 진작에도 도움을 줄 것이라는 확신을 갖게 했다. 서울연구원 서왕진 원장, 김승연 연구위원과 청년기본소득에 대한 공동연구를 진행하면서, 기본소득과 자유노동의 아이디어는 미래세대의 것이라는 생각을 갖게 됐다.

핀란드에서 기본소득 정책실험 연구의 책임자였던 올리 캉가스 박사와의 대화에서는 일자리와 복지에 대한 고민이 어떻게 기본소득과 연결되었는지를 발견했다. 페이스북 공동창업자가 세운 기본소득 옹호단체 경제적안전프로젝트Economic Security Project의 테일러 조 아이젠버그, 실리콘밸리에서 기본소득을 연구중인 Y콤비네이터 리서치의 엘리자베스 로즈와 토론하며 혁신과 기본소득이 어떻게 통하게 되었는지를 알게 됐다. 또한 세계 곳곳, 특히 개발도상국의 자유노동 현황과 정부 정책에 대해 리서치를 수행해 준 케냐의 리

디아 시미유와 메리 와히토, 그리고 파키스탄의 탈라 무니어는 현지인이 아니라면 찾기 어려웠을 자료들을 찾아주고 현지 분위기도 전해줬다.

이 책의 내용은 모두 이 모든 분들, 그리고 이 책에 인용된 저작물을 낸 분들에게 빚을 지고 있다. 물론 이 책에 표시하지 못한 수많은 분들에게도 역시 빚을 지고 있다. 이 책의 초기 아이디어부터 최종 인쇄까지의 여정을 함께한 어크로스 출판사의 김형보 대표, 이환희 편집자가 그들 중 대표적인 분들이다. KBS 이태경 PD와 조지현 기자, 팟캐스트 〈신과함께〉의 김동환, 정영진, 이진우 진행자 등 언론인들이 취재와 보도과정에서 내게 던졌던 질문들은 생각이 진전되는 데 중요한 자극을 줬다.

지식이란 누군가의 고뇌 과정에서 독창적으로 만들어지는 게 아니다. 인류가 지금까지 해온 모든 생각은 말과 글의 형태로 쌓여 거대한 산처럼 존재한다. 이 책의 무게라고 해봐야 그 산의 먼지 하나가 가진 것보다도 못할 텐데, 온 산을 모두 짊어지고 있는 것처럼 서술한 부분도 적지 않다. 독자들의 독서 편의를 위해 고마움과 겸손함을 본문에서는 많이 생략했다는, 시답잖은 핑계를 대 본다.

그 누구보다도 고마운 사람들은 나와 동거하는 가족이다. 놀랍게도 미세먼지와 무더위가 사라진 2019년의 봄과 여름과 가을, 가족과 보냈어야 할 모든 휴일과 밤과 새벽을 이 책에 쏟아넣어야 했다. 보드게임 한 번 하자는 아이의 부탁을 몇 달이나 미루기도 했다. 그런 부당한 일을 당하면서도 그들은 늘 웃음으로 나를 위로하고 등을 툭툭 쳐줬다. 5년 전, 10년 전에 말과 글을 통해 끊임없이 지적했던 문제들이 여전히 해결되고 있지 않음에 무력감을 느끼며 종종 좌절하던 나를 그들이 일깨워 한 걸음씩 나아가게 해줬다. 혜진, 예담, 예준에게 쑥스러운 감사를 전한다. 사람을 움직이게 만드는 것은 이성의 합리적인 설득보다는 공감하는 힘이고, 그 힘의 뒤에는 결국 조건 없는 사랑이 있다는 사실을 그들이 깨우쳐줬다.

주

1. 구교준·최영준·이관후·이원재, 〈자유안정성 혁명: 행복하고 혁신적인 대한민국을 위한 제안〉, LAB2050, 2019.
2. Cassidy L. McDermott et al. "Longitudinally Mapping Childhood Socioeconomic Status Associations with Cortical and Subcortical Morphology", *Journal of Neuroscience* 20 February 2019, 39 (8), pp.1365~1373.
3. Bell, A. M., Chetty, R., Jaravel, X., Petkova, N., & Van Reenen, J., "Who Becomes an Inventor in America? The Importance of Exposure to Innovation", *National Bureau of Economic Research* No. w24062, 2017.
4. Branko Milanovic, *Global inequality: A new approach for the age of globalization*, Presentation for a book talk, May 1, 2016. (브랑코 밀라노비치 지음, 서정아 옮김,《왜 우리는 불평등해졌는가》, 21세기북스, 2017.)
5. Branko Milanovic, ibid.
6. 리처드 볼드윈 지음, 엄창호 옮김,《그레이트 컨버전스》, 세종연구원, 2019.
7. 하준경, "한미일 간 기술 격차", 〈동아일보〉 2019년 8월 5일.
8. Brooks Barnes, "Disney Heiress Escalates Attack on Company's Pay Practices", *New York Times*, April 24, 2019. https://www.nytimes.com/2019/04/23/business/media/disney-heiress-attacks-pay-practices.html?smid=tw-nytimes&smtyp=cur
9. World Inequality Database(2014년 기준).
10. "Costly Corporate Tax Cuts Benefit Few Workers", *Americans for Tax Fairness*, April 8, 2019. https://americansfortaxfairness.org/10016207-2/
11. "For roughly half of Americans, the stock market's record highs don't help at all", *The Washington Post*, December 18, 2017. https://www.washingtonpost.com/news/wonk/wp/2017/12/18/for-roughly-half-of-americans-the-stock-markets-record-highs-dont-help-at-all/?noredirect=on&utm_term=.9cbb54486891
12. Emmanuel Saez and Gabriel Zucman, "WEALTH INEQUALITY IN THE UNITED STATES SINCE 1913: EVIDENCE FROM CAPITALIZED INCOME TAX DATA", *THE QUARTERLY JOURNAL OF ECONOMICS* Vol. 131, Issue 2, May 2016.

13. 홍민기, 〈2017년까지의 최상위 소득비중〉, 《한국노동리뷰》, 한국노동연구원, 2019년 2월.
14. 홍민기, 같은 글.
15. 홍민기, 같은 글.
16. 홍민기(2019)의 계산에 따르면 2017년 기준 5,153만 원이다. 2018년 이후 소득 데이터는 아직 없는 상태다. 따라서 2018년과 2019년 두 해 동안 상위 10퍼센트 집단의 소득경계값이 2008~2017년의 소득경계값 평균증가율인 4.0퍼센트만큼 각각 올랐을 것이라고 추정했다. 이에 따라 5,577만 원을 도출했다.
17. 한국노총이 2019년에 '노동자 가구가 건강하고 정상적인 삶'을 사는 데 필요한 생계비를 산정한 것으로, 2018년 한국노총 조합원 생활실태조사와 물가상승률을 감안해 작성됐다. 이는 최저임금 인상률 산정 등에 활용된다(한국노동조합총연맹, 〈2019 한국노총 표준생계비 산출 결과〉, 2019).
18. 홍민기, 〈최상위 소득 비중의 장기 추세(1958~2013)〉, 《경제발전연구》, 2015. 결과 표와 그림(2017년까지 수치 갱신, 2019년 1월 3일)
19. 최준호, "한국 저성장·중산층 붕괴… 이대로 가면 동남아에도 밀린다", 〈중앙일보〉 2019년 5월 15일.
20. Richard Layte and Christopher T. Whelan, "Who Feels Inferior? A Test of the Status Anxiety Hypothesis of Social Inequalities in Health", *European Sociological Review* Volume 30, Issue 4, August, 2014, pp.525~535.
21. 리처드 윌킨슨·케이트 피킷 지음, 이은경 옮김, 《불평등 트라우마》, 생각이음, 2019, 152쪽.
22. 배수강, "도 넘는 퇴직자 전관예우… 수의계약으로 톨게이트영업소 싹쓸이", 〈신동아〉 2011년 12월 21일.
23. 김기성, "고속도로 영업소 운영비리 도로공사 전·현직 간부 적발", 〈한겨레〉 2017년 3월 22일.
24. 황세원, "정규직/비정규직이란 말, 이젠 버려야 하는 이유", 〈오마이뉴스〉 2019년 7월 17일.
25. 한국노동연구원, 〈비정규직 고용과 근로조건〉(김복순 외, 2017)에서 2016년 8월 통계청 경제활동인구조사 데이터를 활용해 집계한 '사회적으로 괜찮은 일자리' 비율.
26. 한국노동연구원, 같은 글.
27. 윤윤규·강동우·유동훈, 《고용 위기 지역 산업의 일자리 이동 지도 구축 기초 연구》, 한국노동연구원, 2018년 12월.
28. 황세원·고동현·서재교, "제조업 도시들이 흔들린다: 지역별 고용위기 시그널과 위기 대응 모델", 〈솔루션2050-02〉, LAB2050, 2019년 4월.
29. OECD, *Job Creation and Local Economic Development 2018: Preparing for the Future of Work*, 2018.
30. 푸야오유리 보도자료, "智能制造 从端到端, 以'智识'赢未来", 2018년 4월 21일.
31. David Sedgwick, "Chinese glass maker brings new life to former GM Moraine plant", *Automotive News*, November 14, 2015.
32. 버락 오바마와 미셸 오바마 부부가 만든 '하이어그라운드'의 다큐멘터리 영화 〈미국 공장〉은

이 이야기를 실감 나게 다룬다. 노동자들은 이런 낮은 임금과 대우에 항의하기 위해 노조를 조직하려다 실패하고, 회사는 처우를 조금 높여준다. 영화의 마지막 장면에서 중국 푸야오유리 본사의 소유경영자가 미국 공장 현장을 방문하는데, 공장 관리자는 기계와 노동자들 사이를 다니면서 기계를 더 도입하면 여기서 3명, 저기서 4명을 해고할 수 있다는 설명을 한다.

33. Luis Martinez et al, "Urban Mobility System Upgrade", International Transport Forum, OECD, 2015.

34. Carolyn Dimitri, Anne Effland, and Neilson Conklin, "The 20th Century Transformation of U.S. Agriculture and Farm Policy", United States Department of Agriculture, June 2005.

35. Carl Benedikt Frey and Michael A. Osborne, "THE FUTURE OF EMPLOYMENT: HOW SUSCEPTIBLE ARE JOBS TO COMPUTERISATION?", Oxford Martin Programme on Technology and Employment, September 17, 2013.

36. Claire Cain Miller, "Evidence That Robots Are Winning the Race for American Jobs", *New York Times*, March 28, 2017.

37. 안상훈 외, 《생산의 국제화와 고용구조의 변화》, 한국개발연구원, 2013.

38. 진석용, 〈기계세의 관점에서 본 로봇〉, 국회 Agenda2050 회의자료, 2019년 5월 29일.

39. Gretchen Gavett, "How Self-Service Kiosks Are Changing Customer Behavior", *Harvard Business Review*, March 11, 2015.

40. 스벤 베커트 지음, 김지혜 옮김, 《면화의 제국》, 휴머니스트, 2018, 288쪽.

41. 미국 초기 공무원 급여 관련 내용은 Nicholas R. Parrill, *Against the Profit Motive: The Salary Revolution in American Government, 1780-1940*, Yale University Press, 2013을 참조.

42. 새라 케슬러 지음, 김고명 옮김, 《직장이 없는 시대가 온다》, 더퀘스트, 2019.

43. Olivia Solon, "Homeless, assaulted, broke: drivers left behind as Uber promises change at the top", *The Guardian*, June 17, 2017.

44. 이상호, "한국의 지방 소멸 2018", 〈고용 동향 브리프〉 2018년 7월호, 한국고용정보원.

45. 한국고용정보원 등의 자료를 바탕으로 저자가 추정 및 재구성(1인당 지역 내 총생산은 가장 최근 통계인 2016년 수치에 연간 3퍼센트씩 성장하는 것으로 가정해 추산). 인구(2019년 5월), 1인당 지역 내 총생산(2019년).

46. 박기용, "선별복지의 덫… 아동수당 미지급자 선별에만 1150억", 〈한겨레〉 2018년 1월 15일.

47. Helliwell, J., Layard, R., & Sachs, J., "World Happiness Report 2019", Sustainable Development Solutions Network.

48. 구교준·최영준·이관후·이원재, 앞의 글, 2019.

49. 조한진 씨의 사례는 LAB2050에서 2019년 6월 진행한 인터뷰에서 한 본인의 발언을 재구성한 것이다. 이 인터뷰 진행자는 김현아 당시 LAB2050 연구원이었다.

50. 김현아, 〈자유노동이 온다: 플랫폼 노동, 프리랜서, 포트폴리오 워크의 미래〉, 《인사이트

2050》, LAB2050, 2019년 9월 9일.

51. DigiSkills, Retrieved August 28, 2019, from DigiSkills: https://www.digiskills.pk/

52. ACWICT, "ACWICT Equips Over 4500 Young People With Online Work Skills Under The Ajira Digital Program", June 14, 2017, Retrieved from ACWICT: https://acwict. org/first-cohort-887-young-people-trained-acwict-ajira-digital-program-pass/ ACWICT, "Anne Kinuthia: How the 5 Day Ajira Digital Training, landed me a 24hr Job that earned me Ksh. 1,400", August 29, 2017, Retrieved from ACWICT: https://acwict.org/anne-kinuthia-5-day-ajira-digital-training-landed-24hour-job-earned-ksh-1400/

53. 새라 케슬러, 앞의 책.

54. Freshbooks, "Self-Employment in America Report 2019". 프레시북스는 시장조사업체 다이나데이터와 함께 3700여 명을 대상으로 2018년 11월 실시한 설문조사를 기반으로 이 추산을 내놓았다. 프레시북스와 다이나데이터는 표본에 연령·성별·산업 등에 맞춰 가중치를 적용해 추산했으며, US센서스 등의 자료에 기반해 분석했다. 이 조사의 오차율은 95퍼센트 신뢰구간에서 ±2.3퍼센트다.

55. Kelly Monahan, Jeff Schwartz, and Tiffany Schleeter, "Decoding millennials in the gig economy: Six trends to watch in alternative work", Deloitte Insights, May 1, 2018.

56. Lorence Nye, Kayte Jenkins, "Understanding Independent Professionals in the EU, 2015", IPSE, 2016.

57. Deloitte, "2018 Deloitte millennial survey: Millennials disappointed in business, unprepared for Industry 4.0," 2018.

58. NNI, "70 pc of Pakistan's economy is informal, which is of high concern: PBIF", The Nation, February 6, 2019.

59. Geoffrey Irungu, "Kenya has highest informal jobs in Africa", Business Daily, June 25, 2015.

60. Dominic Omondi, "The Rise of Online Jobs and How to be a Part of the Movement", The Standard, June 21, 2017.

61. 이 장에서 나오는 한국의 자유노동 사례는 2019년 6월 세 차례에 걸쳐 9명의 자유노동 종사자들을 인터뷰한 결과를 재구성한 것이다. 인터뷰는 김현아 전 LAB2050 연구원과 조민서 LAB2050 보조연구원(사회학 연구자)이 진행했다.

62. 찰스 핸디 지음, 이종인 옮김, 《코끼리와 벼룩》, 모멘텀, 2016.

63. 2019년 1월 30일 페이스북 보도자료. https://investor.fb.com/investor-news/press-release-details/2019/Facebook-Reports-Fourth-Quarter-and-Full-Year-2018-Results/default.aspx

64. 2019년 2월 4일 알파벳 보도자료 및 10k. https://abc.xyz/investor/static/

pdf/20180204_alphabet_10K.pdf?cache=11336e3

65. 유튜브 보도자료(2019년 10월 1일 현재). https://www.youtube.com/intl/en-GB/about/press/

66. 페이스북 보도자료(2019년 10월 1일 현재). https://newsroom.fb.com/company-info/

67. Jon Russell, "Alibaba debuts 'smile to pay' facial recognition payments at KFC in China", Techcrunch, September 4, 2017.

68. 강정한, "노동으로서의 데이터", LAB2050, 2018.

69. Imanol Arrieta Ibarra, Leonard Goff, Diego Jimenez Hernandez, Jaron Lanier, E. Glen Weyl, "Should We Treat Data as Labor? Moving Beyond 'Free'", *American Economic Association Papers & Proceedings*, Vol. 1, No. 1. Posted: 29 Dec 2017. New York City; RadicalxChange Foundation; Princeton University The Julis Rabinowitz Center for Public Policy and Finance.

70. 강정한, "데이터 경제 시대의 사회혁신", 사회적 가치: 협력, 혁신, 책임의 제도화 심포지엄, 2017.

71. 프랑수아 마리 샤를 푸리에(1772~1837)의 유토피아적 사회주의 사상을 뜻한다. 푸리에는 소생산자 중심으로 경제를 만들고 소비를 자제하는 팔랑쥬(협동조합) 형식의 공동체 단위를 기반으로 사회를 재구성하자고 제안한다. 이 팔랑쥬에서 구성원들은 하나의 건물 안에서 살며, 수입을 각자 제공한 노동의 양에 따라 분배하여 안정된 생활을 누리도록 한다. 이후의 사회주의 주류와 달리 계급투쟁을 부정하고 사회의 평화적 전환을 믿은 사상이기도 하다. 당시 지식인들에게 널리 존중받은 사상이며, 이후 카를 마르크스는 이를 공상적 사회주의라고 부르며 비판했다.

72. 한국 상황에 맞는 기본소득제 제안은 LAB2050에서 2019년 10월 발간한 연구보고서 〈국민기본소득제 제안〉(이원재·윤형중·김현아)을 인용해 정리한 것이다.

73. Ian Sample, "AI will create 'useless class' of human, predicts bestselling historian. Yuval Noah Harari", *The Guardian*, May 20, 2016.

74. 데일 도허티 외 지음, 이현경 옮김, 《우리는 모두 메이커다》, 인사이트, 2018.

75. Charles Leadbeater, Paul Miller, *The Pro-Am Revolution: How Enthusiasts are Changing Our Society and Economy*, DEMOS, 2004.

76. 데일 도허티 외, 앞의 책, 31쪽.

사진 크레딧

40쪽: © Ki young / Shutterstock.com
204쪽: © MyPixelDiaries / Shutterstock.com
288쪽: © Subodh Agnihotri / Shutterstock.com

소득의 미래

초판 1쇄 발행 2019년 11월 22일
초판 4쇄 발행 2021년 3월 17일

지은이 | 이원재
발행인 | 김형보
편집 | 최윤경, 박민지, 강태영, 이경란
마케팅 | 이연실, 김사룡, 이하영   디자인 | 송은비
경영지원 | 최윤영

발행처 | 어크로스출판그룹(주)
출판신고 | 2018년 12월 20일 제 2018-000339호
주소 | 서울시 마포구 양화로10길 50 마이빌딩 3층
전화 | 070-5080-4037(편집) 070-8724-5877(영업) 팩스 | 02-6085-7676
e-mail | across@acrossbook.com

© 이원재 2019

ISBN 979-11-90030-24-3 03320

이 도서의 국립중앙도서관 출판시도서목록(CIP)은 e-CIP홈페이지(http://www.nl.go.kr/ecip)에서
이용하실 수 있습니다.(CIP제어번호: CIP2019044315)

만든 사람들
편집 이환희 | 교정 백도라지 | 디자인 박대성